古典文獻研究輯刊

二七編

潘美月・杜潔祥 主編

第 **24** 冊

杭世駿年譜

趙永剛 著

國家圖書館出版品預行編目資料

杭世駿年譜／趙永剛 著 — 初版 — 新北市：花木蘭文化事業
有限公司，2018〔民 107〕
目 4+228 面；19×26 公分
（古典文獻研究輯刊 二七編；第 24 冊）
ISBN 978-986-485-582-7（精裝）
1.（清）杭世駿 2. 年譜
011.08   107012298

ISBN-978-986-485-582-7

9 789864 855827

古典文獻研究輯刊
二七編　第二四冊　　　　　　　ISBN：978-986-485-582-7

杭世駿年譜

作　　　者　趙永剛
主　　　編　潘美月　杜潔祥
總 編 輯　杜潔祥
副總編輯　楊嘉樂
編　　　輯　許郁翎、王筑　美術編輯　陳逸婷
企劃出版　北京大學文化資源研究中心
出　　　版　花木蘭文化事業有限公司
發 行 人　高小娟
聯絡地址　235 新北市中和區中安街七二號十三樓
　　　　　　電話：02-2923-1455 ／傳真：02-2923-1452
網　　　址　http://www.huamulan.tw 信箱 hml810518@gmail.com
印　　　刷　普羅文化出版廣告事業
初　　　版　2018 年 9 月
全書字數　160443 字
定　　　價　二七編 24 冊（精裝）新台幣 46,000 元

杭世駿年譜

趙永剛 著

作者簡介

趙永剛，山東鄒城人。2011 年畢業於南京大學文學院，獲文學博士學位。現爲貴州大學文學與傳媒學院副教授、中文系主任、中國古代文學專業碩士生導師。孔學堂簽約入駐學者。出版專著《清代文學文獻學論稿》。學術兼職有中華詩教學會理事、貴州省儒學研究會常務理事。主要研究方向爲東亞《孟子》學、陽明學、明清儒學與文學。

提　　要

　　杭世駿是清代具有較大影響的學者，在經學、史學、文學方面皆有諸多優秀的著作問世。本年譜之撰，盡可能勾稽存世文獻，對杭世駿生平行實及德業文章施以編年紀月之法，以求知人論世之效。本年譜包括時事、事蹟、編年詩、編年文、附考五項，對杭世駿生平事蹟展開詳細考論。對於杭世駿所處時代之歷史事件如博學宏詞科等亦有論析，對於學術史上聚訟紛紜的學術問題，如杭世駿與全祖望的交遊交惡及其對學術的影響，皆有追本溯源之考證。總之，本年譜既是對杭世駿生平學術的考論，又力圖展示清代前期學者之群像以及學術之流變。

本書得到貴州大學哲學社會科學研究院學術出版基金資助

本書為入駐孔學堂研修成果

目次

前言 …………………………………………………………… 1

杭世駿畫像 ………………………………………………… 17

杭世駿書畫作品 …………………………………………… 19

凡例 …………………………………………………………… 23

杭世駿家世 ………………………………………………… 25

杭世駿年譜 ………………………………………………… 33

　　康熙三十五年丙子（1696），一歲 ………………… 33

　　康熙三十六年丁丑（1697），二歲 ………………… 36

　　康熙三十七年戊寅（1698），三歲 ………………… 36

　　康熙三十八年己卯（1699），四歲 ………………… 37

　　康熙三十九年庚辰（1700），五歲 ………………… 37

　　康熙四十年辛巳（1701），六歲 …………………… 37

　　康熙四十一年壬午（1702），七歲 ………………… 38

　　康熙四十二年癸未（1703），八歲 ………………… 39

　　康熙四十三年甲申（1704），九歲 ………………… 39

　　康熙四十四年乙酉（1705），十歲 ………………… 40

　　康熙四十五年丙戌（1706），十一歲 ……………… 40

　　康熙四十六年丁亥（1707），十二歲 ……………… 40

　　康熙四十七年戊子（1708），十三歲 ……………… 41

　　康熙四十八年己丑（1709），十四歲 ……………… 41

　　康熙四十九年庚寅（1710），十五歲 ……………… 42

　　康熙五十年辛卯（1711），十六歲 ………………… 43

　　康熙五十一年壬辰（1712），十七歲 ……………… 43

　　康熙五十二年癸巳（1713），十八歲 ……………… 43

　　康熙五十三年甲午（1714），十九歲 ……………… 44

　　康熙五十四年乙未（1715），二十歲 ……………… 44

　　康熙五十五年丙申（1716），二十一歲 …………… 45

　　康熙五十六年丁酉（1717），二十二歲 …………… 45

　　康熙五十七年戊戌（1718），二十三歲 …………… 46

　　康熙五十八年己亥（1719），二十四歲 …………… 46

　　康熙五十九年庚子（1720），二十五歲 …………… 47

　　康熙六十年辛丑（1721），二十六歲 ……………… 47

目次

康熙六十一年壬寅（1722），二十七歲…………………48

雍正元年癸卯（1723），二十八歲 ………………………49

雍正二年甲辰（1724），二十九歲 ………………………50

雍正三年乙巳（1725），三十歲 …………………………52

雍正四年丙午（1726），三十一歲 ………………………53

雍正五年丁未（1727），三十二歲 ………………………55

雍正六年戊申（1728），三十三歲 ………………………57

雍正七年己酉（1729），三十四歲 ………………………59

雍正八年庚戌（1730），三十五歲 ………………………63

雍正九年辛亥（1731），三十六歲 ………………………71

雍正十年壬子（1732），三十七歲 ………………………72

雍正十一年癸丑（1733），三十八歲………………………79

雍正十二年甲寅（1734），三十九歲………………………80

雍正十三年乙卯（1735），四十歲 ………………………82

乾隆元年丙辰（1736），四十一歲 ………………………89

乾隆二年丁巳（1737），四十二歲 ……………………… 101

乾隆三年戊午（1738），四十三歲 ……………………… 105

乾隆四年己未（1739），四十四歲 ……………………… 107

乾隆五年庚申（1740），四十五歲 ………………………111

乾隆六年辛酉（1741），四十六歲 ……………………… 115

乾隆七年壬戌（1742），四十七歲 ……………………… 119

乾隆八年癸亥（1743），四十八歲 ……………………… 121

乾隆九年甲子（1744），四十九歲 ……………………… 127

乾隆十年乙丑（1745），五十歲 ………………………… 131

乾隆十一年丙寅（1746），五十一歲……………………… 136

乾隆十二年丁卯（1747），五十二歲……………………… 141

乾隆十三年戊辰（1748），五十三歲……………………… 144

乾隆十四年己巳（1749），五十四歲……………………… 147

乾隆十五年庚午（1750），五十五歲……………………… 152

乾隆十六年辛未（1751），五十六歲……………………… 155

乾隆十七年壬申（1752），五十七歲……………………… 158

乾隆十八年癸酉（1753），五十八歲……………………… 164

乾隆十九年甲戌（1754），五十九歲……………………… 172

乾隆二十年乙亥（1755），六十歲 ……………………… 175

乾隆二十一年丙子（1756），六十一歲 ………………… 177

乾隆二十二年丁丑（1757），六十二歲 ………………… 179

乾隆二十三年戊寅（1758），六十三歲 ………………… 181

乾隆二十四年己卯（1759），六十四歲 ………………… 184

乾隆二十五年庚辰（1760），六十五歲 ………………… 186

乾隆二十六年辛巳（1761），六十六歲 ………………… 187

乾隆二十七年壬午（1762），六十七歲 ………………… 191

乾隆二十八年癸未（1763），六十八歲 ………………… 192

乾隆二十九年甲申（1764），六十九歲 ………………… 194

乾隆三十年乙酉（1765），七十歲 ……………………… 196

乾隆三十一年丙戌（1766），七十一歲 ………………… 199

乾隆三十二年丁亥（1767），七十二歲 ………………… 200

乾隆三十三年戊子（1768），七十三歲 ………………… 203

乾隆三十四年己丑（1769），七十四歲 ………………… 206

乾隆三十五年庚寅（1770），七十五歲 ………………… 209

乾隆三十六年辛卯（1771），七十六歲 ………………… 211

乾隆三十七年壬辰（1772），七十七歲 ………………… 214

乾隆三十八年癸巳（1773），卒後一年 ………………… 216

乾隆四十年乙未（1775），卒後三年 …………………… 216

乾隆四十一年丙申（1776），卒後四年 ………………… 216

乾隆四十三年戊戌（1778），卒後六年 ………………… 217

乾隆四十八年癸卯（1782），卒後十年 ………………… 217

參考文獻 ……………………………………………… 219

前　言

　　杭世駿，字大宗，號董浦，浙江仁和人。乾隆元年（1736）舉博學鴻詞，授編修。杭世駿一生坎壈多艱，而又能刻苦礪學，所以在經史之學、詩古文學上都有很大成就，分述之如下：

坎壈多艱的博學鴻儒

　　杭世駿出生在浙江仁和一個清貧的讀書之家，父親杭機，好讀書，著有《藝餘類纂》，著名詩人厲鶚嘗從之受學〔註1〕。杭世駿幼承庭訓，以傳統文人讀書舉業的習見人生選擇自勵，他二十歲應童試，二十九歲中舉，四十一歲舉博學鴻詞，以一等授翰林院編修。在科舉時代，雖然說不上是騰達，但也算是順利。成了翰林院編修的杭世駿，如果能恪守當時官場的遊戲規則，他的仕途之路應該是平坦的，但伉爽耿介的性格卻過早地結束了他的仕宦生涯。

　　乾隆八年（1743），天下亢旱。在古代中國，災異的出現一直被認為是帝王失德或朝廷政策失誤的結果，是天帝對人間掌權者的警示。面對旱情，乾隆開始反思治國方略的弊端，特設陽城馬周科試翰林諸官。乾隆皇帝將自我反思擴大到群臣的集體糾謬，以示自責的真切與救弊的迫切。與此同時，大臣們也借著災異的時機，批評時政，拾遺補闕。這是歷代帝王與大臣慣常的

〔註1〕（清）厲鶚《樊榭山房集》文集卷五《杭可庵先生遺像記》曰：「猶憶鶚弱冠
　　　　時，從先生遊，董浦小於鶚四歲耳。先生眸子朗然，美鬚髯，沖虛恬淡，不
　　　　自炫暴……先生性喜讀書，手自綴輯，至數百卷。嘗指董浦謂鶚曰：『吾老矣，
　　　　炳燭之光恐難為繼，他日此子必能卒吾志』。」上海古籍出版社1992年版。

路數，不過在這種看似民主的言論空間中，卻隱藏著一個話語預設，即大臣的批評不能超越皇帝的容忍域。如果溢出這個容忍域，帶給言事臣子的只能是災難。

災難果然降在了一直在翰林院校勘經史而又缺少爲官經驗的杭世駿頭上，當乾隆打出「思得直言及通達治體者」的幌子時，耿直的杭世駿批評時政十餘條，其中的兩條深深地刺到了乾隆的痛處。

> 杭世駿策稱，意見不可無設，畛域不可太分。滿洲才賢雖多，較之漢人，僅什之三四。天下巡撫尚滿漢參半，總督則漢人無一焉，何內滿洲而外漢也？三江、兩浙，天下人材淵藪，邊隅之士間出者無幾。今則果於用邊省之人，不計其才，不計其操履，不計其資奉，而十年不調者，皆江浙之人，豈非有意見畛域哉？〔註2〕

在杭世駿看來，漢族才士如林，但把持高位的卻多是滿人。朝廷應該廢除這種滿漢畛域，實行平等的民族政策，給予漢人更多的爲官機會，尤其是在巡撫、總督等要職上，必須打破滿人包攬的格局，多提拔一些漢人。這是深中清廷忌諱的，重滿輕漢的人才取向此時依然盛行，且爲漢人爭取進入高層的份額，勢必會擠壓滿人的政治空間，對於猜疑漢人的皇帝來說，這是最不願意看到的局面。而且，雍正、乾隆對浙江文人曾經是異常厭惡的，雍正年間幾次大的文字獄中，汪景琪、查嗣庭、呂留良都是浙江人。雍正四年（1726），曾一度停浙江鄉會試，可見其對浙人猜忌之深。杭世駿作爲浙江籍官員又來爲江浙人爭政治空間，更容易勾起乾隆心中的昏暗記憶。不僅如此，杭世駿在策論中還批評朝廷用兵斂財，及皇帝四處巡幸，勞民傷財等〔註3〕，這些都是溢出乾隆容忍域的批評，引起乾隆皇帝的盛怒也是必然的，杭世駿也幾乎爲之性命不保，所幸在大臣的極力營救下，才免死革職南還〔註4〕。

乾隆八年（1743），杭世駿離開了京師，也離開了政治。儘管乾隆南巡浙

〔註2〕 中國第一歷史檔案館《乾隆朝上諭檔》，北京檔案出版社1991年版，第831頁。

〔註3〕 （清）陳康祺《壬癸藏札記》卷一曰：「乾隆間，杭董浦嘗以編修上疏抗論時事，謂用兵斂財，及巡幸所至，有司一意奉行，其流弊皆及於百姓。疏凡十事，其言至戇激，部議當重辟，上僅令罷歸田里，不之罪也。」清光緒刻本。

〔註4〕 （清）許宗彥《鑒止水齋集》卷十七《杭太史別傳》曰：「太史之歸也，聞諸前輩云是時亢旱，詔舉直言極諫，徐文穆公以太史應詔。太史遂上疏，言部臣自尚書至主事皆滿漢並列，請外省自督撫至州縣亦如此，所言紕繆不中理。帝震怒欲置之法，文穆悉力營救，叩首額盡腫，乃得斥歸。」清嘉慶二十四年德清許氏家刻本。

江時，杭世駿也曾迎駕，但是始終沒能得到乾隆皇帝的眷渥，得到的卻是譏諷與嘲弄，並最終在乾隆的奚落與挖苦聲中，憤懣而無奈地死去〔註5〕。

耿介直言的爲官作風雖然斷送了杭世駿的前程，但其抗顏而諫的風骨也激起了時人的同情與敬仰。杭世駿因言事罷歸，沈德潛在《送杭堇浦太史》詩中就表達了深切地惋惜之情，即「鄰翁既雨談牆築，新婦初昏議竈炊」，陳康祺也說「堇浦生平有此一節，亦不得以文人目之矣！」

與仕途上的不得志相同，杭世駿玩世不恭、恃才傲物的處世態度，也使得他在人際交往上與人時多牴觸，有時也難免獲咎於達官貴人。在翰林院時就曾使久負盛名的方苞難堪：

> 國子監嘗有公事，群官皆會，方侍郎苞以經學自負，諸人多所諮決，侍郎每下己意。太史至，徵引經史大義，風發泉湧，侍郎無以對。忿然曰：「有大名公在此，何用僕爲？」遽登車去，太史大笑而罷。其盛氣不肯下人如此〔註6〕。

疏懶戲謔的文人習氣，也常使友朋不快：

> 最不喜讀邸報，里居二十年，同歲生或積官至大學士、尚書、總督，先生不知也。歲戊子，劉文定綸適服闋特旨，以吏部尚書協辦大學士內召過揚州，訪先生。先生見其冠服，詫曰：「汝今何官？」曰：「不敢欺，參預閣務者已數年矣。」先生謔之曰：「汝吳下少年耳，亦入閣辦事耶？」闔堂笑，乃別。〔註7〕

杭世駿疏懶而又高傲的名士風度使人仰慕，耿國藩就將其比作玩世不恭的東方朔〔註8〕。但是，這種玩世不恭、不拘小節的生活作風，有時也難免使人誤解：

> 先生家故不豐，以授徒自給，主揚州安定書院者幾十年，以實

〔註5〕　（清）龔自珍《定盦文集補編》文集補編卷四《杭大宗逸事狀》曰：「乙酉歲，純皇帝南巡，大宗迎駕，召見，問：『女何以爲活？』對曰：『臣世駿開舊貨攤。』上曰：『何謂開舊貨攤？』對曰：『買破銅爛鐵，陳於地賣之。』上大笑，手書『買賣破銅爛鐵』六大字賜之。癸巳歲，純皇帝南巡，大宗迎駕，名上，上顧左右曰：『杭世駿尚未死麼？』大宗返舍，是夕卒。」清光緒二十三年萬木書堂刻本。

〔註6〕　（清）許宗彥《杭太史別傳》。

〔註7〕　（清）洪亮吉《書杭檢討遺事》，《更生齋文集》卷四，清光緒三年洪氏授經堂增修本。

〔註8〕　（清）耿國藩《堇浦先生像贊》曰「不夷不苞，亦仕亦農。與時舒卷，抱道始終。研經自力，玩世不恭。東方而後，僅見此翁。」見《道古堂全集》卷首。

學課士子。暇即閉戶著書，不預外事。又踈嬾，甚或頻月不衣冠。
性顧嗜錢，每館俸所入，必選官板之大者，以索貫之，積床下，或
至尺許。其么麼破碎及私鑄者，方以市物，兩手非墨污即銅綠盈寸。
然先生雖若有錢癖，嘗見一商人獲罪鹺使，非先生莫能解。夜半走
先生所乞救，並置重金案上，先生擲出之，不顧。

　　先生一歲必兩歸錢唐，歸後無事，或攜錢數百，與里中少年博
左近望僊橋下。時吾鄉錢文敏維城視學浙中，詞館後進也。一日盛
暑，張蓋往訪先生。頭踏過橋下，文敏已從輿中望見先生。短葛衣，
持蕉扇與諸少年博正酣。文敏即出輿，揖曰：「前輩在此乎？」時先
生以扇自障，業知不可揜，即回面語曰：「汝已見我耶？」文敏曰：
「正詣宅謁前輩耳。」曰：「吾屋舍甚隘，不足容從者。」文敏固欲
前，先生固却之，始尋道反。文敏去，諸少年共博者始從橋下出，
驚問曰：「汝何人，學使見敬若此？」曰：「此我衙門中後輩耳。」
遂不告姓名去。〔註9〕

　　遺憾的是杭世駿嗜錢的一面在後世被誇大，而其嚴於自守，取之有道等
對待錢財的態度卻被有意無意地忽略。杭世駿與鄉里少年賭博所反映出的通
脫人格也被歪曲爲嗜錢如命的賭徒作風，並最終出現了杭世駿販賣湖筆獲
利，剽竊死友全祖望文章爲己有的傳言，甚至有人說杭世駿是有學無行的小
人〔註10〕，其生前身後的坎壈多艱可以想見。

　　生活中的杭世駿也是多災多難，家本寒素，罷歸後，借居友人方德發宅。
爲維持生計，奔波於廣州、揚州，受邀擔任廣州粵秀書院、揚州安定書院山
長。直至七十五歲，仍在安定書院課諸子。杭世駿有十子，早殤九子，姊妹
兄弟中亦有多人先杭世駿而卒。目睹親人紛紛逝去的杭世駿，不禁發出「余
以夐夐踽踽之身，視蔭偷息，何爲哉」〔註11〕的感歎。

　　杭世駿的一生可謂是坎壈多艱的一生，但是杭世駿並沒有被擊倒，而是
篤志經史，勤於著述，留下了許多經史著作、詩文名篇，正如王國維所說，「天

〔註9〕　（清）洪亮吉《更生齋文集》卷四《書杭檢討遺事》。
〔註10〕記載杭世駿負全祖望事最爲翔實的是徐時棟，他的《記杭菫浦》一文記載了
　　　　整個事情的過程，但多是傳聞，不足爲據，筆者本書在乾隆元年丙辰條下有
　　　　考證。
〔註11〕（清）杭世駿《道古堂文集》卷十二《亡妹吟草序》，清光緒十四年汪曾唯增
　　　　修本。

以百凶，成就一詞人」〔註12〕，坎壈多艱的人生也將杭世駿打磨成一位博學多聞的學者，著述宏富的文學家。

集成與開新的學術研究

　　杭世駿生活在康乾時期，去清初諸大儒未遠，受其濡染，學風篤實質樸，治學規模博大繁富〔註13〕。又身在清初之學向乾嘉漢學的潛變時期，其學術研究也兼有清初、乾嘉兩種學風的特質，尤其是在乾嘉漢學初起之時，杭世駿以禮學爲中心的經學研究，對主張「以禮代理」的凌廷堪也有開新性的啓迪之功。

　　杭世駿成童後即研治禮學，起初從陳澔的《雲莊禮記集說》入手，陳澔注禮淺顯而簡明，是習禮者較好的入門書，但是該書在禮制的考證與禮意的闡發上明顯不足。因此，用作啓蒙之書可以，如果作精深地研究，顯然是不夠的。不久之後，友人鄭江以衛湜《禮記集說》相贈〔註14〕。衛湜此書，自鄭玄而下，取一百四十四家注疏，採摭繁富，體例精審，對好博的杭世駿影響極大。宋代以前的禮學注疏通過衛湜的《禮記集說》作了一次集結，自宋至清，禮學家輩出，卻缺少一部像衛湜《集說》似的集成性著作。乾隆元年（1736）六月，清廷開三禮義疏局。是年九月，杭世駿舉博學鴻辭，授編修，與修三禮。歷史的機緣與個人的學養相結合，杭世駿終於撰成了《續禮記集說》，填補了這一學術空白。

　　杭世駿《續禮記集說》的體例沿用了衛湜《集說》的既成模式，廣泛採集前人別具新見的注疏，依次排列於經文之下，不羼雜自己的觀點。此書收錄前人注疏一百八十餘家，而且很多資料是從《永樂大典》中輯佚而得〔註15〕。此

〔註12〕　（清）王國維《人間詞話》卷下，人民文學出版社1960年版。

〔註13〕　（清）王國維《沈乙庵先生七十壽序》曰：「國初之學大，乾嘉之學經，道咸以降之學新……國初之學創於亭林，乾嘉之學創於東原、竹汀，道咸以降之學，乃二派之合而稍偏至者，其創者仍當於二派中求之焉。」《觀堂集林》卷二十三，《王國維遺書》第2冊，第583頁，上海書店出版社1983年版。

〔註14〕　（清）杭世駿《道古堂文集》卷四《續禮記集說序》曰：「余成童後，始從先師沈似裴先生受禮經。知有陳澔，不知有衛湜也。又十年，始得交鄭太史筠谷，筠谷贈以衛氏《集說》。窮日夜觀之，採茸雖廣，大約章句訓詁之學爲多，卓然敢與古人抗論者，惟陸農師一人而已。」

〔註15〕　（清）杭世駿《道古堂文集》卷四《續禮記集說序》曰：「通籍後，與修三禮館，吏以《禮記》中《學記》《樂記》《喪大記》《玉藻》諸篇相屬，條例既定，

書保存了許多已經亡佚的禮學注疏，對於研究宋元以來禮學史有很大的參考價值。該書也成了繼衛湜《禮記集說》以來，收集《禮記》注疏最爲詳贍的著作，獲得了後人的讚譽。張金吾說杭世駿《續禮記集說》，「合衛氏書讀之，亦可云禮經之淵海矣〔註16〕。」梁啓超對該書也有極高的評價：

> 清儒於《禮記》局部解釋之小書單篇不少，但全部箋注，尚未有人從事。其可述者，僅杭大宗世駿之《續禮記集說》。其書仿衛湜例，爲錄前人之說，自己不下一字。所錄自宋元迄於清初，別擇頗精審，遺佚之說多賴以存。例如姚立方的《禮經通論》，我們恐怕沒有法子再得見，幸而要點都採擷在這書裏頭，才知道立方的奇論和特識。這便是杭書的功德〔註17〕。

如果說杭世駿的《續禮記集說》同衛湜的《禮記集說》一樣，是對前人禮學成就有意識、有系統的總結，是帶有集成性質的話，那麼杭世駿對於禮例的考釋，對於師制服、朋友制服的論證等，則是著眼於禮學在社會實踐上的功效，其對於禮學社會價值的強調與追尋，不亞於此後的凌廷堪，從這個意義上說，杭世駿的禮學觀又具有啓發後人研究的開新性。

近年來，以張壽安爲代表的一批學者提出乾嘉新義理，尤其表彰凌廷堪「以禮代理」的學術史價值。張壽安在《以禮代理——凌廷堪與清中葉儒學思想之轉變》一書中詳細論述了凌廷堪的禮學思想淵源、禮學思想內涵及其禮學思想影響。認爲其淵源在於乾嘉漢學的考據精神、徽州禮學的深厚積澱，推揚《禮經釋例》於制度中求取治世之方的獨到之見，並表彰凌廷堪將這種治世之方推廣於社會實踐，以轉移當世風俗的學術價值。此書對凌廷堪的研究精到而縝密，既梳理了凌廷堪禮學思想的來源，也評述了其禮學思想的價值。但是在分析凌廷堪學術淵源時忽略了杭世駿的禮學研究成果對於凌廷堪的啓示，這不能不說是一個缺憾。將杭世駿與凌廷堪的著作對讀就可以發現，凌廷堪關注的禮學問題，杭世駿已經開始思考，而凌廷堪將禮學用之於社會實踐的嘗試，杭世駿也曾涉及。

即以凌廷堪《禮經釋例》來看，這部著作其實是在江永、杭世駿對禮例

所取資者則衛氏之書也。京師經學之書絕少，從《永樂大典》中有關於三禮者，悉皆錄出……書成，比於衛氏，減三分之二，不施論斷，仍衛例也。」
〔註16〕（清）張金吾《愛日精廬藏書志》卷四《續禮記集說》提要，清光緒十三年吳縣靈芬閣刻本。
〔註17〕（清）梁啓超《清代學者整理舊學之總成績》，第17頁，商務印書館1999年版。

探求的基礎上做出的新拓展〔註 18〕，學界早已注意到凌廷堪與江永之間的學術淵源關係〔註 19〕。但是，至今尚未察覺到杭世駿《禮例》對凌廷堪的影響。實際上，凌廷堪的《禮經釋例》是取資與江永、杭世駿二人，他在《禮經釋例序》中就曾坦言了這種淵源：

> 乾隆壬子，乃刪蕪就簡，仿杜氏之於春秋，定爲《禮經釋例》。已而聞婺源江氏有《儀禮釋例》，又見杭氏《道古堂集》有《禮例序》，慮其雷同，輟而弗作者經歲。後檢《四庫書存目》載《儀禮釋例》一卷，提要云：「江永撰是書，標目釋例，實止釋服一類，寥寥數頁，蓋未成之書。」復考杭氏《禮例序》，又似欲合《周禮》《儀禮》而爲之者，且以大射爲天子禮，公食、大夫爲大夫禮，則於禮經尚疏。然則江氏、杭氏皆有志而未之逮也。於是重取舊稿，證以群經。合者取之，離者則置之；信者申之，疑者則闕之〔註 20〕。

正是因爲江永、杭世駿有成書在前，曾迫使凌廷堪一度擱筆。在精讀了兩家著述之後，凌廷堪發現儘管江、杭二人已有考證成果問世，但仍有許多疏漏之處亟須補正，故重新撰述《禮經釋例》，以補兩家之闕。可見，凌廷堪的《禮經釋例》是在江永、杭世駿已有成果基礎上踵事增華，學界在研究凌廷堪禮學思想淵源時，只是拈出江永，而忽略杭世駿的影響，顯然是有不全之失。

杭世駿的禮學成就除了《續禮記集說》《禮例》等考證著作外，還有許多強調禮學踐履實效的文章，如議師當制服，可以立師道，屬澆季；朋友不制服，防不肖者貢媚權勢，賢者結怨流俗〔註 21〕。都是極有見地的觀點，對凌

〔註 18〕　在凌廷堪寫《禮經釋例》之前，杭世駿已經參照《春秋例》撰成《禮例》，《道古堂文集》卷四《禮例序》曰：「鄭眾、劉實撰《春秋例》，余以爲春秋可以無例，而禮則非例不能貫也，例何所取？吾於孔、賈二疏中刺取之，例立於此，凡鄭之注《士禮》與鄭之注《周禮》者，可參觀而得也。例彰於彼，凡《士禮》之所不注與《周禮》之所不注者，孔與賈自默會而明也。深於禮者，病禮之斷爛而思補其闕；承學之士，又病禮之繁富而不得其門。余特以例爲之階梯，而有志者即以津逮。」不僅如此，杭世駿與凌廷堪歆慕的江永也有較深的交往，江永曾邀請杭世駿爲其《律呂管見》作序，也曾與杭世駿討論過音律方面的問題，杭世駿的禮學觀與江永有相同之處。

〔註 19〕　錢穆曰：「夫徽歙之學，原於江氏，胎息本在器數、名物、律曆、步算，以之治禮而獨精……再傳而爲次仲，則分樹理、禮，爲漢、宋門戶焉。」見《中國近三百年學術史》，第 547 頁，商務印書館 2005 年版。

〔註 20〕　（清）凌廷堪《校禮堂文集》卷二十六《禮經釋例序》，中華書局 1998 年版。

〔註 21〕　（清）杭世駿《道古堂文集》卷二十三《師制服議》曰：「師者，匠成我以進

廷堪的禮學實踐也有很多啓發。

　　小學方面，因爲杭世駿極力批判對六經的依託、摹儗、附會之邪習〔註22〕，他認同顧炎武對「以明心見性之空言，代修己治人之學」的空疏學風批評，提倡回歸經典，研讀經典。顧炎武研讀經典所採用的從音韻、文字入手的方法，即「讀經自考文始，考文自知音始，以至諸子百家之書，亦莫不然」〔註23〕，也爲杭世駿指示了治學的路徑。杭世駿接受了顧炎武這種篤實的爲學之法，撰寫了考證精覈的小學名著《續方言》。此書被採入《四庫全書》，並獲得了四庫館臣的讚譽：

> 　　是書採《十三經注疏》《説文》《釋名》諸書，以補揚雄方言之遺。前後類次，一依《爾雅》，但不明標其目耳。蒐羅古義，頗有裨於訓詁……大致引據典核，在近時小學家猶最有根柢者也〔註24〕。

　　在目錄學方面，杭世駿的《石經考異》也是一部考證石經的佳作。在此之前顧炎武博列眾說，互相參校，撰成《石經考》一書，考石經七種，能發前人所未發。但也一些缺失，有鑒於此，杭世駿又撰《石經考異》來補正顧炎武，正如他在《石經考異引》中所説：「《石經考異》者何？以補亭林顧氏之考也。」《石經考異》汲取了友人厲鶚、全祖望、符元嘉的考證成果，後出轉盛，較顧炎武之書更爲完備、精覈〔註25〕。

德脩業者也。於其死而等諸塗之人，在人情爲寡恩，在禮制爲闕典……爲制服，以厚俗也。若謂其淺教暫學，而豫申廢興悔吝之説，澆季末俗，將遂有逆師畔教，藉口實於摯虞之議，而傳道受業解惑之儒竟至甘受菲薄，而莫能以師道自立者。故吾之議，謂師死不可以不制服。」同卷《朋友制服議》曰：「吾以爲特不可以施之今日。昵交密友，有登堂拜親之敬，制服與復古道，似爲無害，然其末流寖失，不肖者將假之以貢媚權門，而賢者或因之以結怨流俗，則其道不可以久。」

〔註22〕　（清）杭世駿《道古堂文集》卷八《古文百篇序》曰：「經爲天地之常道，冥行摘埴，中道而回惑迷謬者眾矣。而其病有三：曰依託，曰摹儗，曰附會。何謂依託？王莽《大誥》、蘇綽《周官》，聖賢心法，藉以飾其濁亂，是謂侮經。何謂摹儗？揚雄《太元》、王通《元經》，後人著撰，輒敢上比神聖，是謂僭經。何謂附會？董生《繁露》、韓嬰《外傳》，倔背經旨，鋪列雜説，是謂畔經。侮與僭與畔，皆不得其宗者也。」

〔註23〕　（清）顧炎武《亭林文集》卷三《與施愚山書》，上海古籍出版社1996年版。相關論述見葛兆光《中國思想史》第2卷，第404頁，復旦大學出版社2007年版。

〔註24〕　（清）永瑢等《四庫全書總目》卷四十《續方言》提要，中華書局1965年版。

〔註25〕　（清）永瑢等《四庫全書總目》卷八十六《石經考異》提要曰：「是編因顧炎武《石經考》，猶有採摭未備，辨正未明者，乃爲糾訛補闕，勒爲二卷……考

　　史學方面，杭世駿生長在史學發達的浙江，斯地自黃宗羲以來，就確立了獨特而深厚的史學傳統，浸染其中的杭世駿，二十五歲就立志治史，三十歲讀遍二十一史。並與萬氏後人萬經、史學專家全祖望、趙一清有很深的交往，友朋往來，互相切劘，史學日進。著有《史記考證》《漢書蒙拾》《後漢書蒙拾》《三國志補注》《晉書補像贊》《金史補》《諸史然疑》等史學著作，其中《三國志補注》《諸史然疑》被《四庫全書》收入，是「以資考證」，「於史學不爲無補」的學術力作〔註26〕。正是因爲杭世駿卓越的史學成就，廣博的文史氣象，使得後人往往將其同黃宗羲、全祖望並稱，尊爲浙派史學大家。如林昌彝《論詩一百又五首》之論杭世駿曰：「嶺南一集久推袁，上接黃全鼎足尊。詩律更增深厚力，居然文采照中原。」自注：「黃梨洲有《南雷集》，全謝山有《鮚埼集》，與大宗爲鼎足〔註27〕。」王昶也認爲「兩浙文人，自黃梨洲先生後，全謝山庶常及先生而已〔註28〕。」近人張舜徽也有相似的觀點，他說：「浙學自黃宗羲、毛奇齡、朱彝尊、全祖望外，以言規模之大，吾必推世駿爲巨擘焉〔註29〕。」

學人之文的卓異成就

　　杭世駿的詩學成就，張仲謀在《清代文化與浙派詩》一書中已有專章論述〔註30〕，今可置而勿論，專論其古文成就。

　　杭世駿學問淵博，勤於著述，撰有《道古堂文集》四十八卷，文章數量甚是可觀，在這些文章中，杭世駿確立了自己獨特的文章觀。

　　古文學習與創作方面，杭世駿遙承劉勰「明道」、「宗經」遺續，主張根柢六經；在文道關係上，接續了唐宋八大家確立的文道合一、文以載道的文道觀。主講安定書院時，杭世駿就以此爲準則，編選了《制義宗經》《古文百篇》教諸生，並於二書序言之中反復昌言之。

　　　　證皆極精覈。前有厲鶚、全祖望、符元嘉三序……蓋合數人之力，參訂成編，非但據一人之聞見，其較顧炎武之所考較爲完密，亦有由也。」
〔註26〕（清）永瑢等《四庫全書總目》卷四十五《三國志補注》《諸史然疑》提要。
〔註27〕（清）林昌彝《衣讔山房詩集》卷七，清同治二年廣州刻本。
〔註28〕（清）王昶《蒲褐山房詩話》之《杭世駿》條，清稿本。
〔註29〕張舜徽《清人文集別錄》卷五《道古堂文集》提要，華中師範大學出版社 2004年版。
〔註30〕張仲謀《清代文化與浙派詩》第三章《杭世駿：學人之詩》，東方出版社 1997年版。

三才建而天、地、人之道立,聲於事物,布於倫紀,散見於經綸日用之間。微而不可見,大而不易窮也,不得不寄之文以宣其蘊。文以明道,以貫道,而實以載道。匪明何以貫?匪貫何以載?說雖殊,其爲深探元本則一也。或者嗤爲小技,薄爲餘事,是直析文與道而二之,豈知文哉?〔註31〕

律以鄭、賈,衷以程、朱。心術端而經學純,經學純而風俗化。宗之一說,所以立文章之根柢也,此吾所以植其本也。〔註32〕

杭世駿如此重視六經對文章的基礎性作用,如此強調文章的儒家內涵,既是其實際創作的切身體驗,也是針對當時揚州地區乃至整個文壇作出的有意針砭。他批評其時文士重文輕道的弊病,並指出這種「倒道而行,迁道而說」的習文方式必然會導致「割裂成語,以就體裁;稗販後代之語,以文淺陋」的惡習。如果離開六經的深厚底蘊,就不可避免地截取前人斷篇隻字,敷衍成篇。致使文章輕佻而纖薄,缺少渾厚含蘊的氣象。從這個層面上看,杭世駿重新標舉宗經、明道的大旗,對於矯正空疏淺陋的文章偏失,促使古文重振樸茂質實之風,都有積極的意義。

用六經豐富文章的內涵,使文章富含儒家的醇雅典贍氣象,這是主張文章根柢六經的理想化狀態。然而,在實際創作中,往往並不盡如人意,在六經到文章的轉化過程中仍有許多不必諱言的難題。畢竟古文別是一體,作爲一種文學樣式,它有自己相對獨立而完足的統緒,也有體裁本身的內在規定性。如果只是高自標置而又抱殘守缺似的專守六經,而忽略古文源遠流長的文學傳統,甚或棄置歷代經典的古文之作而不觀,那古文只能是被困在六經的陰影之中,而淪爲六經的注疏或解經的語錄,最終失卻古文存在的本眞。因此,如何規避六經對古文文學性的擠壓,如何汲取前輩古文大家的有益資源,也就成了杭世駿思考的又一議題。

對此,杭世駿有其通達而切用的補足之策,他在「宗經」的前提下,又提出了「習古」的理論。所謂「習古」,自然是對古代所有經典的學習,其中包括六經,也包括其他經典。這就拓寬了學習的範圍,打破了對六經的固守。不僅如此,杭世駿此處對「習古」又作了明顯的傾向性界定,即「習古」之古主要是指歷代古文,「習古」也主要是對古文經典的研習。在梳理了整個古

〔註31〕 (清)杭世駿《道古堂文集》卷八《制義宗經序》。
〔註32〕 (清)杭世駿《道古堂文集》卷八《古文百篇序》。

文發展史之後，杭世駿極力推尊韓愈，堅定地維護韓愈在古文史上的宗主地位。並進而以唐宋八大家爲師法典範，痛斥何景明之流輕視八大家的做法。其《古文百篇序》曰：

> 史遷言載籍極博，猶考信於六藝。孔子沒而微言絕，七十子喪而大義乖。周末文勝，其流益分。縱橫、名、法，厄言日出。鬼谷峭鶩險薄，韓非慘覈少恩，皆衰世之文也，古意寖衰矣。左氏以浮誇，莊周以荒唐，屈原以譎詭。經言雖熄，是非頗不繆於聖人，後世之言文者宗之。西漢董、賈、匡、劉迭興，炳焉與三代同風，稱極盛矣。東京卑弱，班、張、馬融，振以詞賦，而不能盡返諸古。黃初以降，迄於開皇、大業，揚芳散藻，以輕豔相扇。蓋古文之亡者，幾五百年。唐興，修六代之史，有史裁而無史筆。魏徵以史論，燕許以手筆，陸贄以奏議、牓子，楊綰、常衮、權德輿以制誥，意雖盛，氣雖雄，猶沿六代之偶儷。昌黎韓愈氏出，約六經之旨，起八代之衰。輔之以李翶，角之以柳宗元，衍之以皇甫湜、孫樵。姦窮怪變，大放厥詞。有唐一代之文章，崒然聳於千載之表。近代何大復，病狂喪心，乃以爲古文亡於韓，屠長卿謂歐陽、蘇、曾、王之文讀之不欲終篇。此桀犬之吠，叔孫武叔之毀，不足校也。貞元而後，承以五季之弊陋。穆修、柳開、胡旦欲以古義復之，力薄而不能振。廬陵一變而爲宕逸，南豐一變而爲敦龐，臨川一變而爲堅瘦，眉山父子推波助瀾，厥旨始暢。乾、淳以往，非無作者，要皆其支流餘裔，而非能自立一幟者也。元末，臨海朱氏，始標八家之目，迄今更無異辭。〔註33〕

杭世駿還以告誡的語氣警示當時爲文者，不論習古文還是作時文，不從八家入手，必然會有庸俗之失。即「爲古文而不源於八家，支離兎瑣，其失也俗。爲今時文而不出於八家，膚淺纖弱，其失也庸。夫文以傳示遠近、震耀一世之具，而誠不免於俗與庸之誚，則毋寧卷舌而不道矣。」〔註34〕

杭世駿奉唐宋八大家爲圭臬，重視古文自身的文學資源，填補了專守六經的固陋之失，在古文取資上已是合理而完足。但是，不管是宗六經，還是尊八家，都只是開列了應當取資的對象，都是屬於師法什麼的問題，沿之而下，自然會推演到如何師法的探討。這就須要揣摩古人的爲文心思，揣摩經

〔註33〕（清）杭世駿《道古堂文集》卷八。
〔註34〕（清）杭世駿《道古堂文集》卷八《古文百篇序》。

典中的文則、文法。儘管杭世駿是反對這種刻意揣摩做法的，即所謂「揣摩之法，有道者恥之。」但作爲書院山長，杭世駿必須指示師法古人的途則，故此拈出了獨特的揣摩之法：

> 此政吾所謂揣摩也。短長家言蘇秦十上不第，發憤至於刺股，而其揣摩之道，不過曰簡練而已……揣摩之說，有道者所恥言，屈而從之，則必上驗天道，下察地理，中悉於人情物變。稽之往籍，以得其據依；核之前言，以謹其步趨。因文見道，覩指知歸。非空虛無具，遊談不根，以僥倖於苟且而已。〔註35〕

揣摩不是冥想，仍須以學養濟之。宏觀上，須要鍛鍊從經典之中抽象出作文規律，也要體察人情世故，從而蓄積文章的情感資源；微觀上，鑽研古人下字運詞的技法，藉此來繩規自己的言辭。但揣摩之法，必須以簡練爲宗，在揣摩方面，戰國時期的蘇秦是一個典範，雖然杭世駿認爲，蘇秦在人格上實在是一個小人。

師法古人，揣摩經典，是屬於取資、技法層面的，對這一層面的把握水準之高下，自然就決定了習古「工」與「不工」的差異。那麼，在杭世駿看來，什麼才是眞正的「工」呢？

> 吾所謂「工」者，豈謂其能獵百氏之辭與調哉？吾未見不空百氏之所有，而能謂之「工」者也。亦未見不兼百氏之所無，而能空百氏之所有者也。王介甫之自言曰：「自百家諸子立書，至於《難經》《素問》《本草》諸小說，無所不讀；農夫、工女，無所不問，然後於經能知其大體而無疑。」介甫之文具在，深求其所讀與所問，則固枵然一無所有也。夫枵然一無所有，則何以謂之介甫矣？而介甫之所以爲介甫者，則非以其能讀之，能問之，而謂其能空之也。〔註36〕

杭世駿所中意的「工」，不是辭藻與聲調這些淺層次上的，他所謂的「工」，是一種包孕百家的淵懿氣度，是一種能夠入百家之室而操其戈的熟稔，是消化百家而生成的新氣象，這種氣象雖然是胎息於前人的，但同時也是度越前人的，是在前人基礎上的新擴展。只有眞正具備了這種取舊滋新的新拓展，才是眞正的「工」。這種眞正的「工」，王安石是做到了。

文章具備了廣泛的取資，爲文者把握了以簡練爲宗的揣摩之方，同時又

〔註35〕 （清）杭世駿《道古堂文集》卷八《古文百篇序》。
〔註36〕 《道古堂文集》卷十一《趙勿藥文集序》。

師法前人而能突破前人，從而有開新的氣度，最終行之於文，必然表現爲某種文風。文風多樣，杭世駿所讚賞的主要是以下三種，即清眞雅正、奧博修潔、和平謙愼。

　　「『清眞雅正』是朝廷對文章宗尙的根本性指導思想。這一思想有其形成與沿續的過程，有其強勢與理性的治統內涵。〔註37〕」這種「清眞雅正」的文風，在清廷政治的推動下迅速傳播開來，並以《淵鑒齋古文》與《御選文醇》爲範本而流佈天下。這兩個御製文章選本又是杭世駿所熟讀的〔註38〕，自然受其文風指向影響，接受了這一古文風格，並在編選《制義宗經》時作爲去取標準。他在《制義宗經序》中說：

　　　　乃取歸、胡以下，訖於與吾並一世而生者，甄綜其文，約以百篇。不限時代，不拘體格。恪遵我皇上標舉「清眞雅正」四字爲圭臬，間以前哲所謂「昌明博大、莊嚴鴻朗」之旨爲準則。端其祈向，導之軌範。尖新寒瘦之習，旣性所不喜。詭異必斥，破碎必懲。

　　「清眞雅正」的文風是受清廷帝王文化政策的影響，奧博修潔的宗尙則是清廷兩舉博學鴻辭科的結果。康熙二十八年（1689），首開博學鴻辭科，得人極盛，通過此次制科，博學鴻儒諸人已形成奧博修潔的文章風向，流風所靡，對於同樣是博學鴻儒的杭世駿而言，影響不言而喻。正如劉師培在《論近世文學之變遷》一文中所言：

　　　　時江淮以南，吳越之間，文人學士應制科之徵。大抵涉獵書史，博而不精。諳於目錄、詞章之學，所爲之文以修潔擅長，句櫛字梳，尤工小品。然限於篇幅，無奇偉之觀。竹垞、次耕其最著者也。鈍翁、漁洋、牧仲之文，亦屬此派。下迨雍乾，蕫浦、太鴻猶延此體。

〔註37〕　曹虹師《帝王訓飭與文統觀念——清代文學生態研究之一》，第102頁，南京大學古典文獻研究所主辦，《古典文獻研究》第十輯，鳳凰出版社2007年版。
〔註38〕　（清）杭世駿《古文百篇序》曰：「聖祖仁皇帝接精一之心傳，垂百王之大法。蓋嘗伏讀《淵鑒齋古文》之刻，而見大聖之心也。言必衷諸道，事必約於禮。精之在天人性命之微，推而播之，至於治國、平天下之大。天下之文章，固莫有大於是者也。草茅跧伏，潛心玩索，得其什一而規模已立。今上皇帝彈緝熙宥命之學，集搉文奮武之勳。吐辭爲經，因心作則。二曜周環，俱歸掌握；百家騰躍，盡入鑪錘。備唐三變，甄宋六家。又嘗伏讀《御選文醇》一書，而知我皇上法天敬祖之家法也。證千聖之心源，成一朝之麗製。涬經孕史，磨礱學士之進脩；據德依仁，發揮天下之事業。深思熟復，尋繹指歸，如躬聆大聖之講授，增長智識，又得其什一，而古文之塗徑，大槩盡於是矣。」《道古堂文集》卷八。

以文詞名浙西，東南名士咸則之，流派所衍固可按也。

杭世駿也反對文壇上尖新寒瘦之習，推尙文章和平謙愼之氣。

> 抑於足下有所規者，文必和平謙愼，而後可以持世。其外多諛
> 辭者，中必有不足者也；其外多詆辭者，中必有不平者也。心不澄，
> 則語不密；語不密，必傷理而違道。苟有類乎是，皆智者所不與。
> 〔註39〕

杭世駿的古文觀也並不是虛懸的理論，作爲古文家，他始終將這些觀點用之於古文創作實踐，並取得了卓異的成就。

首先，杭世駿的古文包孕經史，出入百家。雖集中多是序跋應酬性的文章，他也仍能於其中縷述經史流變，溯源而窮流，詳贍而該洽。並能以極精到的文法統攝材料，所以能夠在敍述學術源流時，避免了疊床架屋似的堆砌，而是條目清楚，安排確當。所以，汪沆《道古堂全集序》說：「竊窺先生之學，大抵以六經爲之根。貫穿群史，出入百家，以掇擷其精腴而高朗卓鑠。衷於性情，胸之所蘊，筆舌間皆克傾瀉之。故其節亮，其氣華，其辭宏肆而奧博，一時群雄莫與抗者。」

這方面的代表作如：《道古堂文集》「卷四《韓氏經說序》，則言說經之流派；卷五《施愚山先生年譜序》，則言年譜之體制；卷七《張芭堂金石契序》《孫月峰書畫跋序》，則言金石書畫之著錄；同卷《名醫類案序》，則言方技醫經之得失；卷二十一《答任武承書》，則言起居注之義例；卷二十四《說緯》，則言緯書之源流。〔註40〕」張舜徽稱讚這些文章「辨證明晰，如數家珍，豈儉腹者所能爲？」

誠如張舜徽所言，此種文章非有深厚學殖是無法完成的。杭世駿的古文是典型的學人之文，他的文章是根植於其廣博學識的，是他好學儲寶的自然發露。袁鑒《道古堂全集序》感歎：「鑒嘗竊窺先生之作，如山海之聚珍錯，爐冶之化金鐐，都市之鬻貨幣。大則名器重寶，細至古董晬盤，無所不有，亦無所不可有。」王瞿的序言則揭示了杭世駿古文雄贍淵博的內在原因，他說

> 董浦於學誠無所不貫，所藏書擁榻積几，不下千萬卷。董浦枕
> 藉其中，目睇手纂，幾忘晷夕。閒過友人館舍，得異文秘冊，即端
> 坐默識，括略其要實乃已。遇有離合，設甲乙辨難，輒反覆數千言

〔註39〕　（清）杭世駿《道古堂文集》卷二十一《與王瞿書》。
〔註40〕　張舜徽《清人文集別錄》卷五《道古堂文集》提要。

不能了。銳心若此，宜所爲文立言撅意實有到人所不到者。夫儲之有厚薄，發之有深淺，自然之情也。董浦茲編，特珙璧之先資耳！〔註41〕

杭世駿又深於史學，其文章體例完善，考證縝密，爲後代史學家提供了可資參照的範本。

> 世駿深於史學，而雅善綜述。卷二十三《誌西漢鹽鐵》，卷二十五《漢爵考》，比物類事，實開趙翼《廿二史箚記》之先。卷三十及三十一《梅文鼎傳》，既詳載其著述議論，復附列其友朋姓字，斯又阮元《疇人傳》體製之所自出。〔註42〕

其次，杭世駿篤於友朋之好，文集中的傳、狀、墓誌銘，時時流露出對朋友的哀思之情，眞切而動人，如《梁諟林傳》《趙谷林傳》《禮部侍郎齊公墓誌銘》等。杭世駿家庭多故，許多親人都先他而逝，故文集中敍述家人事蹟的文章更是感人至深，讀罷不免慨歎其命運多舛。如《亡妹吟草序》，以飽含哀痛之情的筆墨，撰述了才女杭澄才高而命蹇的困厄人生，令人淚下。此類寫親情的文章當推其述喪子之痛的《三殤瘞磚》爲極致：

> 余有子十人而殤其六。第三男寬仁，遊於庠，婚於室而卒不祿。爲立後記曰：子不殤，父弗殤，爲所後地也，將卜地而葬之而未得。第四曰宣仁，五曰容仁，六曰定仁，七曰宥仁，十曰宜仁。其中有長殤，有中殤，有下殤，桐棺纍纍，殯於淺土，恫然有餘慟焉。西溪有不毛之地，以三十千易之，不筮不卜，不封不樹，次其長幼而先後瘞焉。無行誼可紀，無文章可錄，無聰明穎悟可憐念。慈愛之念減，而悲傷哀悼之情衰止。報服之制，闕焉而不脩，非忝也。事就其簡而禮從其殺，亡於禮者之禮也。嗚呼！以余之不德也，幸及於寬宥，而天不即降之罰，凶瘥天札。洊加於童幼，而貸余於緩死，使之得終事太夫人，而無終天之憾。然則是諸殤者先後代余受罰，皆謂之仁人孝子可也。瘞之埋之，天地之心，父母之責，於是乎在，不可以不志而系之。銘曰：爾曹蚩蚩，靈幽體黳，魂氣則無不之。葬之中野，以畢吾父母之恩；志之銘之，以抑吾無窮之悲。死而有知，抑其無知？嗚呼哀哉！〔註43〕

〔註41〕 王瞿《道古堂文集序》，載杭世駿《道古堂全集》卷首。
〔註42〕 張舜徽《清人文集別錄》卷五《道古堂文集》提要。
〔註43〕 （清）杭世駿《道古堂文集》卷四十八。

　　文章將喪子之痛抒寫地淋漓盡致，其哀痛毀咎之情，與韓愈《祭十二郎文》異代而同調，是喪祭文中的典範佳作。

　　綜上，主要論述了杭世駿的人生概況，以及他在經史、古文上的突出成就。不可否認，杭世駿也有不足之處，如史學方面，雖涉獵廣博，但是有些只是淺嘗輒止，並沒有作精深的開掘，其史學著作《三國志補注》，就有細大不捐，語或不經的缺憾，這些四庫館臣都曾指出。古文方面，也有考證未精覈者，如《論王充》等。但是，這些不足與其成就相較，成就顯然是主要的。正是因為杭世駿在清代學術史、文學史上有重要的地位，所以筆者才選擇為其撰一年譜，力圖反映其生平行實，及其學術與文學成長過程，以備知人論世之參考。

杭世駿畫像

杭世駿書畫作品

杭世駿書畫作品

凡　例

　　本譜之撰，盡可能勾稽存世文獻，對杭世駿生平行實及德業文章施以編年紀月之法，以求知人論世之效。理論上參酌梁啓超《中國歷史研究法補編‧年譜及其做法》的相關論述；並吸取學術賢達專著如卞孝萱先生《劉禹錫年譜》《元稹年譜》、嚴傑教授《歐陽修年譜》、程章燦教授《劉克莊年譜》的編寫經驗。

　　本譜包括時事、事蹟、編年詩文、附考四項：

　　首舉時事，時事係當年國家大事，或對譜主有較大關涉者，時事取捨主要依據中國人民大學清史研究所編《清史編年》、印鸞章《清鑒》、許國英《清鑒易知錄》。

　　次述事蹟，考譜主家世、生平、仕履、親屬、交遊等。事蹟月份不詳者，繫於是年之末。親屬及友朋之生平事蹟，於首次出現時略加考述；難以考證者，存疑。

　　復次爲詩文繫年，並附考證文字。

　　末爲附考，考辯相關之事蹟、人物、地理、制度等，並辨正文獻之舛誤。

　　爲避免繁冗，《道古堂文集》簡稱《文集》；《道古堂詩集》簡稱《詩集》；《榕城詩話》簡稱《詩話》。凡年譜中引用譜主著作，概不列姓名，只列書名、卷數。

杭世駿家世

杭世駿，字大宗，號堇浦、秦亭老民、智光居士等，浙江仁和人。

據《文集》卷首應澧《墓誌銘》，洪亮吉《更生齋集》卷四《書杭檢討遺事》，許宗彥《鑒止水齋集》卷十七《杭太史別傳》，李元度《國朝先正事略》卷四十一《杭堇浦先生事略》等，其他各書亦如此。

先世自丹陽徙上虞，萬曆十年，五世祖再徙仁和大方伯里。

《文集》卷十七《殳母吳太君壽序》曰：「吾先世居大方伯里，蓋自萬曆紀號之十載始，其西鄰則殳氏，爲望族。」

應澧《墓誌銘》曰：「先世自丹陽徙仁和。」

《文集》卷四十六《先姊吳母杭孺人墓誌銘》曰：「姊姓杭氏，吾先君可庵公長女。五世祖自上虞徙家於杭，遂爲杭之仁和人。」

曾祖玉森號敬宇。

應澧《墓誌銘》曰：「曾祖玉森。祖士瑋。父機，生子六人，先生其次也。」

伯祖士環，字耀生，娶趙氏，繼馮氏，有子女各一，皆早殤。

《文集》卷四十八《先伯祖壙銘》曰：「伯祖爲曾大父敬宇公長子，諱士環，字耀生。年四十五，以康熙甲寅之十一月某日卒。初娶趙氏，無出；繼馮氏，生子鉽，暨一女，皆早殤。葬石屋嶺祖塋。公儻蕩嗜酒，不事生產。趙

孺人來歸時，有臨平上田二十二畝，為奩贈，故衣食得以不乏。暨孺人卒，乃大困。曾大父哀其無後，為續婚馮氏，旋得血疾。一日，倦即臥榻，呼之飯，不應。日昳即而視之，死矣。公與物無競，不以憂感滑其天倪，而年不躋下壽，後嗣中絕，豈稟於天者薄與？抑命也？銘曰：嗚呼我公，淳淳而生，悶悶而醉。胸無城府，口不臧否。名非所懷，亦不言利。狸骨少方，玉貌孔悴。四十五年，不得行意。葬公高原，嘉耦維二。石屋巍巇，北嶺拱翠。」

叔祖士珍，字寶森，娶施氏，無出。

《文集》卷四十八《先叔祖壙銘》曰：「叔祖為曾大父敬宇公第三子，諱士珍，字寶森。為人敦重不佻。年二十六，喪施孺人，遂守義不再娶。晚得風疾，步履不能過十步。坐臥一室，左壺右觴，獨自斟酌。康熙庚寅十二月某日，以壽考終牖下，年六十有八，葬石屋嶺之新塋。銘曰：目鰥鰥，行蚩蚩，篤義不娶表彭風。疾引年，酒扶壽，言無玷尤行不繆。六尺幽宮八尺櫝，滿覺術南石屋下，元陰晻靄奠三雅。誰其尸之？從孫也。」

祖士瑋，官翰林院編修，贈文林郎，娶王氏。

《文集》卷四十八《節姑許母杭孺人墓甎》曰：「姑為余祖考贈文林郎翰林院編修諱士瑋之次女，祖母王太孺人所生。」

父機，號可庵。年十五喪母。弱冠棄賈治學，好讀書，著有《藝餘類纂》。厲鶚嘗從之受業。

見應澧《墓誌銘》。

《文集》卷二十五《先府君象贊》曰：「翳惟我公，禮塗義府。十五失怙，廢著從賈。太公番番，邁病危苦。據梧而呻，日俟雞脯。衝泥走雨，懷肉歸煦。厚夜永終，棺寄僧國。風饕摧楹，題湊蹴踖。魂其有靈，入夢來告。荒郊號奔，果符所錄。陟彼岨矣，行營佳城。石屋之陽，距一牛鳴。攀柏灑淚，捐土裏襟。幽竁用妥，銘其泉扃。時已踰冠，折節媚學。六籍既融，七緯亦暲。補苴闕亡，評釋踦駁。仰屋著書，不事表暴。女弟嬋媛，蚤喪厥偶。攜孤大歸，襟不蓋肘。築樓居貞，恭進芳糗。崇臺書名，王府則有。隱德不曜，澗阿考槃。澤蘭谷松，長葆歲寒。小子無似，狀公大端。告於賢哲，詠德勿諼。」

厲鶚《樊榭山房集》文集卷五《杭可庵先生遺像記》曰：「猶憶鶚弱冠時，

從先生遊，董浦小於鷚四歲耳。先生眸子朗然，美鬚髯，沖虛恬淡，不自衒暴……先生性喜讀書，手自綴輯，至數百卷。嘗指董浦謂鷚曰：『吾老矣，炳燭之光恐難爲繼，他日此子必能卒吾志。』」

《文集》卷二十八《先府君藝餘類纂後記》曰：「此先府君類編雜事也。不肖孤裝繕既竟，泫然流涕而言曰：先府君有張茂先之博虛，有劉原父之殫洽，耕經薅史，引一物不知爲己恥。《山海》《神異》之經，《五嶽》《十洲》之記；納甲、飛伏、《測圓》、《周髀》之術，七禽、《三鏡》《紫囊》《琭珞》之書，《玉靈》《金策》，耳鳴、目瞤之占驗；大秦、末尼、西蘭竺、婆羅門之象教，《陰符》《內景》，黃冶芝菌，七部十二門之元奧，莫不掇其菁華而析其底蘊。夫是之謂洞陰陽之原，通性命之理，而細亦不遺乎蟲豸者也。夫自《皇覽》集於當塗，類林興矣。降及六朝，華林園、修文殿諸書皆以儒臣分撰，歲縻大官牢廩，然猶積日違時，僅而克竣。先府君卑居蓬藋，未能盡窺西清、東觀之藏，閱市借瓻，部居州次，其用力較之前哲爲艱，而精審有過之無不及。嗚呼！其可傳也已。不肖孤懍愚無狀，舊學就荒，《諾皋》之記，未慰於文昌，《靈光》之賦，有媿於延壽。讀是編已，輒不自知抽怛於懷也。謹篋櫝而藏之，俾貽我後嗣焉。雍正四年太歲在丙午，第二男世駿百拜敬撰。」

《（雍正）浙江通志》卷二百四十七曰：「《藝餘類纂》四十卷，仁和杭機可庵著。」

姑杭孺人，適許懷遠，以節孝入《（乾隆）浙江通志·列女傳》。

《文集》卷四十八《節姑許母杭孺人墓甎》曰：「姑歸許，宜與夫合葬。夫墓迮不足以容，則將祔於皇姑，而許氏之墓無隙地，則將買地以葬。而姑子死孫夭，血胤中絕，許氏無可謀者，例以戴嫣大歸之義，則葬姑非余莫適爲主也。余嘗卜幽窆以妥三殤，在西溪，割其右以葬姑，而爲之記曰：姑爲余祖考贈文林郎翰林院編修諱士瑋之次女，祖母王太孺人所生。年二十，嫁許君懷遠，二十九歲而夫死。家無寸絲斗粟，先府君哀而迎養於家，佐吾母鞠育吾兄弟姊妹，有恩義。先府君爲娶子婦，生孫，漸立家室。年六十餘，條其苦節以達於有司，得旌於朝。余與修全省通志，列其姓氏於《列女》。計姑一生，得吐氣者，惟此一節爾。不十年而姑以天年終，而子旋卒，三孫皆夭。飲冰茹蘗，貞之數十年而不獲報，吾於彼蒼不能無憾。幸而遲不肖以後死，而體魄不致無依，則天心與善可推也。不記歲月，不刻樂石，書丹於甎，納於幽壙，而存余文於家乘，哀母之節也。」

兄弟六人，董浦其次也。伯兄字（號）子復。五弟名世瑞。
又有名世順者。其他待考。

見應澧《墓誌銘》。

《文集》卷四十八《志伯兄殯》曰：「乾隆甲子，天不憖遺，奪我家督。
七月二十六日，伯兄子復先生以疾卒於大方伯里先人之廬。猝無以斂，假北
堂之美檟，附身無憾。踰月，殯於昭慶寺側民家。喪車辭廟，執引而行者數
十百人。過舊里，祖奠者又數十百人，有行哭失聲者。嗚呼！布衣紃履之士，
何以得此於人也？兄性慈愛，事親孝。母性嚴急，語不合，叱詈隨之，怡顏
順受，無忤色。與人交，財不私一錢。疾病之不能醫藥者，死亡之不能棺椁
者，傾筐倒庋與之，不過問也。祖母王兄若弟貧死，無後，外祖父母暨舅氏
兩世不克襄葬事，購地於石屋之陽，春秋窆厹，以成先大人之志。其見於施
設者，此可以例也。吾同母者三人，伯姊未四十而死，伯兄不獲臻下壽，吾
以憂患頹落之身，如枯株病葉，懸綴於世，其可久恃乎？兄有子三人，皆未
有樹立。書此貽之，俾他日揭於墓焉。」

《詩集》卷二有《送五舍弟世瑞就昏黔陽》，卷二十二有《用前韻酬五弟
世瑞》。

姊性至孝，有才識，通詩書，適吳銘爲繼室。

《文集》卷四十六《先姊吳母杭孺人墓誌銘》曰：「姊姓杭氏，吾先君
可庵公長女。五世祖自上虞徙家於杭，遂爲杭之仁和人。性至孝，方三數歲，
母夫人王遘微疾，輒盤闠牀笫間，號戀不忍暫去。稍長，授《孝經》《女戒》，
通《論》《孟》大義，工楷書，指示《九章》，算輒立曉。先君治外，凡米鹽
凌雜一以委姊，無毫髮遺誤。佐母氏供中饋，暨燂沆洗、絲枲縫紉之事，咸
有法則。淑慎之儀，笑不見齒，足不踰梱。親串間行慶弔禮，端默終日，不
肯妄持面見男子。年十九，歸同邑吳銘爲繼室。初，先君慎於擇對，欲得謹
願誠愨之士，培厚福者爲相攸。時銘方鰥居，玉貌溫潤，退然如不勝衣，言
吶吶不敢肆。試以事井井，遂因其請而許之。姊既歸吳氏，敬於尊嫜，先後
之間，謙約惟恐不後。視諸姑如女兄弟。吳氏群從同爨者幾三百指，無間言。
性勤，簡於自奉，又所育子女多自乳，旋得血疾。每病，姊酌量水稱藥，博
求醫術，凡所以扶壽堤疾之道靡不至。歲間三四病，病輒良已。今年自知不
起，促走使迎吾母曰：『母來，吾相見祇此矣。』母持之慟，而神色不異，

摒擋家事，清晰如平時。歿之日，猶以不及終事舅姑爲恨云。生於康熙甲戌四月十三日，歿於雍正辛亥九月十五日，年三十又八。子男子二：文源、文漢。文漢幼慧，後數月亦殤。女子子一，字朱某。某月日，姊窆卜葬於某山之原，其弟世駿爲之銘。銘曰：孝友愷悌，蓋莫如姊。碌碌者生，而令姊死。有嫂者女，括髮襤褕。踊身投棺，必欲殉矣。強抱持之，幾毀其齒。幼兒瑤環，若奪乳只。爲煦嫗焉，雪涕不止。哀哀慈母，老令哭子。予何人斯，執筆銘此。」

妹杭澄，字清之，一字筠圃，號定水老人。適國學生趙萬暻，以清節稱。著有《筠圃吟草》《湛堂書帷詩》《臥雪軒吟草》《伏枕吟》。

《文集》卷十二《亡妹吟草序》曰：「妹爲先府君次女，母王太孺人，即吾母女弟也。甫毀齒，即知嚮學，未嘗就傅，亦未嘗問字於父兄。聞弱弟誦讀經書，則默記。試效其聲以識字。辨色而興，雜誦琅琅，聲殷戶外。稍長，輒效余爲制舉之文，旋棄去。壹意爲詩，風格蒼樸，無脂韋之習，無金粉之氣，蓋夙成也。執先府君喪，哀毀雀踊。既除服，而歸於趙窆曰萬暻，恂恂溫克，雅相器重，閨房唱酬，而妹才較勝。窆以几案才，參人幕事，恒他出，青燈苦雨，望遠懷人，皆妹攢眉覓句時也。余赴召之京，妹寄詩有『有金買書不買田』語，遂爲吾一生實錄。吾姻親有令北直隸之新河者，招萬暻往，妹以無子偕行。余官京師，無從尼也，而妹尋悔，遺書酸楚，然有唱和遣日，亦安之矣。夫何，轉客慶都，令爲海豐林君鵬飛，交余厚，而萬暻以痢疾卒於官。舍妹聞，驚慟欲絕，伶俜孤苦，挾一小婢、一老僕，遞其棺以歸里，艱難險阻備嘗矣。依母以居，驚魂稍定，一往之詩，皆牢愁血淚、淒心寒魄之語也。余被放歸田，舊居不足以容，石友方君滌山割宅讓余。滌山有女芳珮，有頌椒詠絮之才，妹來省母，輒相見歡甚，自是唱酬無虛日。家有女甥、女姪，妹親指授詩律，藉以梳雪結帽而消磨時日。俄而兩母棄養，芳珮從其壻遠宦京師，甥姪漸次出閣，益復無聊，病不可藥，神離形蛻，卒於吾家。妹不宜子，兄公止一子，無可繼者。吾弟世順哀之，命子心仁主其喪。恐蹈紀人滅鄶之譏，葬畢而即撤之，權也，亦經也。妹詩二卷，手自謄寫，一以寄余，一以屬吾五弟之子友仁收弆，而未嘗輕以示人。余友吳城輯武林詩，汪啓淑選閨秀之作，皆有數篇見其集中。嗚呼！余兄弟六人，十年以來，凋喪殆盡。姊與一妹皆先死，獨妹在，今又病亡。余以夔夔踽踽之身，視蔭偷

息，何爲哉？雪涕爲此序，幸而傳乎，妹不死矣。」

杭澄生平詳見乾隆九年（1744）條。

配蔣氏，後蕫浦六年卒，妾張氏、姜氏。

應澧《墓誌銘》曰：「配蔣夫人，後六年卒，壽八十有一，實九月戊申也……以乾隆四十八年某月日卜吉於留下之大馬山，奉甯先生之體魄。夫人暨簉室張氏、姜氏合窆焉。」

蕫浦子十人，惟賓仁存，餘皆早殤。女四人，適丁健、汪鵬壽、胡一陽、應澧。孫三人。

應澧《墓誌銘》曰：「生丈夫子十人，賓仁某某。女子子四人，適丁健、汪鵬壽、胡一陽、應澧。孫三人，某某。」

《文集》卷四十八《三殤瘞甎》曰：「余有子十人而殤其六。第三男寬仁，遊於庠，婚於室而卒不祿。爲立後。記曰：子不殤父，弗殤，爲所後地也。將卜地而葬之，而未得。第四曰宣仁，五曰容仁，六曰定仁，七曰宥仁，十曰宜仁。其中有長殤，有中殤，有下殤，桐棺纍纍，殯於淺土，恫然有餘慟焉。西溪有不毛之地，以三十千易之，不筮不卜，不封不樹，次其長幼而先後瘞焉。無行誼可紀，無文章可錄，無聰明穎悟可憐念。慈愛之念滅，而悲傷哀悼之情衰止。報服之制，闕焉而不修，非恝也。事就其簡而禮從其殺，亡於禮者之禮也。嗚呼！以余之不德也，幸及於寬宥，而天不即降之罰，凶瘥夭札，洊加於童幼，而貸余於緩死，使之得終事太夫人，而無終天之憾。然則是諸殤者先後代余受罰，皆謂之仁人孝子可也。瘞之埋之，天地之心，父母之責，於是乎在，不可以不志而系之。銘曰：爾曹蚩蚩，靈幽體翳。魂氣則無不之。葬之中野，以畢吾父母之恩。志之銘之，以抑吾無窮之悲。死而有知，抑其無知，嗚呼哀哉！」

同卷《女夫丁秀才停棺誌》曰：「停棺何以誌？創也？《禮》：『大斂畢而殯』。今人之殯在野，古人即家而殯。夏后氏殯於西階之上，殷人殯於兩楹之間，周人殯於阼。古者棺必有槨，槨外敢木而塗以泥，累以瓴甋，是謂殯。仁人孝子，見棺而痛親之不見，無時之哭，不可節也。故大夫三月，士踰月，必葬。葬者，藏也，欲人之不得見也。故先之以殯，而殯非久制也，況不殯而至於久，則死者有暴露之憂，而生者有目瞿之感，違禮而干律，不祥莫甚焉。吾於女夫丁秀才之死，而不能已於言也。秀才名健，字誠叔，隱君丁敬

之長子。未冠，隸郡庠爲弟子，故不稱其名而曰秀才，名終則諱之義也。秀才從學使者校文於江南老屋，被吳回之災，賃屋而居，死焉。隱君既得新宅，必將殯秀才於野而後遷，禮也。隱君剛愎，即移其柩於新宅，屢言之而不從，而末如之何也。未幾，隱君死，家貧，春秋窆穸之事未卜也。余與吳城、汪沆皆其石交，謀於其次子傳。三人願經紀其喪而傳愎如其父，斷斷然設爲迂遠而闊於事情之論，余又莫如之何也。秀才謹而愿，詩才秀飭，而語吶吶然，如不出諸其口，吾愛之。修秋禊於吾寄巢，老成宿學，如朱太守樟、周徵士京、金副使志章、屬孝廉鶚皆在，出技角力，而秀才以末座少年，詩獨擅場。余修《海塘志》於脩川，挈之偕，琳宮梵宇，憑高發興，秀才與余相應和，未嘗不出余意外也。既又辭余獨往，脩邑志於金谿，體裁鴻整，而吟興尤高。歸，與余門人陳侍讀鴻寶薄遊廣陵，守風揚子，聯吟百韻，希風韓孟，無媿色焉。性嗜飲，癰發於尾閭，醫多言不救，余延之貳室，而令余女時其興居飲食，年餘漸起。余時時諷以止酒，而不能自克。省余於廣陵，留止月餘，勸之熟《文選》，鐙光晃耀，眼花不能辨難字，歎其早衰而精氣薄，心竊憂焉。別去數月而訃至，余哭之慟。祝予之悲，累月逾時而不能自已。將俟其葬銘，以抒余哀而耄不及待，爲志以昌其詩。城與沆聞之，有同慨也。」

《（民國）杭州府志》卷一百五十曰：「應澧，字叔雅，仁和人。乾隆四十五年歲貢生，官安吉教諭，杭世駿壻也。書法趙文敏，稱神似。詩文亦造作者堂奧。卒年八十七。其祖年逾百歲，父年九十餘，三世耆壽，里中誇人瑞云。」

李斗《揚州畫舫錄》卷十曰：「法嘉蓀，字辛侶，丹徒人；儲潤書，字玉琴，宜興人，皆工詩，館於其家，與應澧齊名。澧字叔雅，仁和人，工詩善書，杭堇浦之壻也。」

應澧著有《闇然室詩文集》。

杭世駿年譜

康熙三十五年丙子（1696），一歲。

【時事】

二月，康熙親征噶爾丹，命皇太子留守京師。五月，大將軍費揚古大破噶爾丹於昭莫多。七月，命修平定朔漠方略。九月，康熙巡幸塞外，十二月回京。

【事蹟】

四月二十八日，杭世駿生。

朱彭壽《清代人物大事紀年》第 379 頁，《康熙三十五年》條曰：「杭世駿，四月二十八日生，字大宗，號董浦、秦亭老民，浙江仁和人，享年七十八。」又見朱彭壽《古今人生日考》第 74 頁。

杭世駿生卒年份，史料所載，其說有四：

其一，生於康熙三十四年乙亥（1695 年），卒於乾隆三十七年壬辰（1772 年）。

應澧《杭大宗墓誌銘》，世駿「去官，以乾隆三十七年庚辰考終里舍，壽七十有八。」

其二，生於康熙三十五年丙子（1696 年），卒於乾隆三十七年壬辰（1772 年）。

許宗彥《杭太史別傳》：「太史生康熙三十五年，卒乾隆三十七年。」

其三，生於康熙三十七年戊寅（1698 年），卒於乾隆三十八年癸巳（1773 年）。

龔自珍《杭大宗逸事狀》:「癸巳歲,純皇帝南巡,大宗迎駕。名上,上顧左右曰:『杭世駿尚未死麼?』大宗返舍,是夕卒。」

葉衍蘭編《清代學者象傳》第一集《杭世駿小傳》曰:「(乾隆)三十八年卒,年七十有八。」

其四,生於康熙三十五年丙子(1696年),卒於乾隆三十八年癸巳(1773年)。

錢大昕《疑年錄》卷四曰:「杭大宗(七十八)世駿,康熙三十五年丙子生,乾隆三十八年癸巳卒。」

【附考】

《詩集》卷十二《余與江敬齋太守源生同庚居同里同學相善同遊於黌同舉於鄉逮余以狂言獲譴而敬齋亦以伉直忤上官中以他事罷去今年十月敬齋五十生辰里人釀酒湖樓各賦長句爲壽余其可無言乎》曰:「相呼爾我各成翁,默數行年丙子同。」

《詩集》卷二十四《十二月十九日東坡生辰釋方珍合竹西群彥設祭寒香館賦詩紀事》曰:「玉局仙人姓蘇氏,與我生年同丙子。」

《文集》卷三十四《馬石蓮傳》曰:「君與余有十年之長。」馬榮祖生於康熙二十五年丙寅(1686),依此而推,杭世駿生於康熙三十五年丙子。

《文集》卷四十四《金存齋墓誌銘》曰:「余生于子,維甸公仲子自白生于丑,君生于寅。嬉遊追逐,若舒雁行列,相得尤歡。」亦是一證。

杭澄《乙卯孟夏董浦二兄應詔北上值四十初度聊作長句送行且祝壽也》曰:「東坡先生生丙子,吾兄亦生丙子年。其間相去數百載,高才掩映無後先。」(蔡殿齊《國朝閨閣詩鈔》第四冊《臥雪軒吟草》卷四)杭澄爲杭世駿的妹妹,不會記錯其生年。

厲鶚《樊榭山房文集》卷五《杭可庵先生遺像記》曰:「猶憶鶚弱冠時,從先生遊,董浦小於鶚四歲耳。」厲鶚生於康熙三十一年壬申(1692),杭世駿小於厲鶚四歲,董浦生年亦可推而知。

綜上所論,知董浦生於康熙三十五年丙子(1696)。

是年,胡天遊一歲。

胡天遊《石笥山房集》卷首胡元琢《先考穉威府君年譜紀略》曰:「康熙三十五年丙子二月二十六日子時,府君生。」

胡天遊（1696～1758），字稚威，號雲持，山陰人。雍正己酉副榜，貢生。乾隆丙辰舉博學鴻詞，著有《石笥山房集》。生平見李元度《國朝先正事略》卷四十一《胡稚威先生事略》。

馬曰璐兩歲。

馬曰璐，字佩兮，號半槎。乾隆元年薦舉博學鴻詞，著有《南齋集》。生平詳見金天羽《馬半查先生年譜》。

江慶柏《清代人物生卒年表》依據金天羽《馬半查先生年譜》，定馬曰璐生於康熙四十年（1701），卒於乾隆二十六年（1761），誤。方盛良《馬曰琯馬曰璐年譜》考證爲生於康熙三十四年（1695），卒於乾隆三十四年（1769），基本符實。

丁敬兩歲。

丁敬（1695～1765），字敬身，號鈍丁，浙江錢塘人。布衣，釀酒爲生，好金石文，著有《武林金石錄》。其子丁健爲董浦壻。生平見《道古堂文集》卷三十三《隱君丁敬傳》。

梁啟心兩歲。

梁啓心（1696～1758），字首存，號蔎林，浙江錢塘人。《道古堂文集》卷三十四有傳。

厲鶚五歲。

朱文藻《厲樊榭先生年譜》之康熙三十一年云：「五月初二日辰時，先生生。先生名鶚，字太鴻，又字雄飛。先世本慈谿，故仍以四明山樊榭名其居，學者稱樊榭先生。」

厲鶚（1692～1752），字太鴻，號樊榭，錢塘人。康熙庚子舉人，乾隆丙辰舉博學鴻詞，著有《樊榭山房詩集》。生平詳見朱文藻《厲樊榭先生年譜》。

趙昱八歲。

趙昱（1689～1747），字功平，原名殿昂，號谷林。仁和貢生。乾隆丙辰舉博學鴻詞，著有《愛日堂集》。本傳見《清史列傳》卷七十一。

馬曰琯九歲。

馬曰琯（1688～1755），字秋玉，號嶰谷，祁門人。監生，居揚州，候補知州。乾隆元年薦舉博學鴻詞。著有《沙河逸老集》。《道古堂文集》卷四十三有《朝議大夫候補主事加二級馬君墓誌銘》。

康熙三十六年丁丑（1697），二歲。

【時事】

二月，康熙復親征噶爾丹。四月，噶爾丹自殺，準部平。五月，靖海大將軍施琅卒。八月，康熙巡幸塞外。十月，免山西省康熙三十七年地丁米銀。

【事蹟】

夏之蓉生。

夏之蓉（1697～1780），字芙裳，號醴谷，江南高郵人。雍正十一年進士。乾隆元年，召試博學鴻詞，官檢討。著有《半舫齋集》。生平詳見夏味堂《夏檢討公年譜》。

康熙三十七年戊寅（1698），三歲。

【時事】

正月，康熙巡幸五臺山。四月，減廣東海關稅額。七月，永定河成。康熙奉皇太后東巡，詣盛京，謁孝陵，十一月還京。

【事蹟】

夫人蔣氏生。

應澧《杭世駿墓誌銘》曰：「配蔣夫人，後六年卒，壽八十有一，實九月戊申也。」杭世駿卒於乾隆三十七年，則蔣氏卒於乾隆四十三年，卒時八十一歲，可推知生於是年。

劉大櫆生。

劉大櫆（1698～1779），字才甫，號海峰，江南桐城人。貢生，官教諭。著有《海峰詩文集》。墓誌銘見吳定《紫石泉山房文集》卷十。

康熙三十八年己卯（1699），四歲。

【時事】

二月，康熙奉皇太后南巡。六月，以郭琇為湖廣總督。七月，康熙巡幸塞外，九月，還京師。十一月，順天鄉試正副考官修撰李蟠、編修姜宸英俱得罪，嚴加議處。

【事蹟】

王曾祥生。

王曾祥（1699～1756），字麐徵，號茨簷，仁和人，杭州府學諸生，著有《靜便齋集》。生平詳見《清人詩集敘錄》卷二十六。

康熙三十九年庚辰（1700），五歲。

【時事】

正月，康熙巡視永定河。四月，河道總督于成龍卒。八月，停宗室考試。十一月，康熙巡幸邊外，十二月，還京師。

【事蹟】

陳兆崙生。

陳玉繩《陳句山先生年譜》之康熙三十九年庚辰條曰：「先生生於是年十二月初六日申時。名兆崙，字星齋。先世家餘姚，七世祖諱鈞，始遷錢塘豐馨里之句耳山，後遂以為號。」

陳兆崙（1700～1771），字星齋，號句山，錢塘人。雍正庚戌進士，官福建知縣。乾隆丙辰，舉博學鴻詞，改編修，官太僕寺卿。著有《紫竹山房詩文集》。生平詳陳玉繩《陳句山先生年譜》。

康熙四十年辛巳（1701），六歲。

【時事】

二月，康熙巡幸畿甸，視永定河。八月，巡幸塞外，九月，還京師，領侍衛一等公費揚古卒。十月，大學士張英因衰病乞休，命以原官致仕。

【事蹟】

趙信生。

趙信（1701～？），字意林，仁和監生。乾隆丙辰，薦舉博學鴻詞。著有

《秀硯齋吟稿》。李元度《國朝先正事略》卷四十一有傳。

吳城生。

吳城（1701～1772），字敦復，號甌亭，錢塘監生。著有《武林耆舊續集》《甌亭小稿》《雲蠟齋詩話》。生平詳見鄧長風《明清戲曲家考略·十四位清代浙江戲曲家生平考略》。

康熙四十一年壬午（1702），七歲。

【時事】

正月，詔修國子監。六月，御製飭子文，命勒石太學。十一月，詔制錢改鑄大式，停止鼓鑄舊式小錢。十一月，詔蠲免雲南、貴州、四川、廣西四省四十三年錢糧。

【事蹟】

本年，董浦入鄉塾。

《文集》卷四十四《金存齋墓誌銘》曰：「余七歲入鄉塾，君兄弟亦能辨數與方名。余東西跳踉，夏楚不能收威，君獨敦敦書案，以是絕爲京師邵先生所器愛。」

金甡生。

金甡（1702～1782），字雨叔，號海任，仁和人。乾隆壬戌會試、殿試皆第一人。授修撰。累官禮部左侍郎，入祀鄉賢祠。著有《靜廉齋詩集》。墓誌銘見朱珪《知足齋文集》卷四。

施安生。

施安（1702～1756），字竹田，號石友，又號南湖老漁，仁和監生。著有《舊雨齋詩》。

【附考】

江慶柏《清代人物生卒年表》據施安《舊雨齋集》卷七《春來臥病》確定其生於康熙四十一年，但是沒有考證出其卒年。《道古堂詩集》卷二十一《閒居集》有《集舊雨齋用皮陸酒中十六詠韻得酒床二首》，此詩作於乾隆二十一年丙子，且詩置《閏月九日展重陽會於吳山》和《南屏秋禊》之間，則施安

本年閏九月九日尚在世。《閒居集》同卷多日有《辛未除夕曾同金志章屬鶚施安遊此今三人已化異物感舊傷懷復用前韻》詩，是時施安已卒，可知其卒於本年秋季或冬季。

康熙四十二年癸未（1703），八歲。

【時事】

正月，康熙南巡。四月，賜王式丹等一百六十三進士及第出身有差。五月，康熙巡幸塞外，七月還京師。九月，湖南紅苗叛，巡撫趙申喬平定。

【事蹟】

齊召南生。

《文集》卷四十一《資政大夫禮部右侍郎齊公墓誌銘》曰：「公（齊召南）生於康熙四十二年正月十一日，年不踰中壽，止六十有八云。」

齊召南（1703～1768），字次風，號瓊臺，晚號息園。天台副貢生，舉乾隆丙辰博學鴻詞，改翰林院庶吉士，官至禮部右侍郎。著有《水道提綱》《賜硯堂詩》等。

康熙四十三年甲申（1704），九歲。

【時事】

三月，康熙巡幸南苑行圍。七月，巡幸塞外，九月還京師。侍衛拉錫探河源還。

【事蹟】

汪沆生。

汪沆（1704～1784），字西顥，號槐塘，錢塘諸生，乾隆丙辰舉博學鴻詞，著有《槐堂詩文集》。生平見邵晉涵《南江文鈔》卷九。

閻若璩卒。

閻若璩（1636～1704），字百詩，號潛邱，山西太原人，徙居江南山陽。康熙戊午舉博學鴻詞，著有《古文尚書疏證》《毛朱詩說》《四書釋地》《孟子生卒年月考》《潛邱札記》《困學紀聞注》等。《道古堂文集》卷二十九有《閻若璩傳》。

康熙四十四年乙酉（1705），十歲。

【時事】

二月，康熙南巡，視河渡江至杭州，閏四月還京師。以李光地為文淵閣大學士。十一月，命查康熙元年以來蠲免錢糧總數。

【事蹟】

正月初五日，全祖望生。

董秉純《全謝山先生年譜》之康熙四十四年乙酉條云：「正月初五日亥時，先生生於鄞縣白壇里月湖之西岸。」

張增生。

張增（1705～1750），字曦亮，號南漪，仁和人。乾隆丁卯舉人，舉經學，著有《南漪遺集》。《道古堂文集》卷十一有《張南漪遺集序》。

康熙四十五年丙戌（1706），十一歲。

【時事】

二月，特詔江寧知府陳鵬年來京。三月，賜施雲錦等二百八十九人進士及第出身有差。五月，以金世榮為兵部尚書，梁鼐為閩浙總督。九月，雲南李天極等謀亂。

【事蹟】

符之恒生。

符之恒（1706～1738），字聖幾，號南竹，仁和諸生。從厲鶚學詩，著有《秋聲館吟稿》。《道古堂文集》卷二十五有《秋聲館銘》，卷三十四有《符南竹傳》。

康熙四十六年丁亥（1707），十二歲。

【時事】

正月，康熙南巡，三月至江寧，四月駐杭州，五月還京師。十月，以蕭永藻為兵部尚書。十二月，以溫達為文華殿大學士。

【事蹟】

汪師韓生。

汪師韓（1707～1780），字抒懷，號韓門，又號上湖，錢塘人。雍正癸丑進士，官編修、湖南學政，著有《上湖紀歲詩編》等。

康熙四十七年戊子（1708），十三歲。

【時事】

四月，內大臣明珠卒。五月，殺明宗室朱三太子父子。九月，皇太子允礽因罪被廢，幽禁咸安宮。十一月，革直郡王允禔王爵，鎖拿皇八子允禩，交議政處審理，尋釋之。

【事蹟】

董浦約於本年從沈似裴學習經學。

《文集》卷十《高願圖小稱意齋詩序》曰：「余舞勺之年，始從吾師似裴沈先生受經。先生端居靜學，不騖泛涉，句讀之輕重，音釋之諦審，偏傍之清劃，剖微茫而析疑似，以為小學之能事也。長而合之義疏，無一齟齬，而後知吾師經術之醇也。」

康熙四十八年己丑（1709），十四歲。

【時事】

正月，褫大學士馬齊職，交部拘禁。三月，復立允礽為皇太子。九月，以年羹堯為四川巡撫。十月，冊封諸皇子。十二月，詔釋馬齊，命管理俄羅斯貿易事。

【事蹟】

周天度生。

周天度（1703～？），字讓谷，一字西陳，號心羅，錢塘人。乾隆壬申進士，歷官許州知州，著有《十誦齋集》。生年據其《十誦齋集》卷三《長霄夜坐書懷示弟及子》。

徐世昌《晚晴簃詩彙》卷八十一《周天度》條曰：「讓谷瑰奇沉博，受業陳句山之門，時文雄麗，雅不自喜。性豪邁，好遊覽，所至輒有題詠，嘗與董浦、茨簷、西顥、南竹、句山立松里詩社相唱和。讓谷論詩主少陵，於近人喜翁山，詩亦樸厚無浮光凡豔。」

朱彝尊卒。

朱彝尊（1629～1709），字錫鬯，號竹垞，秀水人。康熙己未以布衣舉博學鴻詞，授檢討，充日講起居注官。著有《曝書亭集》等。生平詳見楊謙《朱竹垞先生年譜》。

康熙四十九年庚寅（1710），十五歲。

【時事】

三月，冊封波克塔胡必爾汗為六世達賴喇嘛。八月，革福建陸路提督藍理職。十月，詔蠲免各直省康熙五十年錢糧；大學士陳廷敬以老乞休。

【事蹟】

約於本年從沈似裴習禮學，並與友人私下學詩。

《文集》卷四《續禮記集說序》曰：「余成童後，始從先師沈似裴先生受禮經，知有陳澔，不知有衛湜也。」

又《文集》卷十《高願圖小稱意齋詩序》曰：「迨及成童，倍文如瓶瀉水，默字如棋覆局。五日之中，四日讀經，一日授以今時文。歲月不荒，老而循理舊業，槎枒胸臆而不可磨滅，而後知吾師教術之深也。顧吾師不工為詩，且禁學子使不得妄作。遊於其門者，青襟儒步，雖偉然稱丈夫，曾不能雕鑴五七字以抒情言志，側足風雅之一席。其率先徙業叛師教而開設壇坫者，余為戎首，而張給事柳漁繼之，高舍人願圖又繼之。」

同卷《張柳漁詩鈔序》曰：「余少為科舉之業，與柳漁張兄同研席書。先師禁不得妄有所窺，余獨與柳漁耽好聲律，竊為小詩，溫麗綿邈，互相聯唱，意甚得也。」

董浦叔祖杭士珍卒。

見杭世駿家世。

馬曰琯歸試祖籍祁門。

《文集》卷四十三《朝議大夫候補主事加二級馬君墓誌銘》曰：「（馬曰琯）年二十三，歸試祁門，充學官弟子。」

康熙五十年辛卯（1711），十六歲。

【時事】

五月，文華殿大學士張玉書卒。十月，江南正主考左必蕃，巡撫張伯行，奏請嚴訓科場獄；《南山集》案起，殺翰林院編修戴名世，康熙特詔赦方苞死罪，召入南書房修書。

【事蹟】

厲鶚從杭機遊，與董浦時相過從。

厲鶚《杭可庵先生遺像記》云：「猶憶鶚弱冠時，從先生遊。董浦小於鶚四歲，先生命其少子號奕聞世瑞，執經於鶚，而董浦亦時相過從。」

康熙五十一年壬辰（1712），十七歲。

【時事】

二月，以宋儒朱熹配享孔廟，詔定滋生人丁永不加賦之制。四月，致仕文淵閣大學士陳廷敬卒，以嵩祝為文華殿大學士，王掞為文淵閣大學士。十月，復廢皇太子允礽，以赫壽為兩江總督。

【事蹟】

沈樹本中進士。

沈樹本（1671～1743），字厚餘，號操堂，晚號輪翁，歸安人。康熙壬辰進士及第第二人，授編修，著有《竹溪詩略》。《竹溪詩略》卷首載尹繼善所撰墓誌銘。

康熙五十二年癸巳（1713），十八歲。

【時事】

二月，左都御史趙申喬奏請策立太子，不許。五月，詔除各地貧民開礦之禁，康熙奉皇太后巡幸塞外，九月還京師。十月，賜王敬銘等一百四十三人進士及第出身有差。

【事蹟】

苑林嵋中進士。

《詩集》卷三《過方石川太常宅》詩自注曰：「予甲辰本房代州苑雨蓬先

生，癸巳禮闈出其門。」

方覲（1681～1730），字近雯，號石川，燕汀，江都人。康熙四十八年生，官至陝西布政使。《碑傳集》卷八十二載其墓誌。

康熙五十三年甲午（1714），十九歲。

【時事】

三月，戶部尚書王鴻緒進呈《明史列傳》。四月，康熙奉皇太后巡幸塞外，九月還京師。

【事蹟】

顧貞觀卒。

顧貞觀（1637～1714），字華峰，江南無錫人，康熙壬子舉人，官中書，著有《積書岩集》。見李元度《國朝先正事略補編》卷一。

胡渭卒。

《文集》卷四十《胡東樵先生墓誌銘》曰：「太歲在甲午正月九日，考終牖下，春秋八十有二。」

胡渭（1633～1714），字胐明，號東樵，德清廩監生，著有《禹貢錐指》《易圖明辯》《東樵遺詩》等。錢大昕《潛研堂文集》卷三有傳，董浦《道古堂文集》卷四十有《胡東樵先生墓誌銘》。

康熙五十四年乙未（1715），二十歲。

【時事】

二月，革江蘇巡撫張伯行職。三月，諭嚴禁淫亂小說。四月，吏部尚書徐潮卒。十一月，以宋儒范仲淹從祀孔廟。

【事蹟】

董浦應童試，試題為「謹權量」。

《文集》卷三十五《楊雪門傳》曰：「余弱冠就童試，題為《謹權量》。時習空疏，不知《漢書》為何物，余掇拾《律曆志》中一二語，遂邀學使休陽汪先生之知。既以為公既見知，何以不褎然選首也？得讀楊君雪門之文，乃始慚恧，服先生衡鑒之公而抉擇之審也。」

徐用錫罷官。

《清史稿·藝術二》：「康熙五十四年，（用錫）分校會試，嚴絕請託，銜之者反嗾言官，劾其把持闈事。聖祖原之，終以浮議罷歸。」

徐用錫（1657～？），字壇長，號晝堂，江南宿遷人。康熙己丑進士，官侍講，著有《字學箚記》。生平見震鈞《國朝書人輯略》卷三《徐用錫》條。

康熙五十五年丙申（1716），二十一歲。

【時事】

二月，準酋策妄阿拉布坦遣兵擾西藏。四月，賜徐陶璋等一百十九人進士及第出身有差。康熙奉皇太后巡幸塞外。十一月，詔明年暫停進兵。

【事蹟】

董浦初識鄭江。

《文集》卷三十八《侍讀鄭公行狀》曰：「公姓鄭氏，名江，字璣尺，晚號筠谷……余之交於公（鄭江）也，時方踰冠而公已為巨人長德，歡然握手若昆弟。」

鄭江（1682～1745），字璣尺，號筠谷。康熙戊戌進士，官翰林院侍講，著有《筠谷詩鈔》。

袁枚生。

袁枚（1716～1798），字子才，號簡齋，錢塘人。乾隆丙辰舉博學鴻詞，己未進士，改庶吉士，官江寧知縣。著有《小倉山房詩集》等。生平詳見方濬師《隨園先生年譜》。

毛奇齡卒。

毛奇齡（1623～1716），一名甡，字大可，號秋晴，一日初晴，又以郡稱西河，浙江蕭山人。康熙己未舉博學鴻詞，授檢討。著有《西河合集》四百九十三卷。本傳見《清史列傳》卷六十八。

康熙五十六年丁酉（1717），二十二歲。

【時事】

正月，以御纂《周易折中》賜群臣。四月，廣東練兵陳昂請禁天主

教，從之。十一月，擒獲白蓮教徒李興邦。十二月，皇太后崩。

【事蹟】

盧文弨生。

盧文弨（1717～1796），字召弓，號磯漁，又號檠齋，晚號抱經，餘姚籍，仁和人。乾隆壬申進士，授編修，歷官侍讀學士、湖南學政，著有《抱經堂集》等。

康熙五十七年戊戌（1718），二十三歲。

【時事】

正月，因廢太子事殺翰林院檢討朱天保。六月，冊封琉球國王尚敬為中山王。七月，詔編省方盛典。十月，以皇十四子固山貞子允禵為撫遠大將軍，視師青海；以年羹堯為四川總督，率兵援藏。

【事蹟】

程晉芳生。

程晉芳（1718-1784），字魚門，號蕺園，安徽歙縣人，徙江都。乾隆二十八年賜中書舍人，三十六年成進士。歷官吏部文選司主事、翰林院編修、武英殿分校官。著有《勉行齋文集》等。

康熙五十八年己亥（1719），二十四歲。

【時事】

正月，領侍衛內大臣佟國為卒。三月，封青海貝勒察汗丹津為多羅郡王。四月，康熙巡幸塞外，十月還京師。十二月，命截留湖廣漕糧十萬石，分發所在府州備荒。

【事蹟】

莊存與生。

莊存與（1719～1788），字方耕，號養恬，江蘇常州人，官禮部左侍郎。提倡今文經學，發揮《公羊傳》，宣揚《春秋》中的「微言大義」，著有《春秋正辭》等。

康熙五十九年庚子（1720），二十五歲。

【時事】

正月，詔停止康熙即位六十年慶賀典禮。八月，平逆將軍延信，四川提督岳鍾琪分兵進藏，大破準噶爾兵，西藏悉平。

【事蹟】

本年，董浦立志治史。

《集外文》之《諸史然疑序》曰：「余年二十有五，始有志乎史學，貧無全史，且購且讀，一日率盡一卷。人事膠擾，道塗奔走，祈寒盛暑，未嘗一日輟也。風雨閉門，深居無俚，則又倍之。」

與同里諸名宿結讀書社，互相切劘，後入敷文書院學習。

陳玉繩《陳句山先生年譜》之康熙五十九年庚子條曰：「二十一歲，鄉闈報罷，益銳意於學。與同里名宿梁菼林啓心、暨弟薌林詩正、汪積山惟憲、倪穆疇國璉、金長孺虞、任處泉應烈、孫虛船灝、杭董浦世駿、嚴季傅在昌諸先生相切劘。福清李鹿山先生馥來撫浙，首拔先生於諸生中，令入敷文書院肄業。同社諸公亦先後入院。」

康熙六十年辛丑（1721），二十六歲。

【時事】

二月，遣官祭天地太廟社稷。六月，臺灣朱一貴作亂，水師提督施世驃，總兵藍廷珍討平之。

【事蹟】

江春生。

江春（1721～1789），字穎長，號鶴亭，歙縣人，揚州籍，諸生。後以總理鹽務，賜內務府奉宸苑卿，加至布政使銜。著有《讀書樓詩集》。傳記見應澧《闇然室文稿》卷二。

梅文鼎卒。

梅文鼎（1633～1721），字定九，江南宣城人。篤志嗜古，尤精曆算之學，有《續學堂集》。《道古堂文集》卷三十、三十一有《梅文鼎傳》。

康熙六十一年壬寅（1722），二十七歲。

【時事】

正月，賜千叟宴。十一月，康熙駕崩，皇四子允禛即位，命貝勒允禩、十三阿哥允祥、大學士馬齊、尚書隆科多總理事務。封貝勒允禩為和碩廉親王，十三阿哥允祥為和碩怡親王，貝子允祹為多羅履郡親王，二阿哥子弘晳為多羅理郡王。

【事蹟】

三月，與同里陳兆崙等十五人結文社於西湖藕花屋。

陳玉繩《陳句山先生年譜》之康熙六十一年壬寅條曰：「三月結文社於西湖藕花屋，何鳴世姚瑞、吳子廉國鍔、吳春郊景、何處泉應烈、孫介斯曾褆、錢倉益在培、汪履順金城、汪介純宏禧、梁蔎林啓心、杭菫浦世駿、梁薌林詩正、王琬華瀛洲、金以寧文濟、孫虛船灝、袞滄曉肇煦、金雨敘甡、陸賓之秋，暨先生十八人相序以齒，哀其文曰《質韋集》。」

金甡《靜廉齋詩集》卷十三《七十初度述懷二十首》第十七首自注曰：「康熙壬寅，甡與友十八人聯文會於藕花居。十八人者，何孝廉鳴世姚瑞、吳中翰子廉國諤、吳副車春郊景、任太守處泉應烈、孫副車介斯曾褆、錢中翰蒼益在培、汪孝廉履順金城、汪太守介純宏禧、梁侍講蔎林啓心、杭編修菫浦世駿、梁文莊相國詩正、王教授琬華瀛洲、族姪司務赤泉焜、孫銀臺虛船灝、陳銀臺句山兆崙、袞編修滄曉肇煦、陸掌科賓之秩，及甡也。今惟甡與錢、杭、王在。」

又卷十九《校同年杭菫浦世駿前輩道古堂集感舊題辭》二：「曾聯文社藕花居，數協登瀛興有餘。滄海求珠魚目混，偏教力士副車狙。」自注曰：「藕花居十八人中癸卯恩科得雋者四人，而君獨屈置副車。」

本年，初識全祖望。

蔣天樞《全謝山先生年譜》卷一云：「出遊至武林，交厲樊榭、杭菫浦、龔明水、梁薌林、陳句山、趙谷林、意林、姚薏田、王立甫，討論《金史》，證明掌故，尊酒郵筒，時相往復。

全祖望《鮚埼亭集》卷十九《前甘泉令明水龔君墓誌銘》曰：「前甘泉令龔君諱鑒，字齡上，又字碩果，一字明水，浙之杭州府錢塘縣人也。康熙之季，杭才彥最盛，而杭二菫浦與君為尤。菫浦負奇氣，踔厲風發；君沉毅精

實，各有所造。余時初出遊，於諸才彥皆相善，而所最心知亦莫如二人。」

雍正元年癸卯（1723），二十八歲。

【時事】

正月，詔訓百官，大學士王掞乞致仕，許之。三月，封川陝總督年羹堯為三等公。四月，復日講起居注官，初御乾清殿聽政。七月，以隆科多、王頊齡為《明史》監修官，徐元夢、張廷玉、朱軾、覺羅逢泰為總纂官。九月，青海蘿蔔藏丹津寇西寧，命年羹堯、岳鍾琪率兵進討。

【事蹟】

九月十八日，同吳焯、沈嘉轍、丁敬、袁蕚等出遊曲江。

《橙花館集》卷上《九月十八日紀遊》曰：「白帝秉秋纛，爽氣淨餘敧。連騎出南郭，言觀曲江潮。」「繡谷發高興，謂當永中宵。」自注：「繡谷，吳焯。」「丁敬愍寒餓，中堂羅酒肴。」則丁敬亦同遊也。「二老倦臨眺，未醉先號呶。」自注：「二老，袁蕚、沈嘉轍。」

張廷枚刻《春暉堂集》，索序於董浦。

董浦《春暉堂詩鈔序》云：「詩之刻在癸卯。吾鄉人沈用濟方舟爲之序，君復以詔予。申誦古道，比儗鴻製，輒敢撮其大概，以攸助方舟之所未及敘者焉。」

《榕城詩話》卷上曰：「張參議廷枚，三韓人。詩骨婉麗，在韓致堯、吳子華間。所刻《春暉堂詩》，匄予製序。其《瓶花》絕句云：『垂廉莫放西風入，留取春光在草堂。』風致可想見也。嘗奉使三往高麗，景物之妍，風土之異，宴饗送迎之節，各有詩紀事。……又多隨駕在西海子，塞上山川，珥筆吟寫，咸歸捐美。予贈詩：『一參羽獵長楊乘，三繪宣和奉使圖。戴斗威名馳絕域，掞天才藻壓無諸。』蓋實錄也。」

本年，費俊卒，董浦應其孫之請而作碑銘。

《文集》卷三十九《榮祿大夫福建福寧總兵官加贈左都督費公神道碑銘》曰：「聖祖深仁厚澤積六十一年，當棄群臣之日，薄海內外，罔不號擗欲絕。爪牙心膂之臣，遠寄封疆，攀髯無路，有不勝貶瘁，竟至毀滅者，則福寧大

總戎費公其人是也。公感先帝殊遇，請得一泥首梓宮前，即溘先犬馬無憾。戴星而奔，不自訾省，及中道而疾作，抵京師，遂劇不起。上聞震悼，贈加左都督，賜四世一品，予全祭葬，誠異數也。孤孫我衡奉匶還，某年月日克葬公於菁山之支，寶明山之原。來乞碑銘。按狀：公諱俊，字慧先，號鶺峰……公生於順治丙申某月日，薨於雍正癸卯某月日，年六十有八。」

董浦與孝廉。

許宗彥《鑒止水齋集》卷十七《杭太史別傳》曰：「雍正癸卯舉孝廉，受聘為福建同考官。」

【編年詩】

《詩集》卷一《橙花館集》上《九月十八日紀遊》

【編年文】

《文集》卷九《春暉堂詩鈔序》

《文集》卷十八《重修東嶽長生廟碑記》

按：是文曰：「雍正改元，乃更鼎新之。前殿後寢，左城右平，垂溜重簷，棼橑交接，丹艧弗施而楹礎堅固，以暨齋宮庖房，罔弗飭整。既成浹月，乃奉帝衣冠出遊，百役執事，踴躍後先……按《風俗通》，祀嶽卒事，有夫人之享，則當日之神櫥復帳以夫人配者，不為無據。里人群而造予，請記之以貞石。」

《文集》卷三十九《榮祿大夫福建福寧總兵官加贈左都督費公神道碑銘》

雍正二年甲辰（1724），二十九歲。

【時事】

二月，刊刻《聖諭廣訓》，頒行天下。三月，年羹堯、岳鍾琪平定青海。四月，詔纂《大清會典》。八月，升從祀孔廟三十一人。十二月，故太子允礽卒。

【事蹟】

二月，董浦中鄉試，房師為薛俊升。

應澧《杭大宗墓誌銘》：「杭氏先世自丹陽徙仁和。曾祖玉森。祖士瑋。父機，生六子，先生其次也。字大宗，號董浦。雍正甲辰舉人。」

陳玉繩《陳句山先生年譜》之雍正二年甲辰條曰：「三月補行癸卯正科鄉

試，首題《斯民也》一節，次題《溥博源泉而時出之》合下二句，三題《放勳曰勞之來之》七句。先生（陳兆崙）中式第四十六名舉人。房師知瑞安縣、河南孟縣薛公俊升，號仿山。座師閣學建昌李公鳳翥，考功郎中黃岡王公一導。」

閏四月十二日，同厲鶚、沈嘉轍、趙昱、趙信、吳焯於趙氏小山堂以妝域聯句。

《橙花館集》上《妝域聯句並序》

趙昱《小山乙稿》卷一《妝域聯句並序》云：「甲辰閏四月十二日，沈嘉轍欒城、吳焯繡谷、厲鶚樊榭、杭世駿菫浦、暨昱兄弟集小山堂賦之。」

按：沈嘉轍，字欒城，一字個庭，仁和人。《蓮石詩話》曰：「欒城與樊榭、菫浦諸公為密友，又偕同人賦《南宋雜事詩》，人各百首，欒城首倡。其卒也，樊榭哭之云『廿載交情蘭韻在，一生文采玉塵銷』，風雅可想見。遺集樊榭為刪訂付梓，今亦不可得矣。」（阮元《兩浙輶軒錄補遺》卷四）

吳焯（1676～1733），字尺鳧，錢塘人。著有《藥園詩稿》《陸渚鴻飛集》。

歲末，同沈嘉轍、厲鶚集趙昱二林吟屋詠節物，菫浦詠臘八粥、爆仗。

《橙花館集》上《二林吟屋與沈嘉轍厲鶚趙昱分詠節物》，有《臘八粥》《爆仗》二首。

厲鶚《樊榭山房集》卷三《寒夜同沈欒城杭大宗集趙功千二林吟屋分詠歲除節物二首》即《膠牙餳》《粃盆》二首。《樊榭山房集》以時間為序編排詩作，此詩繫於本年。

菫浦築松吹書堂，友人賦詩賀之。

趙昱《小山乙稿》卷一《題菫浦松吹書堂次鄭筠谷檢討韻》曰：「小築新居亦可人，樂如東老不言貧。倚屏石竹看成畫，連屋書床坐拂巾。隙地周遭才十笏，開心料理罷殘春。閉關大有清佳意，謖謖寒松耳洗塵。」

汪沆《槐塘詩稿》卷一有《題菫浦松吹書堂次鄭筠谷先生韻》。

本年，菫浦寓通潞，陳師賢來訪，會於城西僧舍。

《詩集》卷三《枯竹傷陳司馬師賢》自序曰：「陳字鶴皋，為文貞公家

孫。……甲辰余寓通潞，鶴皋從其尊人濂村先生視漕斯土，相會於城西僧舍，與予脩癸卯同籍之誼，旋以事各舍去。」

【編年詩】

《詩集》卷一《橙花館集》上：

《妝域聯句并序》

按：此詩後尚有傚之者，如陳鱣《簡莊詩鈔》之《妝域詩》其序曰：「妝域者，蓋前代宮掖角勝之戲，或以象牙爲之，其形頂微隆，下平而有鍼，宛同豎笠，刻鏤精巧，旁鐫妝域二字，下承以局。昔董浦杭先生嘗與沈欒城、厲樊榭、趙谷林、意林諸君作《妝域聯句詩》。余舊藏剔紅妝域，雕鏤尤精，旁刻大明嘉靖年造，知爲前明果園廠物，因爲之詩，並邀兔牀吳先生同作。」

《二林吟屋與沈嘉轍厲鶚趙昱分詠節物》即《臘八粥》與《爆仗》二首。

【編年文】

《文集》卷四十八《詩僧亦公塔銘》

按：是文曰：「錢塘亦公，名上緒，亦謔其字也。貌癯骨寒，持行清苦，無世僧拈槌豎拂之習。智光內映，元理獨超，破戒作詩，發中機的，鄉之詩人若陳撰、金農、厲鶚、符曾、施安皆樂與酬和。居士汪潭等請主葛嶺之涵青院，久之，去遊京師。晚主相國寺。雍正甲辰，以病示寂。有《盍後集》十卷。其徒愼機等葬之南山，來乞銘。」

雍正三年乙巳（1725），三十歲。

【時事】

七月，詔除隆科多太保職銜。八月，革貝子九阿哥允禟爵。十二月，殺年羹堯及其子年福。

【事蹟】

春，姚世鈺自吳興來訪，董浦和其懷施安詩。世鈺還吳興，董浦用前韻賦詩送別。

董浦《橙花館集》上《喜姚世鈺自吳興至即次其懷施安韻》曰：「遠水初迎棹，春寒忽上衣。」《送姚世鈺還吳興仍用前韻》曰：「莫愁歸路寂，剩有柳依依。」是初春景象。

按：姚世鈺，字念慈，一字改之，歸安人。雍正乙卯副貢生，舉博學鴻

詞，放歸。（阮元《兩浙輶軒錄補遺》卷四）

出遊義烏，泛舟太湖，登景德禪院三塔。

見編年詩。

蘇滋恢寄吾廬築成，菫浦題詩四首賀之。

見編年詩。

按：蘇滋恢，字茂宏，一字畊餘，餘姚人。康熙癸巳進士，官杭州教授。華日南曰：「畊餘先生秉鐸武林十餘年，高安相國方巡撫浙江，器重之，延主敷文書院，造就人材，後先鵲起，梁相國詩正、陳京兆兆崙、孫銀臺灝其最著者。」（阮元《兩浙輶軒錄補遺》卷三）

始治《金史》。

趙昱《小山乙稿》卷二《和樊榭雨中移居之作》曰：「注史名亭供歲月，卜鄰依水擇東西。」自注云：「時樊榭約與菫浦分注金遼史。」

【編年詩】

《詩集》卷一《橙花館集》上：

《喜姚世鏱自吳興至即次其懷施安韻》

按：戴璐《吳興詩話》卷六曰：「杭菫浦寄懷詩：『苦吟聯舊雨，良覿共柴扉。遠水初迎棹，春寒欲上衣。月窺虛色白，花逐酒人飛。此夕聞清嘯，愁懷得所依。』宋司農邦綏題詞：『子厚文章信必傳，詩篇且復映山川，此中三昧憑誰語，朵朵蓮花證妙禪。』」所謂寄懷詩即是本詩。

《送姚世鏱還吳興仍用前韻》《湖中看雨》《禾中雜興》《桐陰十韻同徐澐汪沆符之恒》《題教授蘇先生滋恢寄吾廬四首》

雍正四年丙午（1726），三十一歲。

【時事】

正月，詔改八王允禩名為阿其那，九王允禟名為塞思黑，俱屏之宗籍之外。三月，革侍講錢名世職銜，並賜名教罪人匾額。九月，下禮部侍郎查嗣庭獄，殺之。十月，詔停浙江會試，以光祿寺卿印國棟為浙江觀風整俗使。

【事蹟】

初春，於葉氏最古園觀王翬《山莊春曉圖》，並作詩紀之，同龔鑒訪鄭羽逵。

見編年詩。

按：鄭羽逵，慈谿籍，遷錢塘。官安縣知縣，著有《懷遠堂集》。《碧溪詩話》曰：「鄭羽逵，原籍慈谿，遷居錢塘之西溪，官蜀中安縣。歸後，嘗掌教敷文書院，與梁溪父、周穆門、吳繡谷諸先輩以詩歌贈答。」（阮元《兩浙輶軒錄》卷三十一）

龔鑒，字明水，浙江錢塘人。早年與同郡杭世駿齊名，雍正初，以拔貢就選籍，授江蘇甘泉知縣。著有有《毛詩疏說》《讀周禮隨筆》。《道古堂文集》卷三十四有《龔鑒傳》，全祖望《鮚埼亭集》卷九有《前甘泉令明水龔君墓誌銘》。

五月作《江干竹枝詞》三首。

見編年詩。

本年，菫浦整理其父所著《藝餘類纂》，並作文紀之。

《文集》卷二十八《先府君藝餘類纂後記》曰：「此先府君類編雜事也，不肖裝繕既竟，泫然流涕而言曰：先府君有張茂先之博虛，有劉原父之彌洽……讀是編已，輒不自知抽怛於懷也。謹篋櫝而藏之，俾貽我後嗣焉。雍正四年太歲在丙午，第二男世駿百拜敬撰。」

本年，菫浦《諸史然疑》撰成。

《集外文》之《諸史然疑》曰：「余年二十有五始有志乎史學，貧無全史，且購且讀，一日率盡一卷。人事膠擾，道塗奔走，祈寒盛暑，未嘗一日輟也。風雨閉門，深居無俚，則又倍之。閱五年，而始畢功。又一年，而以《通鑑》參校，史外又益以舊聞，三千年之行事較然矣。於諸史中以意穿穴，有得則標舉其旨趣，前人所論不復論，前人所糾者亦不復糾也。」菫浦二十五歲治史，三十歲讀遍全史，三十一歲撰成此書。

醫者唐應文卒，門人故友私議易名之典，菫浦諡之曰「孝隱先生」。

《文集》卷三十七《孝隱先生諡議》曰：「錢塘唐梅崖先生名應文，字聖

緯，以國醫起死人無算。雍正四年，以末疾卒於里。既卒哭，門人故友私議易名之典。杭子曰：『先生以醫隱者也，其得不謂之孝乎？方先生以母病，故自料醫劑，遂通方書。求之前史，齊若李元忠，若李密；隋若許道幼，若王通；唐若甄權，若杜鵬舉，率同斯意，皆以孝顯名天下。今請以謚先生，庶幾其不愧歟？』」

【編年詩】

《詩集》卷一《橙花館集》上：

《葉氏最古園觀王石谷山莊春曉圖》《同籍有戍遣之事寄詩奉慰》

《章繼泳顧正謙見予戍遣詩憐而和之迴腸蕩氣遂次前韻復呈二公》

按：章繼泳，字信園，錢塘人。生平不詳。著有《南北朝世說》《一燈樓詩文集》。（《（民國）杭州府志》）

顧正謙，字鳳池，一號枅櫚，仁和人。《緝雅堂詩話》曰：「枅櫚詠史有異才，如詠王猛云『捫虱能談天下事，恨無功業到中原』，語甚沉痛。」（潘衍桐《兩浙輶軒續錄》卷六）

《同龔鑑過鄭安縣羽逵》

《鄭麟趾高麗史向為花山馬氏衍齋藏弄道過虎丘於書肆得一寓目書二詩題後》

按：鄭麟趾，高麗國人，官正獻大夫，工曹判書，集賢殿大提學，知經筵春秋館事，兼成均大司成。（《續文獻通考》卷一百六十六）

《芳草》《微雨》《題仙巖山圖》《雨過藤花書屋》《以高麗圖經易王濬南集漫成》

【編年文】

《文集》卷二十八《先府君藝餘類纂後記》

《文集》卷三十七《孝隱先生謚議》

雍正五年丁未（1727），三十二歲。

【時事】

三月，開福建海禁。十月，逮隆科多下獄，永遠禁錮；詔減嘉興、湖州兩府額徵銀十分之一。十一月，雲貴總督鄂爾泰更定苗民姓氏。十二月，命江蘇、安徽應徵丁地，攤入銀畝徵收。

【事蹟】

友人陳師賢卒。

杭世駿《枯竹傷陳司馬師賢》自序曰：「陳字鶴皐，爲文貞公冢孫。丁未授庶常，旋以大臣薦，出佐粵西大郡，中道溘逝。」

三月一日，同厲鶚、符之恒等遊城東皐園。

厲鶚《樊榭山房集》卷五《三月一日同杭大宗符聖幾汪西顥遊皐園園在城東爲嚴顥亭少司農所築得詩二首》其一曰：「侍郎遺別業，幽絕擅城隅。風雅今何有，荒涼感不無。莎亭通客傲，花徑割隣租。只共閑人到，尋詩向日晡。」其二曰：「似得春愁遣，因延野色來。垂楊埽慢水，叢棘出殘梅。學圃容身隱，題名恐俗猜。休將雍門淚，霑灑舊高臺。」

清明後一日，同厲鶚、丁敬、符之恒等遊城東顧氏莊。

厲鶚《樊榭山房集》卷五《清明後一日同大宗敬身西顥聖幾遊城東顧氏莊》曰：「節去有餘興，行吟不自料。汀花煙色舊，墓草酒痕消。蠶理今時始，茶香見客邀。回頭迷萬綠，何處認溪橋。」

閏三月上旬，龔鑑為董浦《橙花館集》撰《序》。

龔鑑《橙花館集序》文末注「雍正五年歲次丁未閏三月，上浣錢塘龔鑑。」

暮春，馬曰琯至杭州與厲鶚遊諸景。

《樊榭山房集》卷五《暮春馬佩兮來遊湖上用去年泊垂虹橋謁三高祠韻》《和佩兮遊冷泉》皆繫於本年。

冬，沈近思卒，董浦為其作神道碑銘。

《文集》卷三十九《資政大夫都察院左都御史贈禮部尚書太子少傅諡端恪沈公神道碑銘》曰：「雍正五年冬，都御史錢唐沈公以疾薨於位。上聞震悼，身後之典有加，命王、大臣致奠賜帑金，敕吏部官爲經紀喪事，加贈禮部尚書、太子少傅，賜諡端恪，給祭葬如例。御製碑文，榮哀兼至。其仲子遷奉公喪歸，卜葬於歸安縣塣溪之新阡。徧乞墓銘誌傳於鉅人長者，以光顯先人之行業。駿於公爲鄉里後進，少嘗以文字見知於公，知公之行誼最悉，非其文足以致公不朽，公有其不朽者，文或藉以傳焉。謹按事狀：公諱近思，字闇齋，號位山，又號俟軒，世爲仁和之五杭村人。」

按：沈近思（1671～1728），字位山，號閣齋，錢塘人。康熙庚辰進士，歷官左都御史，卒贈禮部尚書、太子太傅，謚端恪，刻有詩文集。

【編年詩】

《詩集》卷二《橙花館集》下：

《題桐敏山人畫冊十首》《雲棲》《西興道中書所見》《贈大善寺塔下老僧》《江干竹枝詞》《無題四首》《秋柳四首》

【編年文】

《文集》卷三十九《資政大夫都察院左督御史贈禮部尚書太子少傅謚端恪沈公神道碑銘》

《文集》卷四十五《贈奉直大夫奉化縣縣丞胡君墓表》

按：是文曰：「君諱隆，字景初，號岫齋。先世有軍功，自許州調大嵩衛，因家焉……君以雍正四年某月日卒，春秋七十有三。明年，子文伯葬君於雙山祖塋之兆，以君元配蔡孺人祔。」

《文集》卷四十五《文學鄭載黃墓表》

按：是文曰：「君之生也，與病相終始，君之病也，又與學相終始。位不克揚，年不克壽，何憾哉？伯兄明葬君于黃土壟之祖塋，懼其無聞也，使子萬年來乞銘。銘曰：家三衢，姓鄭氏。光琮名，載黃字。隸膠庠，勤學死。生庚辰，訖乙巳。廿加六，年止此。配以吳，不宜子。以毀卒，距一祀。歲丁未，同穴始。櫬可材，謁惇史。徵銘辭，不虛美。刻堅碑，永無毀。」

雍正六年戊申（1728），三十三歲。

【時事】

四月，准從前因公註誤人員，來京候用。五月，以河南巡撫田文鏡為河東總督，管理河南、山東兩省事務。七月，命浙江巡撫李衛管理江蘇七府五州盜案。八月，准浙江士子照舊鄉會考試。

【事蹟】

二月十六日，應吳焯之邀，同袁蕚、厲鶚、沈嘉轍、趙信、趙昱、丁敬等至包家山看桃花。

《橙花館集》卷下《包家山看桃花復登桃關絕頂觀潮歸各詩紀事》曰：「二月幾望春過半，城南花事貪天功。欲雨不雨風日淡，似霧非霧煙光濃。」是

為二月十六日。

厲鶚《樊榭山房集》卷五《二月十六日吳尺鳧招同表舒雯沈巒城符幼魯趙谷林意林杭大宗丁敬身包家山看桃花》曰:「天公愛花真不錯,輕陰為花張帟幕。城南火急三日游,矗矗青山花繞郭。符融喜接如雲談,辛苦京塵乍抽腳。折簡邀賓吳季子,能使故人共斟酌。餉簫羣幄柏下集,放眼終嫌少恢廓。提壺取道梵天寺,石塔雙標聳蓮萼。岡盤徑複趾造頂,一上江天忽呈躍。共藉草茵勝甎甃,古號桃關無鎖鑰。堪矜佳處人不知,我取眾遺爭大噱。綠楊園屋荌繡畦,千樹萬樹紅約略。峭風橫起野色暗,恐蕩繁英被圻堮。陽侯娛客更有意,酒醡卷地春潮作。分明石家錦障外,搖動頓流離一箔。煙中越岫儼彼姝,晚倚嬌寒更梳掠。我生窮悴何足嗟,造物供人殊不薄。景倩空為步屧至,林宗漫有同舟約。豈如我輩詩膽頑,解使長雲雨還閣。黃鸝三請花不語,散作春愁紛漠漠。」

沈椷崖為堇浦作《松吹書堂圖》,厲鶚、丁敬等題詩於其上,此圖後為堇浦族孫收藏。

厲鶚《樊榭山房集》卷五《題大宗松吹書堂圖》曰:「閱世翛然滌煩礙,著書種松皆十圍。居士散髮兼散衣,疏釵滿地開林扉。冪翠蒙煙漏朝暉,須臾動影颯欲飛。風馭適從何處歸,披薄纖末無停機。餅笙幽咽泉語微,聽匪緣耳悟者希。此中默喻理不違,但將畫本付韋偃,勿用談柄持張譏。」

丁敬《硯林詩集》卷一有《題堇浦松吹書堂圖》。

張雲璈《簡松草堂詩文集》詩集卷十九《題杭芃野小松吹書堂圖》序曰:「芃野為堇浦先生族孫,先生舊居有松吹書堂,一時諸名公所讌集,沈椷崖為作圖,題詠殆徧。後堂別售,而圖亦流落,不復見者二十餘年。嘉慶戊午,芃野於城南汪氏次風所見之,汪即舉以贈,芃野喜獲故物,復屬奚鐵生畫《小松吹書堂圖》以記其事。今年春,郵書屬予題後,爰成長歌一篇奉簡,為圖幸,更為芃野幸也。時癸亥夏至後二日。」

春三月,為友人厲鶚《東城雜記》作序。

見編年文。

厲鶚《東城雜記序》文末云:「雍正六年春三月十有二日,樊榭山民厲鶚書於野人舟。」

秋，同厲鶚、符之恒、汪沆過皋園作詩。

董浦《橙花館集》下有《過故侍郎嚴公皋園》及汪沆、符之恒同作。

厲鶚《樊榭山房集》卷五《初秋同聖幾坐皋園二首》其一曰：「秋水今何似，平添碧半篙。澄陰交翳樹，風色曲通壕。蓮颭無多葉，鷗翻有落毛。為驅殘暑去，扇影已辭勞。」其二曰：「三徑頻過後，煙蕪更勝初。難消熱客愛，合借野人居。黑蝶秋棠睡，青蟲敗葉書。不知何所得，歸意屢躊躇。」

【編年詩】

《詩集》卷二《橙花館集》下：

《包家山看桃花復登桃關絕頂觀潮歸各詩紀事》《春雨書事用寇忠愍韻》《春盡日集復園對薔薇作》《過故侍郎嚴公皋園》《絡緯》《開湖曲》《先農壇十六韻》《祭竈詩和金農》

【編年文】

《文集》卷六《東城雜記序》

《文集》卷二十七《袈裟集跋》

按：文末曰：「戊申曝經日，智光居士杭世駿盤談書。」

雍正七年己酉（1729），三十四歲。

【時事】

二月，詔定錢價。五月，下湖南曾靜獄，剉浙江呂留良屍。九月，刊刻《大義覺迷錄》，頒行天下。

【事蹟】

春，始交王琛。

《文集》卷十四《王崑霞北遊集序》曰：「王外史崑霞，以詩名江介者近四十年。己酉之春，扁舟來杭，余之得見也。」

王琛，字崑霞，鎮洋人。乾隆三十四年進士，官吏部郎中。有《晚香書屋詩稿》。

春，客揚州，上巳日應余元甲之邀，同厲鶚、閔崋、陳皋集於余氏濡雪堂。

見編年詩。

厲鶚《樊榭山房集》卷六《上巳集葭白齋》曰：「盡日添衣怯峭風，春光一半水流東。老催花事來心上，醉戀朋歡在客中。小海無人知夏統，草堂何地著盧鴻。從教天地蘧廬似，翦燭題詩不易同。」

按：余元甲（？～1765），字葭白，一字柏巖，號茁邨，江都諸生。資敏學博。少饒於財，以好施致貧困。然竈額無煙，苦詠不輟。雍正甲寅，趙通政之垣以博學宏詞薦，堅謝不就。詩宗韓、孟，參以皮、陸。乾隆乙酉，茁邨沒，嘉興蔣德選其自訂集與遺稿得九十六首，爲《余先生詩鈔》一卷。（阮元《淮海英靈集》乙集卷三）

閔崋，字廉風，一作蓮峰，江都人。詩骨清秀有神，與張漁川、馬秋玉、方環山同時爲詩友。著《澄秋閣詩集》十二卷。（阮元《淮海英靈集》甲集卷四）

陳皋，字江皋，號對鷗，錢塘貢生。著《吾盡吾意齋詩》。（潘衍桐《兩浙輶軒續錄》卷五）

五月，求方竹於趙昱。

趙昱《小山乙稿》卷三《堇浦乞方竹二首》其一曰：「玉瘦風棱削不如，臥枝方折水天虛。想君飽看亭陰下，似對碧瞳陶隱居。」其二：「雨餘分種碧琅玕，五月初添小閣寒。素壁底須臨畫格，綴風黏月滴方干。」

立冬日，同厲鶚、姚世鈺小集皋園。

《橙花館集》下有《立冬日皋園小集同厲鶚姚世鈺》。

厲鶚《樊榭山房集》卷六《同玉裁大宗集皋園》曰：「綠林暎堞境清佳，況復遊從願不乖。人約寒雲來別浦，葉和流水出荒街。擷蔬風味追前輩，翦樹軒亭換舊牌。好敵玉湖諸勝蹟，他時暌隔憶青鞵。」

按：姚世鈺（1698～1752），字玉裁，號薏田，吳興人。與同鄉王立甫敬所齊名，時人謂之「王姚」。後敬所以事逮繫西曹，迨解網歸，不逾年死。世鈺以貧困授徒江都，與陳章同舉博學鴻詞，時又謂之「陳姚」。後世鈺客死揚州，馬氏爲之經紀其喪，刻其《蓮花莊集》。（李斗《揚州畫舫錄》卷四）

十二月初，堇浦同陳兆崙等十一人北上赴禮部試。

陳玉繩《陳句山先生年譜》之雍正七年條曰：「十二月，公車北上。同行

者梁公薌林、徐公笠山、廷槐、汪公介純、杭公菫浦、任公處泉、孫公虛船、裘公滄曉、嚴公季傅，其弟十區璿、暨先生昆弟凡十一人，抵泰安度歲。」

沿大運河乘船北上，至江都，作詩悼張元貞。

《詩集》卷三《自清江浦至紅花埠雜詩八首》第一首云：「春風十四橋，中有畸士跡。宿草葬書淫，蕭瑟感行客。」詩自注曰：「江都張仲醇先生元貞，博極羣書，官終望江訓導。甬東全紹衣嘗爲余言三過邗溝而先生墓木已拱矣。」

張元貞，字仲醇，號畏庵，江蘇揚州人，爲望江縣教諭。書法兼二王、二米之妙。工詩，善古文詞。（震鈞《國朝書人輯略》卷四）

至寶應，袁圖南送菫浦渡河。

《詩集》卷三《自清江浦至紅花埠雜詩八首》第二首云：「莊生負奇氣，肯兄事袁盎。不寫乞米帖，天骨亦骯髒。」詩自注曰：「寶應袁圖南，任俠喜交結，送予渡河。」

經順河集，作詩別陳澤三。

《詩集》卷三《自清江浦至紅花埠雜詩八首》第七首云：「詩人陳主薄，秀句割春嵐。日趁雙松影，寒廳未放參。」詩自注：「順河集別陳澤三，時官桃源主薄。能詩。」

至剡縣紅花埠，賦詩懷故妓全紅。

《詩集》卷三《自清江浦至紅花埠雜詩八首》第八首云：「不見尋香人，目斷紅花埠。春風吹鞭絲，一桁溟濛雨。」詩自注曰：「傷故妓全紅也。」

沂州道中，作詩憶故園梅信，發羈旅之思，抒歲寒之志。

《詩集》卷三《沂州道中憶故園梅信》三首，第一首曰：「買得梅花手自栽，清嚴標格共徘徊。荒城古驛人千里，一段生香拗不來。」第三首曰：「吾家十笏小禪龕，清境迢迢夢亦諳。底事冰魂斷消息，更無天氣似江南。」此二首寫羈旅思鄉之情。第二首曰：「幾生修到玉精神，說我梅花是後身。日日冰霜吸清氣，與君同作耐寒人。」此抒歲寒之志。

除夕，於泰安度歲。作《泰安除夕》詩三首，兼懷兄弟。

《詩集》卷三《泰安除夕》第一首曰：「鄉關回首隔三旬，除夕蕭寥不當

春。輸與杜陵諸弟妹，舞衣長傍白頭人。」第二首曰：「榕城消息比如何，白嶽音塵等擲梭。又著一行風雪畫，泰山古道蹇驢馱。」詩自注：「舍弟尚滯汀州，伯兄聞於歙州度歲。」

是年，齊召南中舉。

《文集》卷四十一《資政大夫禮部右侍郎齊公墓誌銘》曰：「雍正己酉科鄉試中副車。」

【編年詩】

《詩集》卷二《橙花館集》下：

《揚州過訪余元甲濡雪堂留飲召同厲鶚閔華陳皋》《贈余元甲江湖小集題此代束》《嘲張熷病足》《雨》《簾溜十二韻》

《吳明經烽酒半出玉瓶示客屬賦》

按：吳烽，字西庚，號叔子，焯弟，錢塘貢生。（潘衍桐《兩浙輶軒續錄》卷四）

《郊遊同厲鶚丁敬符之恒集古冢下作》

《送五舍弟世瑞就昏黔陽》

按：龔鑑《橙花館集序》曰：「於是形諸詩歌，一往不可罄控。嘗放言曰：『鏤金錯彩，論者弗尚。然學不贍則詞不備，詞不備則氣不充。胸無安世三篋書，日搦管作蒼蠅聲，奚可哉？公等已矣！』予謂古之作者沉酣於卷軸，而濬發於靈臺，能役書而不為書役，大宗持論不可為正鵠。然大宗雖淵然不可究詰，而能運之以越石之清剛，出之以景純之豪雋，其所以兒撫一世者，固不盡如所云矣。予行役四方，久不見大宗詩。今年貂敝金盡，垂翼而歸。大宗為余蹙額首者累日，握手相慰外，出其近作十餘首，益麗以肆，而其《送小弱弟》一章，則《小宛》之遺音也。小弱弟就昏於黔陽，黔陽去杭三四千里，溯錢唐，浮洞庭，累月逾時乃可至也。其間霹靂魑魅，酸雨狂濤，春風斑竹，古渡神鴉，凡小弱弟之所跋涉而驚且悗者，一一著之於篇。余讀其詩，而壯其奇，且悲其志也。」

錢林《文獻徵存錄》卷五《杭世駿》篇曰：「遊聚既盛，登涉復曠，每成章句，益自清發。返里後，嘗撰其詩為四卷，好事者多就鈔之。有《送弟世瑞就昏黔陽》一篇，其友龔鑑驚歎以為《小宛》之遺音也。」

《竹屏二首》《南華堂觀鶴浴聯句》《東皋雜詩》

《送同年俞維墉之任袁湧場大使》

按：俞維墉，字奕韓，錢塘人，雍正甲辰舉人。（潘衍桐《兩浙輶軒續錄》卷五）

《爲許焴題無名氏畫冊》《立冬日皋園小集同厲鶚姚世鈺》

《詩集》卷三《過春集》：

《書眞跡實錄後呈彭少宰維新》

按：彭維新（？～1769），湖廣茶陵州人。康熙丙戌庶吉士。雍正十一年二月，署戶部尚書、協辦大學士，十一月革。乾隆三年，起左都御史，十五年革。三十四年卒。（王正功《中書典故彙紀》卷七）

又《（光緒）湖南通志》卷一百八十二本傳曰：「雍正七年，奉命往察江南積欠錢糧。條奏民間疾苦，疏請蠲免民欠。署江蘇巡撫，賑江北水災及審理浙江疑案，躬履郡邑，全活數十萬人。」時彭維新在浙江辦案，故菫浦得見之。

《自清江浦至紅花埠雜詩八首》《沂州道中憶故園梅信》《泰安靈應宮銅殿是明神宗造》《泰安除夕》

【編年文】

《文集》卷十八《汪氏遷浙宗祠記》

按：是文曰：「雍正丁未，江都捐館舍。越二十七月，其孤韜英筮吉奉木主告廟而祔。復追先志，上溯潁川、陳郡、容城，追敍龍驤、新都、戴國、越國以及西門、迪功、將仕，凡八十二世，謹編次世系，大書於版，以昭木本水源之至意。孝哉！汪氏庶幾其有後乎！韜英乃寓書於杭子而論之。」

雍正八年庚戌（1730），三十五歲。

【時事】

四月，詔改大學士、尚書品級，大學士為正一品，尚書為從一品。賜周澍等三百九十九人進士及第出身有差。十月，屈大均詩文案興；以「清風不識字，何故亂翻書」殺翰林院庶吉士徐駿。

【事蹟】

正月，過禹城。時故人沈師穎罷官，菫浦賦詩紀其事。

《詩集》卷三《禹城》：「小市塵稀眼纈明，一街寒日築毬聲。故人傳說休官處，冷騎蕭蕭過禹城。」詩自注曰：「鄉人沈君師穎方罷官，一孫頗賢。」

春，全祖望北上，四月抵揚州，識馬曰琯、馬曰璐兄弟。

蔣天樞《全謝山先生年譜》卷二雍正八年庚戌條曰：「四月，抵揚。識馬嶰谷兄弟，與厲樊榭等為平山堂之遊，旋別去北行。」引厲鶚《樊榭山房集》卷六《四月十八日同人泛舟紅橋登平山堂送全紹衣入京》為確據。

同嚴在昌坐冰床入鄆州。

見編年詩。

按：嚴在昌，庚戌進士，仁和人，官萬載知縣。

抵京師，與同行者寓半埜園。

陳玉繩《陳句山先生年譜》之雍正八年庚戌條曰：「正月，抵京師，同行者同寓。」

劉大櫆《半埜園圖記》：「半埜園者，故相國陳公說巖先生之別墅也。相國既沒，距今十有餘年，園已廢為他室。而其中花木之薈萃，足以娛目；欄檻之廻曲，足以却暑雨而生清風；樓閣之高迴，足以挹西山之爽氣，如相國在時也。庚戌之春，余友杭君大宗來京師，寓居其中。余數過從杭君，因以識半埜園之槩。而是時杭君之鄉人有陳君者，亦寓居於此。」

二月，京城寓所賦詩詠杏花。三月，寓所作詩詠芍藥。

見編年詩。

三月，試禮部，世駿落選，同行者陳兆崙等九人中進士。

陳玉繩《陳句山先生年譜》之雍正八年庚戌條曰：「禮闈首題《志於道》三句，次題《自誠明》一節，三題《見其禮而知其政》一節……榜發之日，被放者惟杭公堇浦暨先生仲弟二人，餘九人皆獲雋。」

春末夏初，和友人施安詩。遊廣渠門內之萬柳堂，作《萬柳堂三截句》。邵大生官大名府教授，堇浦作詩別之。

見編年詩。

邵大生，山陰人，癸卯進士，官大名府教授。

陳謨得官全州，雇畫工作《半埜園圖》，董浦題詩、劉大櫆作文紀
其事。

《詩集》卷三《題陳謨半野園圖即送之官全州》：「燕岡越嶠咫尺誰合并，
花工粉本此際含毫停。寫生妙手作用太狡獪，水墨驅染草木皆英靈。八千里
外展卷一矯首，帝城春色指顧煙冥冥。」

劉大櫆《半埜園圖記》：「庚戌之春，余友杭君大宗來京師，寓居其中，
余數過從杭君，圖以識半埜園之槩。而是時，杭君之鄉人有陳君者，亦寓居於
此。已而陳君將之官粵西，顧不能忘情於此園，令工畫者為圖，而介杭君請
余文以為之記。夫天下之山水，攢蹙累積於東南，而京師車馬塵囂，客遊者
往往縈紆鬱悶，不能無故土之感。陳君家杭州，西子湖之勝甲於天下。舍之
而來京師，宜其有不屑於是園者；而低佪留連之，至不忍以去，則陳君於為
官，其必有異於俗吏之為之已。雖然，士當貧賤，居陋巷，甕牖繩樞自足也；
間至富貴之家，見樓閣欄檻花木之美，心悅而慕之。一日得志，思以逞其欲，
遂至朘民之生而不顧，此何異攻摽劫奪之為者乎？然則陳君其慕為相國之
業，而無慕乎其為園，可也。」

夏，半野園中觀枯竹，憶友人陳師賢，作詩傷之。

《詩集》卷三《枯竹傷陳司馬師賢》詩自注云：「今年寓止半野園，園為
文貞公休沐之地，鶴皋手植竹及所題六詩尚存。入夏失雨，生意頓盡，若為
鶴皋殉者。撫念手迹，情不可已。為賦《枯竹》傷之。」

七月一日，陳兆崙得福建知縣，董浦與兆崙及陳仲弟離京南還，途
中與兆崙談及博學鴻詞事。

陳玉繩《陳句山先生年譜》之雍正八年庚戌條曰：「是時值怡邸薨逝，聖
情震悼，罷新進士剩員引見，概予分發鄰省試用知縣。先生（陳兆崙）得福
建。七月一日，偕仲弟暨杭公董浦買舟南還。一日午倦倚枕，夢停舟荒岸，
緣堤獨行。忽逢古冢，門洞開，見大父越石公坐其中，呼先生名曰：『汝因以
不入詞垣為怏怏，汝尚有科目在後，故有此蹉跌耳。汝其勉之。』及寤，以
告董浦曰：『鄉會兩榜已幸列名，更有何科目？』董浦曰：『不然。今皇上勵
精圖治，留意人才，詔舉孝廉方正，安知不又開博學鴻詞科？我與君同膺其
選耶？』」

梁啓心《南香草堂詩集》卷一《送杭二堇浦下第南歸》曰：「曾讀過春百首詩，更同銷夏一枰棋……只緣舊有煙霞癖，暫謫西湖作釣師。」

臨行，有詩寄厲鶚。

《詩集》卷三《長行有日先期報厲孝廉鶚》云：「也如行脚打僧包，秋露微稜暑絕交……先日馳書報猿鶴，西風何以慰窮郊。」

汪由敦有詩送別。

汪由敦《松全集》卷六《送杭堇浦南還即用其過春集中半野圖九言韻》曰：「杭君有才骯髒苦不遇，朅來結夏白晝門長扃。權奇偶儻逸足盡騰踏，嗟汝創殘帖尾留荒坰。幽谷無人芳蘭亦自媚，天寒日暮修竹空亭亭。手編小集暗惜春易過，曲終誰賞江上青峰青。我從松泉齋頭得暫見，藐然姑射冰雪來娉婷。同譜落落不得一把臂，聊題長句遙遠歸西泠。把君詩卷竟日一再讀，疎蟬獨引秋爽排虛欞。喜君選詞一色采新異，憐君造意獨出孤玲瓏。羨君健筆爛熳恣揮灑，媿我枯落獨坐槐陰廳。日翻故牘朝報若斷爛，都荒舊學有似風花零。當年隨手東塗更西抹，薄力不足爲君給使令。君從軟紅掉頭謝溫卷，好向寒碧刻志先模經。黃鍾大呂端合在雲陛，斷潢絕港詎得揚風舲。清狂任誕有名在人耳，吠聲頗怪蜀犬兼秦羚。到家下帷不復作故態，時術蛾子速化成螟蛉。古來作者麻立媵群雅，毋爲局促偓佺頹纖形。假君優閒此日足可惜，風狂百歲雙轂無淹停。天生美才要令善所就，遜心厚殖直抉造物靈。三年養成所至不可量，遲君鳳城春色花冥冥。」

按：汪由敦（1692～1758），字謹堂，休寧人。雍正元年，以諸生薦充明史館纂修。明年三月，舉順天鄉試，八月成進士，選庶常，授編修。歷官至工部尚書，又轉吏部。卒於官，年六十七，加贈太子太師，諡文端，入賢良祠。（《（光緒）安徽通志》卷一百八十六）

七月下旬，至濟寧府，作《濟寧竹枝詞》五首。與同行者飲於石佛寺前，大醉。明日，船過鄒縣，遙望嶧山。

《詩集》卷三有《濟寧竹枝詞》五首。《舟次濟寧縛纜石佛寺前同人醵錢買醉酒後有作四首》其一曰：「下弦月似初三夜，擊楫歌傳第一聲。」據詩中之「下弦月」，知爲本月下旬。「共喜明朝鄒嶧近，片帆好作看山行。」則是沿運河南下，未嘗下船登嶧山。

至江都，知方觀卒，過方宅弔之。

《詩集》卷三《過方石川太常宅》云：「京國俄傳殞大賢，版書催赴未華顛……門生也抱羊曇淚，一過西州便黯然。」自注曰：「予甲辰本房代州苑雨逢先生癸巳禮闈出其門。」

厲鶚自揚州作詩寄懷董浦，董浦和之。

《詩集》卷三收錄厲鶚《得董浦都下書約早秋歸里逾期不至聞山左大水作詩懷之》，及董浦《次厲鶚維揚見懷韻》。

至蘇州，登觀音閣。

《詩集》卷三有《虎邱登石觀音閣》。

八月七日，董浦至家，丁敬於是日夢董浦還家。

《詩集》卷四有《予以八月初旬還里即以是日見夢丁處士敬見良友之念我切也書此志感》及丁敬《庚戌八月七日寢董浦歸自日下為述途次降水之阻語最了了後詢之果抵家於是日亦異矣》，丁詩曰：「閒窗讀罷鼠窺鐙，塊影凝然澹似僧。合眼便教來好夢，故人眉宇見秋棱。」

九月八日，友人殳聞望卒。

《文集》卷四十七《孝廉殳萬夫墓碣》曰：「向嘗以馬卿消渴、王粲體弱，論江陰翁霽堂徵士之文，適相合也。今又得之於吾友殳萬夫。萬夫名聞望，原名繼淞，因夢兆而更名，字嬰江，萬夫其號也。世為仁和人……彌留數語，酸楚不可述，則念阿孃不置也。年僅三十有一，時雍正八年九月八日也……余與君同里，以文會者五人，曰吳□，曰江源，曰汪浦。君年最少而先死，余齒長而尚存。才者不必壽，壽者不必才，固也。君文不磨，死可也。若余者，千言萬語，無一字可以傳，即極之上壽，其為無一字可傳如故也。於世為不足重輕之人。造物不斤斤靳其死生脩短也。而君之於才，刻削暴殄，不留餘地以處後人，庸眾所驚爆，而造物之所媢忌也。宜其死也，嗚呼！」

九月九日，同友人集於趙氏隱几山樓。

《詩集》卷四《補史亭剩稿》有《九日集隱几山樓》。

趙昱《小山乙稿》卷四有《九月南垞秀谷樊榭董浦敬身家弟意林集隱几

山樓用少陵九月藍田崔氏莊詩句爲韻得千字》：「秋士登樓逢九月，故人歸路卻三千。」自注曰：「董浦自京師歸。」

秋，閒居鄉里，嘗於蘋香齋望月，秋雨中對菊，與友人詩酒往還，頗得衣帢之樂。

見編年詩。

《文集》卷十一《補史亭賸藳序》云：「余以庚戌南還，放傭蓬戶，鄉里遊處，時時過存尉念，推襟送抱，蔚有古情。或率意獨往，輒得佳招。借硯僧樓，圍碁別墅，清遠之思雜詼嘲而間出，蓋衣帢之歡莫踰乎此！」

秋九月，有詩送萬經至寧波修府志。

見編年詩。

蔣天樞《全謝山先生年譜》卷二雍正八年庚戌條曰：「秋九月，寧波知府富平曹秉仁，開局重修《寧波府志》，延萬九沙董其事。」

萬經（1659～1741），字授一，號九沙，浙江鄞縣人。康熙四十二年進士，選庶吉士，官授編修。神道碑見全祖望《鮚埼亭集》卷十六。

【編年詩】

《詩集》卷三《過春集》：

《禹城》《平原懷古題顏平原書東方朔畫像碑後》《同嚴七在昌坐冰牀入鄭州》《寓齋老杏一枝花絕繁盛用漫堂竹垞兩先生集中柳巷杏花歌韻》《齋中芍藥》《答施安即次其在都時見懷韻》

《萬柳堂三截句》

按：吳長元《宸垣識略》卷九曰：「拈花禪寺即萬柳堂，在廣渠門內東南角，爲本朝大學士益都馮溥別業。後歸倉場侍郎石文柱。康熙四十一年，石氏建大悲閣、大殿、彌勒殿，舍僧住持。聖祖御書拈花禪寺額賜僧德元，今恭懸大悲閣上。」後引董浦此組詩。

《送邵進士大生教授大名》《夏日雜句十七首》

《蚤春探梅圖爲林吉士令旭題》

按：彭蘊璨《歷代畫史彙傳》卷三十九本傳曰：「林令旭，字豫仰，一字晴江，婁人。雍正庚戌進士，官至太常寺卿。寫花鳥如生，兼善墨梅。未仕時，怡賢親王邸奏請教讀嗣王。擅經濟、文學，敦氣誼，詩、古文醇肆有法，

著《墨花樓集》《錦城記》。」

《憶松吹堂前芭蕉有寄》《題陳謨半野園圖即送之官全州》《枯竹傷陳司馬師賢》《長行有日先期報屬孝廉鷚》《出國門作四首》《琉璃河至三家店道中作》《新城》《白溝河》《趙北口》《阜昌道中》

《景州示陳二兆嵋》

按：阮元《兩浙輶軒錄》卷二十六曰：「陳兆嵋，宇閬風，號眉山，錢唐人。雍正己酉舉人，官內閣中書。陳兆崙《行略》曰：『仲弟兆嵋，號眉山者⋯⋯原名崑，自爲諸生至通仕籍皆原名，補官後始改今諱。屢困童子試，年踰弱冠，始受知於茶陵彭公。歲己酉秋試，獲選。丁巳閣試中書，應格錄用⋯⋯今年正月二日，遊吳山，訪嘉言於山趾，談諧極歡，中寒不起，距其生康熙壬午得年六十有五。』」

《武城》《臨清》《遊臨清永壽寺觀塔》

《陸進士峻在舟苦被目疾作詩以當枚叔之發進士以醫名故結句及之》《陸峻目疾平復復請賦詩再廣前意》

按：阮元《兩浙輶軒錄》卷十九曰：「陸峻，字際唐，海寧人。冒高姓，仁和籍。雍正庚戌進士，官竹溪知縣。」

《東昌》《土橋閘守風》《濟寧竹枝詞》《舟次濟寧縛纜石佛寺前同人釃錢買醉酒後有作四首》《龍掛》《過方石川太常宅》《次屬鷚維揚見懷韻》《虎邱登石觀音閣》

《詩集》卷四《補史亭賸稿》：

《予以八月初旬還里即以是日見夢丁處士敬見良友之念我切也書此志感》《蘋香齋坐月》《施安招宿南屏山房子以畏雨不果次韻》《遼宮詞七首》

《吳山閣斗次張沅丁敬兩處士韻》

按：阮元《兩浙輶軒錄》卷二十九曰：「張沅，字錦川，號雲谷，錢唐人，著有《留云詩集》。蔣炯曰：『雲谷隱居北郭之方山，以詩自娛。時仁和談文學潮亦儼居東麓，築卷阿石室。倡酬往來，有田子藝、蔣子久之風。至今漁樵能道之。』」

《雨中對菊》

《書燉煌集後寄顧行人之琇三水》

按：顧之琇（1678～1745），字月田，仁和人。康熙己卯舉人，官行人。《道古堂文集》卷四十二有《文林郎行人司行人管理廣東電白縣知縣顧君墓誌銘》。

《九日集隱几山樓》《霜降日雨中屬二鶚汪五沆過宿松吹書堂》《送汪五之維揚即題其行卷》《叒孝廉聞望殤已匝旬腹痛之悲不能自己寫五斷句告於靈牀》《題趙叟新居》《萬編修經將往明州修志過予追訪舊事述長句答之兼以送行》

《詩集》卷六《赴召集》：

《送同年金甡之束昌》

按：金甡《靜廉齋詩集》卷十九《校同年杭董浦世駿前輩道古堂集感舊題辭》其四曰：「晨光未動孰先鳴，檜臘鎗鈴共寢聲。四百名中還下第，感君贈別寫深情。」自注曰：「庚戌與余同下第，余出都，承賦五古一篇贈別，今載《赴召集》中。」

【編年文】

《文集》卷十一《補史亭謄稿序》

按：是文曰：「自秋徂冬，淹歷五月。其事不出閭巷徵逐，其遊不過百里近遠，其交類皆山澤之癯、緇林之秀。谷汲巖棲，儒衣蠶步。其辭略丹篆，崇貞素，旨歸於陶冶而言遠乎勢力，以與夫汎詠皐壤，飾饘腐以附庸風雅者，固有間矣。」

《文集》卷二十七《寶慶四明志跋》《開慶四明續志跋》

按：《寶慶四明志跋》曰：「繼此者，《書錄解題》稱，寶慶二年盧陵胡榘仲方為守，屬其鄉人羅濬撰《四明志》二十一卷。鄞縣全君紹衣為予言其家尚有此書，予固疑而不敢信也。雍正壬子孟夏，紹衣入都，道武林，竟以是書來，乃宋末雕本，與吳丞相《續志》合刊者。予驚喜出望外，亟走書屬友人趙谷林，為紹衣謀脂轄之費，而以書納之小山書庫。酌酒相賀，紹衣為長句五百言紀其事。時九沙萬太史方領明州志局，予作詩送行，即述其顛末以告，所謂人喜則斯陶陶斯詠也。」

蔣天樞《全謝山先生年譜》卷二曰：「據杭氏說，似先生以書質於谷林，而故諱之者。且紀年亦與先生所言不合……先生為谷林作《小山堂藏書記》：『予之初入京師也，家藏宋槧四明開慶寶慶二志，蓋世間所絕無，而為人所竊，質於有力者之手。杭君董浦聞之，以告谷林，亟用兼金四十錠贖歸，仍鈔副墨以貽予。』如先生自以書出質，不應《小山堂藏書記》中亦為是言。意谷林以計得之，董浦為作跋，遂隱其事也。」

《文集》卷四十四《胡夙成墓誌銘》

按：是文曰：「君姓胡氏，名宗穎，字夙成，一字達齋，世居仁和之橫塘⋯⋯君與孺人同生，是歲爲順治己亥。君以雍正癸卯考終，孺人後五年沒。越七年，孤士鼎等卜合葬於皋亭山赤土滙之陽，其地女夫章進士所贈也。」胡氏卒於雍正元年，七年而後爲是年。

雍正九年辛亥（1731），三十六歲。

【時事】

二月，設四川總督。九月，皇后那拉氏崩。十月，郡王額駙策凌大破準噶爾兵。十二月，詔令嚴禁鐵器出洋。

【事蹟】

春，浙江巡撫程元章聘堇浦等修《浙江通志》，堇浦創《兩浙經籍志》稿。

《文集》卷六《兩浙經籍志序》曰：「雍正辛亥春，制府禮聘名碩修《浙省全志》。予以譾劣，謬從諸老先生後，磨鉛濡槧，得與於編削之役。《經籍》一志，所創藁也。」

蔣天樞《全謝山先生年譜》卷二雍正九年辛亥條曰：「浙府某聘厲樊榭、杭堇浦、張南漪等修《浙江省志》。厲、杭貽書先生（全祖望），求四明舊志，遣使歸，請於吟園公，發插架與之。」

同樊榭等四人探梅賦詩。

厲鶚《樊榭山房集》卷六《古蕩舟中同大宗聖幾江皋探梅作》：「小船如瓜皮，可坐兼可眠。春山隨我行，潷翠何綿聯。竹外一雞唱，風氣太古前。搖搖四詩人，漾入梅花煙。」

九月十五日，堇浦伯姊卒。

見杭世駿家世。

冬，《兩浙經籍志》修訖。

《文集》卷六《兩浙經籍志序》曰：「閱月凡九，廼克成編，爲卷五，爲

目五十有九，爲書一萬五千有奇。方之前志，訂訛補闕，其亦略備也已。」
同卷《黃氏書錄序》曰：「辛酉春，不佞修浙志經籍，需此書（《黃氏書錄》）
甚亟。當湖陸陸堂檢討嘗攜二冊來，有經、史而無子、集。暨居京師，句甬
全孝廉復攜五冊見示。」

【附考】

據《兩浙經籍志序》，知《黃氏書錄序》之「辛酉春」當爲「辛亥春」。
且雍正在位十三年中無辛酉年。

【編年詩】

《詩集》卷四《補史亭賸稿》：

《吳江舟夜》《許上舍源嶽出觀家伶四首》《山塘泛舟》《許上舍惠菖莆》
《海舶將發例皆合樂迎神主人邀予往觀娛燕及夕請予作祀神歌》

《烏戍》

按：陸以湉《冷廬雜識》卷一曰《烏鎮》條曰：「烏鎮，吾里舊名青墩。
有溪爲界，溪東曰青鎮，屬嘉興府桐鄉縣，西曰烏鎮，屬湖州府烏程縣，故
又名雙溪，今則概稱爲烏鎮。近日名流過烏鎮詩不少，惟仁和杭董浦太史世
駿一律最切當：『蒼涼西北柵，六邑一灣通。遠樹歸帆隔，斜陽戍壘空。風流
思九老，憔悴倚孤篷。回首吳越路，荒荒有朔風。』蓋由蘇之杭有捷途，必
過鎮之西北柵，其地乃吳江、震澤、秀水、桐鄉、烏程、歸安交界之所也。」

《吳上舍城召集繡谷亭》《祥符寺》

《梵天寺同周二學金呿金文淳作》

按：金呿，字聞石，錢塘諸生。金文淳，字質夫，號金門，錢塘人，焜
弟。乾隆己未進士，官知府。

《華嚴庵同丁敬訪孚中上人不值》《蘋香齋諸子夜集分次王次回寒韻八
首》《越日復和四首》

【編年文】

《文集》卷六《兩浙經籍志序》

雍正十年壬子（1732），三十七歲。

【時事】

正月，苗疆平定，召鄂爾泰回京，以爲保和殿大學士，兼兵部尚書。

十月，革大將軍岳鍾琪職，交部拘禁。十一月，賜湖南生員譙衿「世篤仁風」匾額。

【事蹟】

友人沈嘉轍卒。

厲鶚《樊榭山房集》卷七《哭沈欒城》曰：「客從蒲坂鬢先雕，幾日神遊向沇寥。廿載交情蘭韻在，一生文采玉塵銷。真成方相煩君到，定復巫陽不下招。誰遣斯人竟黃土，山風淒唳葬時簫。」自注云：「今年夏，同君及功千意林早出錢塘門，道逢喪車，眾隨其後，君獨徘徊不前，若畏懼者，孰意其為先兆也。故有第五句。」

本年，陳兆崙充福建鄉試同考官，聘董浦入閩分校鄉試。兩人接席聯床，詩酒往還，感情極洽。

見編年詩。

陳兆崙《聞同年杭二董浦世駿就聘閩闈詩以誌喜》其一云：「聞說徵車入海天，羈魂延佇驛樓前。定知史稿餘三篋，獨佔湖山已二年。過嶺日低晴戴笠，下灘風駛晚行船。只今面目慚猿鶴，把袖何堪對鄭玄？」其二云：「宿昔情懷各自知，飛來風馭豈前期。文章聲價憑他日，山水遭逢在此時。十里紅雲移日月，中宵紫氣耿雄雌。相看莫漫悲離別，為我搖毫賦好詩。」

杭世駿《榕城詩話》云：「（星齋）篤於友朋昆弟之誼。聞予入閩，喜極不寐，賦詩寄示，詩云……予嘗依韻答之，在《閩行雜錄》。撤闈後，居同蕭寺，接席聯牀。陸孝廉秩既菰蘆舊雨，沈秀才隆，則劉盧世親，兄事弟畜，把袂拍肩，筆硯之伍，觴罍交錯，圍棋射覆，雅令窮經，均此遙情，排為清課。或興來情往，送抱推襟。吒詠巡簷，摧琴刻燭。一篇始就，則諷誦成群；一字劬勞，亦攢眉參息。彥和云：『灑筆以成酣歌，和墨以藉談笑』，此其選也。繼而星齋奔走上官，同人賃船北上，禪榻春風，闐其雲散。分歧雪涕，書此志之。」

李調元《雨村詩話》：「錢塘陳太常星齋兆崙與大宗名望相埒，友誼最篤。曾寓閩中，聞杭世駿校試，喜極，寄詩云云。杭亦有和詩。撤闈後，遂同蕭寺，接席聯床，刻燭題詩，至裝束日乃止。人以二公不脫書生習氣。」

陳玉繩《陳句山先生年譜》之雍正十年壬子條曰：「（陳兆崙）八月充福建鄉試同考官，得士十一人，皆一時名宿。後任溫州太守俞文漪其一也。同

年杭公堇浦亦就聘閩闈，先生作七律二章誌喜，杭依韻和之。」

七月，堇浦於富春江買舟南下，越仙霞嶺、大竿嶺至榕城。近榕城，作詩懷趙賢。

見編年詩。

途中有墨畫紀行，其十五葉後為龔自珍、翁同龢、沈曾植等收藏。

龔自珍《杭大宗逸事狀》云：「大宗著《道古堂集》，海內學士見之矣，世無知其善畫者。龔自珍得其墨畫十五葉，雍正乙卯歲，自杭州如福州紀程之所為也。葉系以詩，或紀程，紀月日瑣語，語汗漫而瑰麗，畫蕭寥而粗疏，詩平澹而倔強。」

吳慶坻《蕉廊脞錄》卷七曰：「杭大宗先生畫山水冊凡十二幀，每幀有題記。第一幀第六幀各七絕句一首，亦《道古堂集》外詩文也。按此幀當是應聘分校閩闈時作，沈乙庵比部藏，余嘗為題二絕句。」

翁同龢《瓶廬詩稿》卷五《題舊藏杭大宗詩畫冊此冊為先生雍正十年壬子入閩分校鄉試時作其詳見榕城詩話中》曰：「閩才不世出，軼事有傳訛。人訝楊風子，吾呼蘇大哥先生謂吾詩兄事東坡，故每呼為「蘇大哥」。築亭新補史，上殿古詞科。寂寞南屏社，荒墳可奈何。」又：「閩行詩數葉，猶喜畫圖傳。園荔紅成市，村榕綠到天。山川越王殿，羔雁孝廉船。省識憐才意，頻將斷句編。」

【附考】

龔自珍《杭大宗逸事狀》云：「龔自珍得其墨畫十五葉，雍正乙卯歲，自杭州如福州紀程之所為也。」

此處龔自珍將世駿入閩之年繫於雍正十三年乙卯歲，誤甚。世駿《榕城詩話》序明言其在「壬子之歲」，且雍正乙卯世駿赴博學鴻詞之召，於是年春抵京師，安得復有福州之行哉？

八月至榕城，始撰《榕城詩話》。

朱文藻《榕城詩話跋》曰：「迨壬子科嘗行調取鄰省舉人分校闈卷之例，太史（杭世駿）膺閩省聘，挂帆瀫水，稅駕三山，行程二千，稽時兩月。與二三同好及閩之賢士大夫，晉接談讌，隨所聞見筆之於書。榕城者，閩中多榕樹，葉如木麻，其蔭十畝，枝葉柔脆，幹既生枝，枝又生根，叢生數十百

條，合并為一，連蜷樛結，鬱茂可愛，故閩城以是為號也。卷中所載不獨論詩，凡山川之奇險，耆舊之遺事，間為敍述以供記載之所采。」

王沆《榕城詩話序》：「《榕城詩話》三卷，吾友杭君堇浦壬子入閩分校鄉試時所輯也。凡山川之麗崎，人物城郭之隱賑，風土物產之異尚，朋友宴飲之往來贈答，三月中見聞所及，或因詩以存事，或因事以存詩，甄錄不遺，掇拾必廣。洵藝圃之新聞，詞林之佳構矣。」按：《榕城詩話》三卷成書於十月十六日，前推三月，則堇浦入閩當在七月。

秋，拜友人林緒光母，緒光弟葆光、枚光設宴款待，時鄭種玉亦在座，與堇浦有詩相唱和。

杭世駿《榕城詩話》：「林鳳溪先生緒光，是予癸卯本房。詩章清豔，當時有才子之目。十年以來，宦途蹉跌，兼以喪明之戚。今年始得攝篆山陰。予至閩城，以門下士拜太夫人於堂下。令弟明經葆光暨孝廉枚光衣帕待予。握手歡謔，佳肴繼進，察貳廉空。鄭秀才種玉，吾師愛壻，清才標映。贈予云：『鯉也蚤亡公冶在，七年憔悴語當湖。』蓋師嘗令當湖故也。予報章云云。落日停雲，寒花蕭瑟，一座遂廢。」

在榕城，同楊弘緒登後院小山，偕王霖兄弟上道山，作詩酬謝戴夢奎、章大有贈龍目。嘗即目歐冶池，獨遊九仙山。並羨榕城民風純樸，物產充盈，賦《福州竹枝詞》十八首。

見編年詩。

同陸秩、沈鑨游道山，應黃任之邀遊烏石山，遇雨不果，復集山房看菊。

見編年詩。

十月朔日，《榕城詩話》三卷撰訖，堇浦作《榕城詩話自序》。

《榕城詩話自序》文末注云：「太歲在壬子十月朔，堇浦杭世駿在大末城下書。」

還家，沿閩江西向至南平，溯建溪北上，過浦城，度梨嶺，宿清湖鎮，有詩紀其事。

見編年詩。

戴翰贈《黔行草》一卷。

《榕城詩話》卷上云：「戴編修瀚，字巨川，上元人。與予癸卯同籍，時方視學八閩，貽《黔行草》一卷。雄奇偉麗，目不給賞。」

於薛士玉家觀謝在杭小影，薛士玉贈謝在杭所著書。

《榕城詩話》卷上云：「謝在杭小影一幀，予得見於鼇峯坊薛士玉家。豐頤隆準，粹容充悅，姬人桃葉就其所執之卷而舒之，流觀眄睞，翩若燕翔。童子煮茶，石鼎沸聲與松籟互答，蓋曾鯨所寫也。」又「在杭《小草齋》《遊宴》《下菰》《居東》《蠻江》諸集而外，有《五雜俎》《文海披沙》《西吳枝乘》《滇略》《百粵風土記》《支提山志》《長溪瑣語》，薛士玉悉以贈予。薛妻是其玄孫，故能道其家世。今皆徵落，板亦散亡矣，手抄文集及所輯郡國職林諸考尚在士玉家。」

與趙萬暻書信往還，約與俱歸。

《詩話》卷上：「妹壻趙上舍萬暻，翩翩記室，三歲依劉。聞予在海城棲泊，玉瓓緘劄，自溫陵千里慰予。予題詩紙尾，約與俱歸，有云：『信史不逢黃犬耳，歸帆豈少橛頭船』。又『憐予西笑甘頭責，道爾南還恐口碑』。予既倏裝，趙猶滯跡，燒燭檢書，迴腸蕩氣。」

趙萬暻為堇浦妹杭澄夫，《（民國）杭州府志》卷一百五十六曰：「趙萬暻妻杭氏，名澄，堇浦女弟。性貞靜。萬暻客死慶都，走數千里扶柩歸葬，寒涇辛勞，遂成風痺，貧病而卒。」

【編年詩】

《詩集》卷五《閩行雜錄》：

《江行六首》

《仙霞嶺用周司農櫟園韻》

《榕城詩話》卷上曰：「周櫟園過仙霞嶺有四律，今刻《賴古堂集》中。令子在浚，嘗乞羊城陳處士元孝以分書謄寫一過，並己次韻四篇刊榜嶺上僧舍小亭。吳興沈閣學涵視學八閩時，曾兩次其韻，亦於亭中置榜。元作蹄屬駿邁，俯視來者，屬和紛綸，鮮克攀躋。予《閩行雜錄》亦有四篇，姑記壯遊，忘所醜也。同行者山陰王霖暨弟王霂、嘉興凌大田。霖句有『怪石攔人立罔兩，巨崖奔浪舞天吳。懸崖側足二分外，穿徑窺天一線中。』霂句有『山

似蠶叢闢巴蜀，水如魚復下荊吳。』大田句有『灘分石齒水清淺，雲斷山腰徑有無。』西蜀楊觀察宏緒時方監試閩闈，聞而繼作，有『雲收人語層霄外，磴轉天浮曠野中』句，旁魄而論壯，觀山靈，匪特極文場一時之盛，抑亦覽勝者之司南，談藝者之珠海也。亭上更有龐雪厓戶部古詩，未見其勝。」

《大竿嶺》

《淨慈禪院呈慧首座》

【附考】

此福建建寧之淨慈寺，非杭州之淨慈寺。《榕城詩話》卷上曰：「建寧亦有淨慈寺，寺濱溪結宇，前為放生池，僧房蜂綴，林木窈窕，方袍迎客，沙彌送茗，亦一大選佛場也。壁有『雲散鐘聲出遠村』句，是郡人周某題。予愛其理致，同人相約屬和。王霖云：『靜夜蒲牢喧法界，遙林松火閃漁村。』王霈云：『潛鱗依穴初知夜，倦羽衝煙亦識村。』陸秩云：『近灘花石盤雙徑，繞屋濃陰綠一村。』美辭秀致，均能冰寒於水。予以屬韻不諧，懊墨而謝，勉膚弱句為不施之檀，呈慧首座裁之。」

《將至榕城寄懷趙孝廉賢時趙已赴南闈》

按：趙賢（1704～1753），字端人，號淺山，錢塘人。乾隆戊辰進士，官永順知縣，著《淺山堂詩文集》。《道古堂文集》卷四十三《趙淺山墓誌銘》。

《陪楊觀察弘緒登院後小山》

按：楊弘緒，新繁人，進士，雍正五年任福州知府。

《道山寫望同王霖兄弟作》

按：王霖（1679～1754），字雨豐，一字雨楓，號弇山，山陰人。康熙乙酉舉人，乾隆丙辰舉博學鴻詞，官南宮知縣，著《弇山詩鈔》。《弇山詩鈔》卷首載傅汝桂所撰年譜。

《酬戴夢奎章大有兩進士惠龍目》

《歐冶池即目》

按：《榕城詩話》卷上曰：「歐冶池環棘牆之外，廣袤數畝，居人占其漁利而輸租於縣官。露桃呈頰，風柳誇腰，碕種清蘆，門堆紅葉，雲飛日落，照影弄姿，裙裾互洗，槁砧競響。凡所以蕩客心而淒游子之魄者，以是為覽勝之神皋奧區焉。王霖兄弟恒牽率予同遊，又牽率予同作，而霖句尤工。霖曰：『雨摧荷折有絲黏』，霈曰：『柳飄殘葉網蟲黏』。體物瀏亮，稱競爽焉，乃自知拙於語言。」

《重登院後小山次監試韻》《獨遊九仙山》《同年進士兆崙聞予有八閩之役作詩誌喜既出闈始得示予遂次前韻》

《同陸三秩沈五崟游道山》

按：阮元《兩浙輶軒錄》卷二十五曰：「陸秩，字賓之，號抑齋，仁和人。階孫，嘉穎弟。乾隆己未進士，改庶吉士，歷官工科給事中，著《抑齋詩文集》八卷。」

《黃大令任招同許大令廷鑠劉行人敬與謝編修道承郭明經金鑒林上舍溥何孝廉蘭陳進士兆崙遊烏石山雨阻不果復集山房看菊》

按：《榕城詩話》卷中曰：「黃任，字莘田，永福人。壬午鄉貢，官四會令。罷歸，家居食貧，僦屋委蒼。七絕秀韻獨出，兼饒逸氣，較諸體尤爲擅場。」錢林《文獻徵存錄》卷五亦有傳。

許廷鑠，字子遜，江南長洲人。康熙五十九年舉人，官武平知縣，有《竹素園詩》。《（同治）蘇州府志》卷八十八有傳。

劉敬與，字右陸，耀藜孫，庶吉士，改授行人司行人，致仕。《（乾隆）福州府志》卷四十二有傳。

謝道承，字又紹，號古梅，福建閩縣人。康熙六十年進士，官至內閣學士，有《小蘭陔集》。《（乾隆）福州府志》卷四十九有傳。

郭金鑒，福州人，生平待考。

林溥，字孟通，福清人，國子博士。

《福州竹枝詞十八首并序》《書張大參廷枚春暉堂集後》《建溪舟行雜詩》《浦城》《梨嶺用寺壁宋射陵送天根和尚歸石頭禪院韻》

《嶺行八首》

按：其八曰：「嵐氣遙封卓筆山，石橋霜滑曉沖寒。千林烏桕都離殼，便作梅花一路看。」袁枚《隨園詩話》卷七曰：「眼前欲說之語，往往被人先說。余冬月山行見柏子離離，誤認梅蕊，將欲賦詩，偶讀江岷山太守詩云『偶看柏子稍頭白，疑是江梅小著花』，杭堇浦詩云『千林烏桕都離殼，便作梅花一路看』，是此景被人說矣。」

《蚤發清湖判家書紙尾》

按：《榕城詩話》卷上云：「舟至洪山橋，閩藩令尉來迎，而城門已閉，止宿西隱禪房。紙窗木榻，茗椀缾花，頗稱淨業。蚤起題一絕云：『塵緣害馬諒成虛，結習螞蟲尚未除。願得乞身長掃地，秋風黃葉勝鶲書。』」所謂杜撰

禪也。」此詩不見於《閩行雜錄》，故列之於此。

【編年文】

《文集》卷二十七《黃四如文集跋》

按：文末曰：「雍正壬子九月既望日，在榕城法海寺書。」

《張參議春暉堂詩鈔序》《榕城詩話自序》

《文集》卷四十四《沈逸庵墓誌銘》

按：是文曰：「吾友沈隆，博學能文章，爲後進魁碩。歲壬子，偕予入閩，道中示余所作先人行狀，且丐余爲文以銘。按狀：翁諱建業，系出吳興遷杭者五世矣。」

《集外文》之《題自畫山水花卉冊》

按：據是文知畫冊所繪窯嶺、荔枝、歐冶池、建寧淨慈寺、艦蓬船等閩中景物，是董浦居閩時所作，而此文則還家後所補，故曰「壬子冬月，寫於道古堂」云云。

雍正十一年癸丑（1733），三十八歲。

【時事】

正月，命各直省設立書院。四月，以方苞爲內閣學士；禁民間刊刻書籍，改避胡虜夷狄等字；賜陳倓等三百二十八人進士及第出身有差。五月，《大清會典》成。

【事蹟】

四月初二日，董浦會試落第，趙信、趙昱、趙一清有詩相贈。

《詞科餘話》卷一曰：「癸丑春，余以禮闈被放，尚客京邸。既奉明詔，貽書趙氏昆弟及谷林令子誠夫，促其努力清時，潤色鴻業，三趙皆有詩寄餘。」

按：趙一清，字誠夫，號東潛，仁和監生，昱子。著有《水經注釋》《三國志補注》《褚堂閟史》《東潛詩文稿》。

四月初八，詔開博學鴻詞科，命相關官員舉薦鴻博舉子。

《詞科掌錄》卷首：「雍正十一年四月初八日奉上諭：國家聲教覃敷，人文蔚起，加恩科目，樂育群材，彬彬乎盛矣！惟博學鴻詞之科，所以待卓越淹通之士。俾之黼黻皇猷，潤色鴻業，膺著作之盛，備顧問之選。聖祖仁皇

帝康熙十七年，特詔內外大臣薦舉博學宏儒，召試授職。一時名儒碩彥，多預其選，得人號為極盛。迄今數十年來，館閣詞林儲材雖廣，而宏通博雅淹貫古今者，未嘗廣為收羅，以示鼓勵。自古文教休明之日，必有瑰奇大雅之材。況蒙聖祖仁皇帝六十餘年壽考，作人之盛，涵濡教澤，薄海從風。朕延攬維殷，闢門顒俊，端崇實學，諭旨屢頒。宜有品行端醇，文材優贍，枕經葄史，殫見洽聞，足稱博學宏詞之選。所當特修曠典，嘉與旁求。除現任翰詹官員無庸再應薦舉外，其他已仕未仕之人，在京著滿漢三品以上，各舉所知，彙送內閣。在外著督撫會同該學政悉心體訪遴選，考驗保題，送部轉交內閣。務期虛公詳慎，搜拔真才。朕將臨軒親視，優加錄用，廣示興賢之典，茂昭稽古之榮。應行事宜，著大學士、九卿會議具奏。特諭！欽此。」

雍正十二年甲寅（1734），三十九歲。

【時事】

正月，遣使致祭安南國王，並封其嗣子。三月，河南學政俞鴻圖以受賄營私被誅。八月，詔罷征準噶爾兵。

【事蹟】

馬曰琯興建梅花書院，屬鶚為之賦詩二十韻。

《（嘉慶）重修揚州府志》卷十九「學校」目下記曰：「梅花書院在廣儲門外，明湛若水書院故址也，初名『甘泉書院』。國朝雍正十二年，府同知劉重選即其地課諸士，郡人馬曰琯獨立興建，更名『梅花書院』。」

《樊榭山房集》卷七有《揚州新構梅花書院紀事二十韻為秋玉賦》，朱文藻《屬樊榭年譜》之雍正十二年甲寅條曰：「揚州新構梅花書院，為馬秋玉賦紀事詩二十韻。」

五月初一，友人嚴璲卒。

《文集》卷四十二《翰林院庶吉士嚴君墓誌銘》曰：「君姓嚴氏，名璲，字十區。先世自汴徙臨安，遂為仁和人……雍正甲辰，乃用國子生名舉鄉試。庚戌，成進士，改庶吉士。旋患瘰癧，請急歸調疴里門。時母夫人屆壽五十，方以節孝致綽楔之典，築壽萱堂，曲盡色養。歲餘，疾少痊，還京。明年，疾作，卒於邸舍，年僅三十有一，蓋雍正甲寅歲五月朔也。」

五月十六日，張廷璐六十壽辰，董浦代人為其作壽序。

《集外文》之《桐城張藥齋先生壽序代》曰：「少宗伯桐城藥齋先生以儒術受知聖天子，屢膺文章之重寄，爲海內宗匠者垂二十年……五月既望，適先生六十覽揆之辰，楞阿介浙士之隸門下者進而謁予，請一言以壽先生。」

按：張廷璐（1675～1745），字寶臣，號藥齋，江南桐城人。康熙五十七年賜進士第二人，官至禮部侍郎，有《詠花軒詩》。姚範《援鶉堂文集》卷四有其墓誌銘，馬其昶《桐城耆舊傳》卷八載張廷璐本傳。

夏，董浦編輯《道古堂文集》，王曾祥作《道古堂文集序》。

王曾祥《道古堂文集序》：「甲寅夏季，杭君董浦編次所爲文，得百有幾十首。」

九月初十，世駿應浙江博學鴻詞正試，名列第四。

《詞科餘話》卷一曰：「甲寅九月，總督上蔡程公合試全浙之士，題有《河清海晏頌》。」

《道古堂全集》附錄《軼事》曰：「雍正甲寅、乙卯，浙江總督程元章三次省試，薦舉博學鴻詞十人：嚴遂成、厲鶚、周玉章、杭世駿、沈炳謙、齊召南、張戀建、周長發、汪沆、周琰。正試題爲《河清海晏頌》《萬寶告成賦》《杜氏〈通典〉鄭氏〈通志〉馬氏〈通攷〉總論》《賦得沖融和氣洽》。補試題爲《玉燭醴泉頌》《鵬奮天池賦》《九法五政論》《賦得禾比君子》。續試題爲《景陵瑞芝賦》《春雪詩》《兩浙通志序》《二十一史》。先生應正試，名列第四。程制軍批云：『言無泛設，詞不空綺。一論折衷群言，足徵稽古之力。』帥文宗批云：『體絢而不蕪，風清而不雜，括囊群籍，矞矞皇皇。』張方伯加批云：『抒勁挺之詞，振嚕吨之響，其氣象肅括宏深，猶見兩京風範。』頌、論、詩俱載《全集》，賦列《集外文》。」

朱文藻《厲樊樹先生年譜》之雍正十二年甲寅條云：「據《詞科掌錄》，是年九月初十日正試，十四日補試，雍正十三年正月十九日續試。先生（厲鶚）正試取第二名，題爲《河清海晏頌》，《萬寶告成賦》三通，《沖融和氣洽》五排十二韻。」

除夕夜，全祖望夢董浦及厲鶚。

《詞科餘話》卷一曰：「甲寅冬，余與太鴻既同被徵，星齋以進士學習閩

省，亦列薦牘，濡滯未至。時鄞縣全紹衣祖望留京師，除夕夢余及太鴻。兩人抵京，歡然道故，有詩紀其事。」

朱文藻《厲樊榭先生年譜》云：「甲寅秋，先生客揚州，多歸。時鄞縣全紹衣祖望留京師，除夕夢杭大宗及先生（厲鶚）。兩人抵京，歡然道故，有詩紀其事。」

是年，江作楫卒，董浦為其作墓誌。

《文集》卷四十二《天台縣教諭江君墓誌銘》曰：「君諱作楫，字汝舟，號警堂。姓江氏，系出濟陽之考城……會世宗憲皇帝踐歷，詔開特科。君適領鄉薦，主司奇其文，擬置第一，數日更第九，君聞之不憾也。試禮部，復不得意，乃求為教職，之天台……春秋六十有四，以某年月日考終牖下，時雍正歲在甲寅也……將以某月日葬君于虎形山之原，來乞銘。」

【編年詩】

《詩集》卷六《赴召集》：《省試沖融和氣洽》

【編年文】

《文集》卷三《河清海晏頌》

《文集》卷三十七《書趙氏老婢事》

按：是文曰：「吾姻親趙氏，有老婢年七十餘，雍正甲寅之五月，以老疾死。吾妹以書來請曰：『婢終其身不肯嫁為人婦，志甚烈，事甚奇。無人告於有司以求旌其志行，且於例當不得旌。兄以鴻筆提獎幽隱，曷念其不久將泯滅，假之片詞，庶藉以有聞乎？』」

方芳佩《在璞堂吟稿》之《女貞木歌和筠圃夫人韻》後附杭澄《女貞木歌為老婢高秀作》有序，序曰：「高為祖姑朱太孺人婢，役趙氏六十四年，歷三世，死時七十有九，尚處子，蓋亦僅有者，另有小傳。」知此老婢名高秀。

《集外文》之《桐城張藥齋先生壽序代》

雍正十三年乙卯（1735），四十歲。

【時事】

四月，停旌表列婦例。五月，貴州臺拱苗叛。八月，雍正駕崩，皇太子弘曆即位，詔以明年為乾隆元年。十二月，詔纂《八旗氏族通譜》，殺曾靜、張熙，纂修《明史》成。

【事蹟】

正月三日，喬世臣卒。越六月，其子以碑銘請諸董浦。

《文集》卷三十九《通奉大夫工部右侍郎喬公神道碑銘》曰：「雍正十有三年正月三日，少司空喬公以疾薨於位，年僅五十。越六月，其孤大元等將返葬于其鄉，撰次行狀，千里走使，來求麗牲之碑。謹按：公諱世臣，字丹葵，號蓼圃，自曾太父南泉公始從泗水遷濟寧。」

正月，會同舉諸公十一人於汪沆宅。

朱文藻《厲樊榭先生年譜》之雍正十三年乙卯云：「是年正月，會同舉諸公於槐塘小眠齋宅，共十一人，徵歌選勝，極一時之盛。」

齊召南《寶綸堂詩鈔》卷三《賜硯堂詩答汪五槐塘津門見寄次韻兼懷諸友三首》其二云：「吳山顧曲記當年，才落春燈未禁煙。細雨溟濛留客夜，微風料峭養花天。清歌共判樽前醉，高會誰知夢裏緣。今日浮萍湖海闊，如君還近潞河船。」原注云：「乙卯正月，會同舉諸公於槐塘宅，共十一人，今則厲二樊榭、沈六幼牧、周大青瑤、張大介石俱還浙多時。嚴大崶占尚讀禮未出，周五石帆得官後即以艱歸家。每與董浦、星齋晤言，不勝今夕聚散之感。」

二月初一日，《石經考異》撰訖。

《集外文》之《石經考異引》曰：「《石經考異》者何？以補亭林顧氏之考也。蓋眾說之齟齬者，莫石經若矣。史傳異，地志異，碑刻異，唐宋元明諸家之辨證異，顧氏述矣而不詳，詳矣而不辨，予特引而疏通之。又自唐開成以後，其事少異，予特取而補綴之。文雖近創而義則實因，汲古之士其不以予為剿說也夫。雍正十三年太歲在乙卯二月朔日，書於抱經亭。」

二月二十七日，上諭命舉薦博學鴻詞人員已二年，僅李衛、吳應棻舉四人，故再下旨督促諸臣。

《詞科掌錄》卷首：「雍正十三年二月二十七日內閣抄出奉上諭：朕令薦舉博學鴻詞，以廣育才之典。為督撫學臣者，自應秉公採訪，加意搜羅，以副朕愛人材之至意。乃降旨已及兩年，而外省之奏薦者寥寥無幾。以江浙兩省人材眾多之地，至今未見題達。此非人材之不足應選，乃督撫學臣等奉行不力之故也。大凡舉薦之典，臣工得以行其私者，往往踴躍從事，爭先恐後；若不能行其私，則觀望遲回，任意延緩，其跡似乎慎重周詳，其實視公事如

膜外也。凡督撫學臣之所考取者，不過就耳目見聞之所及。彼伏處巖隅，學問淹雅，素有抱負之士，未必肯以文章筆墨求售於有司，以幸邀一日之遇合。是在督撫學臣留心訪查，加意旁求，屏虛名而崇實學，以佐國家右文之治。如李衛、吳應棻合舉二人，吳應棻又獨舉二人，就中則有宣化府進士。夫以宣化北邊一郡，尚有可舉之人，何況內地各地之大，可見李衛、吳應棻乃實心爲國家留意人材者。著再行宣諭，無論已奏未奏之省，俱著再行遴選。倘因朕此旨而遂冒濫以行其私，亦難逃朕之鑒察。若果有才華出眾而與例不符者，著具摺陳奏，候朕降旨。其在京三品以上之大臣，均有薦舉之責，將此一併曉諭知之。特諭！」

四月十六日，全祖望為菫浦《石經考異》作序。

《石經考異》卷首全祖望《序》文末曰：「吾友杭君菫浦輯《石經考異》一卷，蓋惜昭德晁氏之書之佚而爲亭林顧氏拾遺者也……雍正十三年四月既望，甬勾東全祖望序。」

閏四月二十一日，集竹墩積照堂聯句，同與者尚有厲鶚、沈炳謙、沈炳震、沈炳巽。

《詩集》卷六及厲鶚《樊榭山房集》卷七均有《閏四月二十一日集竹墩積照堂聯句用顏魯公石尊聯句韻》。

按：沈炳謙，字幼牧，號勞山，歸安歲貢生，炳震弟。乾隆丙辰，薦舉博學鴻詞。沈炳震，字寅馭，號東甫，歸安貢生。乾隆丙辰舉博學鴻詞，著《增默齋詩集》。沈炳巽，字繹旃，號權齋，歸安貢生，炳震弟。著《水經注集釋訂訛》四十卷，《續唐詩話》一百卷，《全宋詩話》一百卷。（阮元《兩浙輶軒錄》卷二十一）

孟夏，應詔進京，妹杭澄賦詩送之。

蔡殿齊《國朝閨閣詩鈔》第四冊《臥雪軒吟草》卷四《乙卯孟夏菫浦二兄應詔北上值四十初度聊作長句送行且祝壽也》。蔡氏《臥雪軒吟草》解題曰：「杭女史澄，字清之，一字筠圃，號定水老人。浙江仁和縣人，編修世駿妹，國學生趙萬暎室，以清節稱。著有《筠圃吟草》《湛堂書帷詩》《臥雪軒吟草》《伏枕吟》。」

《文集》卷十一《亡妹吟草序》曰：「余赴召之京，妹寄詩有『有金買書

不買田』語，遂爲吾一生實錄。」

方芳佩《在璞堂吟稿》有《附刻筠圃夫人詩並作小傳夫人賦長篇見寄次來韻奉答》，小傳曰：「夫人名澄，字清之，更字筠圃，董浦太史女弟。性貞靜，嗜讀書。太史鄴架甚富，咸資其涉覽。間爲詩文，自然合矩。適同里上舍趙萬暻，高才積學，蜚聲藝林，閨房唱酬，詩學更進。然深自韜晦，從不出以示人，即愛才如太史未之知也。上舍文戰不利，從事筆耕，幕直隸之慶都。時夫人同懷弟世瑞外舅令新河，夫人因偕弟婦北上。聞上舍抱病垂危，亟往視，星馳數百里，值大風雨，衣裝盡濕。比至署，上舍已逝，一慟幾絕。勉爲部署衾槨含殮，勺水不入口，死而復蘇者五。晝夜竭蹶扶柩，關河險阻，抱病撐持，備極困苦，七易舟，三閱月始抵里門。緣重受寒濕，加以辛勞，遂成風痹痼疾。夫人無子女，上舍故寒士，初嗣叔父，後叔父亦年邁，攜一妾幼子以居，杜門不出。同懷兄萬曦挈眷居淮陰，夫人無所倚藉，歸母家，依諸弟守志焉。然疾雖作，尚能步履，間一歸省舅氏，修子婦禮。時趙氏三世八棺未營窀穸。夫人念舅老伯遠，子姓凋替，恐淹露日久，竭力圖維。丙寅春，得地雞籠山麓，書達伯氏，於是秋卜葬。憫老婢貞義，亦瘞於壙側。勞瘁悲痛，疾益深固，矢志不欲居人世，因高堂戀戀，姑爲遷延。茲則筋骨攣拘，發爲流注，不能踐地，惟坐臥呻吟於床第間，間與余詩文往還。蓋自癸亥歲太史奉太夫人寓居敝廬，夫人時來定省。承念通門之誼，誨導殷殷，相得無間，固請其著述，始出《女貞木歌》見示。余既不揣蕪陋，次韻就正，並將原作附入拙稿，略述顚末，俾世知夫人懷才不偶而詩學淵微，固與太史文章並堪不朽云。」

王蘊章《然脂餘韻》卷六曰：「仁和閨秀杭筠圃名澄，字清之，晚號定水老人，董浦太史女弟也。嫁趙萬暻，早寡。其《五十悲吟》云：『十載傷心淚，何曾一日乾。老深無後痛，貧覺立孤難。寂寂墓門草，深深智井瀾。此身原已死，休作未亡看。』《追感》云：『牛衣未暖別離催，貧賤夫妻樂亦哀。遺札可憐猶在篋，夜臺那復一緘來。』晚得惡疾終，芷齋夫人爲刊其遺集《臥雪軒》一卷行世。」

七月二十五日，厲鶚序董浦《石經考異》。

《石經考異》卷首厲鶚《序》文末曰：「吾友杭君董浦補顧氏之遺而加詳，中參之以辯論，如五經、六經、七經之覈其實，一字、三字之定其歸，二十

五碑、四十八碑之析其數，堂東、堂西之殊其列，自洛入鄴、自汴入燕之分其地，駁鴻都門學非太學，魏石經非邯鄲淳書，直發千古之蒙滯，皎然如揭白日，渙然如釋春冰。蓋綴緝既力，用思復精，足以剖芒釐，審同異。不獨為顧氏之諍友，兼可上溯晁氏，大裨來學者……雍正十三年歲在旃蒙單閼，相月二十五日，錢塘厲鶚序。」

朱文藻《厲樊榭先生年譜》之雍正十三年乙卯條云：「七月，為杭菫浦作《石經考異序》。」

中秋夕，厲鶚娶朱氏，程士械作《碧湖雙槳圖》，菫浦賦詩相賀。

見編年詩。

朱文藻《厲樊榭先生年譜》之雍正十三年乙卯條云：「中秋夕，（厲鶚）迎姬夫人朱氏於碧浪湖，白嶽山人程士械為作《碧湖雙槳圖》。」

秋，至揚州，題畫贈馬曰琯，復遇王瑛。

見編年詩。

《文集》卷十四《王崑霞北遊集序》曰：「乙卯秋，余有事至邗溝，復得見於閔嶰廉風所，掀髯縱論，顛倒而不厭，方外之交未有能過之也。」

冬夜，作詩寄懷友人嚴遂成。徐用錫八十壽辰，邀菫浦，菫浦作詩壽之。

見編年詩。

按：阮元《兩浙輶軒錄》卷十七曰：「嚴遂成，字崧瞻，號海珊，烏程人。雍正甲辰進士，官臨縣知縣。乾隆丙辰，舉博學鴻詞，不與試。歷官嵩明州知州。著《明史雜詠》《海珊詩》。」

冬，訪馬氏小玲瓏山館，菫浦出示《松吹書堂集》。

方盛良《馬曰琯馬曰璐年譜》之雍正十三年乙卯條曰：「冬，杭世駿訪小玲瓏山館，以《松吹書堂集》見示。（馬曰琯）《沙河逸老小稿》卷一《杭世駿自錢塘來松吹書堂集見示依韻奉題》置於同卷詩《乙卯午日》和《化蝶詩丙辰秋八月寫所見也》中間。再由詩句『寒日松梢濃似黛，江城雪下亂如巾』，可知杭訪山館時間為該年冬天。」

陳文述《頤道堂詩選》卷十五《病起讀里中前輩詩各題一律》之三曰：「鬱

律蛟龍嘯鳳皇，至今奇氣吐光芒。袖中疏草新黃閣，天上文章舊玉堂。汲黯
對君何戇直，賈生憂國太猖狂。分明滿耳聞松吹，萬斛秋濤響夜涼。杭菫浦太
史《松吹堂集》。」

十一月初十日，詔令有關大臣，速行保薦博學鴻詞人員，限一年之
內，齊集京師。

《詞科掌錄》卷首：「雍正十三年十一月初十日奉內閣抄出奉上諭：國家
久道化成，人文蔚起。皇考樂育人材，特降諭旨令直省督撫及在朝大臣各保
舉博學鴻詞，以備制作之選。乃直省奉詔以及二年，而所舉人數寥寥。朕思
天下之大，人材之眾，豈無足膺是舉者？一則各懷慎重觀望之心；一則鑒衡
之明，視乎在己之學問，或己實空疏，難以物色流品，此所以遲回而不能決
也。然際此盛典，安可久稽？朕用再爲申諭，凡在內大臣及各省督撫，務宜
悉心延訪，速行保薦，定於一年之內，齊集京師，候旨廷試。倘直省中實無
可舉，亦即具本題覆。特諭！」

除夕，辭家，赴京應博學鴻詞之試，金農、閔崋贈詩送行，王曾祥
亦有贈序。

《詞科餘話》卷一曰：「仁和王麟徵曾祥以古文雄於里中，與余及太鴻投
分最密，乙卯冬嘗爲序送餘行。」

金農《冬心先生續集補遺》之《菫浦先生以孝廉膺薦入都徵予賦詩書此
奉其教督不足光宏也》曰：「川途集微霰，相送又新年。榮出科名上，聲聞古
聖前。登朝乃無忝，補史信流傳。我獨山南住，山南有薄田。」

閔崋《澄秋閣集》一集卷一《冬日賦送樊榭杭菫浦赴大科入都》曰：「大
科試鴻儒，厥初自唐代。韓柳方見收，玉溪猶弗逮。歷兩宋元明，中間幾興
廢。我朝右文學，所舉一以再。憶昔歲己未，得人江浙最。西河與竹垞，矯
矯眾人內。堯峰漢漁儔，才力差可配。迄今五十年，名字天壤在。近者固多
士，薦十僅一解。豈予蓬蒿人，聞見失之隘。獨知二君子，當此始不媿。聖
籍既窮源，詞章乃餘派。繩科上下古，逸響振聾瞶。平生手著書，捆載牛腰
大。匪特繼毛朱，兼過宋洪邁。二君吾故人，北道阻江介。是時天雨霜，落
葉積門外。翩然入敝廬，共坐鐺腳對。食以脫粟飯，佐之冬菹荂。索我錄別
詩，頗似搔癢疥。工拙那復論，欲吐且一快。此行如登仙，曷用感離會。惟
伏在下風，嘉譽俟君輩。」

是年，黃琛作《松里五子圖》，五子即杭世駿、張熷、汪沆、王曾祥、符之恒。

汪沆《槐塘文稿》卷二《靜便齋集序》曰：「嗚呼！此予友王君茨簷之遺稿也。予與茨簷同居松里，年齒相若，契厚如昆弟。憶雍正乙卯石交黃君西清爲繪《松里五子圖》，五子者，杭君堇浦、張君南漪、符君南竹、茨簷及予也。」

汪沆《槐堂詩稿》卷首邵晉涵《槐堂詩稿序》曰：「晉涵始就傅，即聞杭州西湖吟社之盛，厲徵君樊榭，杭編修堇浦實爲職志……先生嘗問業於樊榭徵君，早歲與堇浦編修齊名，所稱松里五子之一也。」

胡敬《崇雅堂文鈔》卷一《金薌浦存稿序》曰：「吾杭詩人自西泠十子提倡於前，松里五子繼聲於後，論者有後來居上之歎。五子中以杭太史堇浦、厲徵君樊榭爲職志，一時群彥經其指畫，皆自名家。百餘年來，風流未沫。」按：五子中無厲鶚。

按：阮元《兩浙輶軒錄》卷二十四曰：「黃琛，字西清，號山民，又號筠笑，錢塘人，著《市曲茅堂集》。江衡《市曲茅堂集序》略曰：山民之詩骨清而味腴，眞性內含，風情外朗。少孤，思再岑先生貌不得，遂學畫，畫入神品。壯歲自振厲，爲古文，文如其心。爲詩數十年，得數萬首。」

本年，厲鶚應堇浦之請而作《杭可庵先生遺像記》。

厲鶚《樊榭山房集》之《文集》卷五《杭可庵先生遺像記》曰：「今堇浦甫強仕，學成而名立。鶚自顧行業無少長進，荏苒已二十餘載。展先生遺像，酒闌燈灺前，語猶栩栩脣吻間，洵非西清之畫之工不至此。承堇浦請，不敢以不文辭，懼違孝子之心也。於是乎記。」知《杭可庵先生遺像》爲黃琛作。

按：《禮記·曲禮上》：「四十曰強，而仕。」孔穎達疏曰：「強有二義，一則四十不惑，是智慮強；二則氣力強也。」舊時遂以強仕爲四十歲的代稱，厲文曰：「今堇浦甫強仕，學成而名立」，知爲堇浦四十初度時所作。

【編年詩】

《詩集》卷六《赴召集》：

《閏四月二十一日集竹墩積照堂聯句用顏魯公石尊聯句韻》《碧湖雙槳圖爲厲徵君鶚賦》《題畫贈馬員外曰琯》《題半硯圖》《立秋日》《題休寧吳大家畫梅》《宋銓秋夜讀書圖》《賦得琢玉成器》《宛平查氏七烈詩》《冬夜懷同年

嚴大令遂成三絕句》《壽徐侍讀用錫八十》

【編年文】

《文集》卷十七《盧州劉母壽序》

按：是文曰：「歲在乙卯之五月，爲母七十誕辰，方伯請予文以施屏帨，爰述其概，以爲世之爲保母者法。」

《文集》卷二十五《先府君像贊》

《文集》卷三十九《通奉大夫工部右侍郎喬公神道碑銘》

《文集》卷四十二《翰林院庶吉士嚴君墓誌銘》

按：是文曰：「母夫人將以乙卯九月四日葬君於北山大方井之祖塋，以君少嘗兄事予，知君行誼爲悉，因命爲志墓之文。」

《文集》卷四十三《贈儒林郎汪君墓誌銘》

按：是文曰：「汪君扶搖既沒之九年，其孤韜英將卜葬於長興之鳳凰山，先期來乞銘。按狀……君名純，扶搖其字也。」下文又曰：「雍正丁未以疾卒於長興之里舍，年僅四十有五。」雍正五年丁未至雍正十三年乙丑恰爲九年，故繫之於此。

《集外文》之《石經考異引》

乾隆元年丙辰（1736），四十一歲。

【時事】

二月，起用楊名時爲禮部尚書，兼國子監祭酒。三月，頒十三經、二十一史於各省會及府州縣學。七月，立皇太子。九月，乾隆試博學鴻詞一百七十六人於保和殿。

【事蹟】

正月晦日，董浦至京師。

《詞科餘話》卷一曰：「予自乙卯除夕辭家，以丙辰正月晦日抵都。時被徵之士，麇集京師，故人吳江迮雲龍，錢塘桑調元、符曾，皆有次韻詩。與予同薦者十一人，星齋亦自閩至。公宴於汪西灝小棉齋，徵歌選勝，極一時之盛。」

以所著《石經考異》一書示全祖望，商榷疑難十餘條。

蔣天樞《全謝山先生年譜》卷二乾隆元年丙辰條曰：「正月，董浦以《石

經考異》見示，且示向來文字，語及諸經刊石本末者，以十餘科答之。」

馬曰璐舉博學鴻詞，辭不赴試。

《清史列傳》卷七十一曰：「乾隆元年，（馬曰璐）舉博學鴻詞，不赴應試。」

《同治祁門縣志》卷三十《人物志・義行》曰：「乾隆元年，舉博學鴻詞，（馬曰璐）以親老不赴。」

二月二十四日，朝廷月給博學鴻詞人員膏火銀錢四兩。

董浦《詞科掌錄》卷首：「乾隆元年二月二十四日內閣抄出奉上諭：內外臣工所舉博學鴻詞，聞已有一百餘人，只因到京未齊，不便即行考試。其赴京先至者，未免旅食艱難。著從三月為始，每人月給銀四兩，資其膏火。在戶部按名給發，考試後停止。若有現任在京食俸者，即不必支給。並行文外省，令未到之人，俱於九月以前到京。若該省無續舉之人，亦即報部知之，免致久待。欽此！」

是月，全祖望成進士，入詞館。

詳見蔣天樞《全謝山先生年譜》卷二。

五月一日，隨制科諸臣謝上頒月給餐錢。

沈廷芳《丙辰五月一日隨應制科諸臣謝恩頒月給餐錢恭紀排律一首》云：「運啟文明畫，茹茅盡彙徵。聖朝隆盛典，多士荷殊榮。既稟時還給，匪頒月有程。端居充腹笥，飽食抱經籝。未試先叨祿，知書足代耕。依棲雙闕近，感激眾歡並。仙仗初辰列，彤庭旭日明。門開金馬舊，閣紀石渠名。拜舞隨鵷序，離咮效鳳鳴。群公本才俊，儒服愧鱺生……」

夏六月，開三禮義疏局。七月初九，授鄂爾泰等纂修三禮職官。

張廷玉《澄懷主人自訂年譜》卷四云：「七月初九日，奉旨纂修三禮，著鄂爾泰、張廷玉、朱軾、甘汝來為總裁，楊名時、徐元夢、方苞、王蘭生為副總裁。」

夏，董浦作《梅花百詠》詩。

《集外詩》之《梅花百詠》序曰：「丙辰長夏，竹西吟社分題詠梅得如干

首，裁冰翦雪，殊愧未工。」

七月十六日，友人符元嘉為之序《石經考異》。

《石經考異》卷首符元嘉《序》曰：「菫浦之書一以補高士之漏遺，一以發檢討之秘寶，於學者離經，不無小補，而後世有作偽如豐考功其人者，且明白而知所懼也夫。乾隆改元歲在丙辰，七月望後一日，錢塘符元嘉序。」

八月朔日，友人鄭宗堯卒。

《文集》卷三十四《華泉居士傳》曰：「華泉居士者，閩連江鄭宗堯，字嗣勳也……歲壬子，以五經僅充副貢，位不稱德。乾隆丙辰八月朔，考終牖下，年才四十有六。」

九月朔日，汪沆作《榕城詩話序》。

汪沆《榕城詩話序》文末注云：「乾隆改元九月朔日，同里汪沆。

九月二十六日，試博學鴻儒於保和殿，欽點大學士鄂爾泰、張廷玉、侍郎邵基閱卷。

《清史稿‧選舉四》：「乾隆元年，御史吳元安言：『薦舉博學鴻詞，原期得湛深經術、敦崇實學之儒，詩賦雖取兼長，經史尤為根柢。若徒駢綴儷偶，推敲聲律，縱有文藻可觀，終覺名實未稱。』下吏部議，定位兩場，賦、詩外增試論、策。九月，召試百七十六人於保和殿，賜宴如例。試題首場賦、詩、論各一，二場制策二。」

陳玉繩《陳句山年譜》之乾隆元年丙辰條曰：「康熙十八年舊例，鴻詞僅試詩賦。考前二日御史某入奏云：『鴻博之學，必通天徹地，無所不知。若僅試詩賦，凡屬詞臣所能，不足以窺底蘊。』於是試凡兩場。第一場《五六天地之中合賦》，《山雞舞鏡詩》，《黃鍾為萬事根本論》。第二場經學、史學、策問各一道。」

徐珂編撰《清稗類鈔‧考試類》（第711頁），高宗優禮宏博舉子條：「乾隆丙辰九月，試制科，高宗命分為二場考試，蓋慎重將事之意也。二十六日為首場，試以經史二策。二十八日為次場，試以賦、排律、論三種。賦題為《五六天地之中合》，七言排律十二韻，題為《山雞舞鏡》得山字，論題為《黃鍾為萬事根本》。皆試於保和殿，並准給燭。」

九月二十八日，乾隆御試鴻博舉子於保和殿。

《大清高宗純皇帝實錄》卷二十七：「（乾隆元年九月）乙未，御試博學鴻詞一百七十六員於保和殿，命大學士鄂爾泰、張廷玉、吏部侍郎邵基閱卷。」

《清史稿·高宗本紀一》：「己未，御試博學鴻詞一百七十六人於保和殿，授劉綸等官。」

徐珂《清稗類鈔·考試類》，乾隆制科試五題條：「乾隆制科試題之例，吏部議覆御史吳元安言：『薦舉博學鴻詞，原期得湛深經術、敦崇實學之儒，始足副淹雅之稱，應著作之選。詩賦雖取兼長，經史尤為根柢。若徒駢綴儷偶，推敲聲律，縱有文藻可觀，終覺名實未稱。應如該御史所請考試博學鴻詞，定位兩場：首場試以經解一篇，史論一篇；二場照例試以詩、賦、論三題。皆許自辰至酉，夜則准其繼燭以盡其長。』疏上，如議行。」

十月初三日，大學士鄂爾泰等閱博學鴻詞優卷進呈，杭世駿名列一等。

《清史稿·選舉四》：「（是科）取一等五人，劉綸、潘安禮、諸錦、於振、杭世駿等，授編修；二等十人，陳兆崙、劉藻、夏之蓉、周長發、程恂等，授檢討；楊度汪、沈廷芳、汪士鍠、陳士璠、齊召南等，授庶吉士。」

《大清高宗純皇帝實錄》卷二十八：「（冬十月）癸亥，大學士鄂爾泰等閱博學鴻詞優卷進呈，得旨：『考取博學鴻詞一等五名，二等十名，應如何授以官職之處，爾等查例具奏。』尋奏查得康熙二十八年考取博學鴻詞四十九人，分別授以翰林官。臣等謹擬，一等授以翰林院編修；二等內由科甲出身者，授以翰林院檢討；未經中舉者，授以翰林院庶吉士。帶領引見，允行。」

袁鑒《道古堂全集序》：「國家大科不數舉，而吾杭魁壘數公輒應運而起。康熙己未，則汪東川霖、沈昭子珩、沈開平筠、吳志伊任臣、邵戒山遠平諸公。……今上初元，則陳句山冏卿、沈椒園臬使、陳泉亭太守，而吾師菫浦先生實冠會垣，名在甲選。」

十月初五日，高宗詔見考取鴻博劉綸等十五人，授職各有差，並賜《日知薈說》各一帙，著授杭世駿為翰林院編修。

《大清高宗純皇帝實錄》卷二十八：「（冬十月）乙丑，引見考取博學鴻詞劉綸等十五員。得旨：『劉綸、潘安禮、諸錦、於振、杭世駿俱著授為翰林

院編修；陳兆崙、劉玉麟、夏之蓉、周長發、程恂俱著授爲翰林院檢討；楊度汪、沈廷芳、汪士鍠、陳士璠、齊召南俱著授爲翰林院庶吉士。』」

《國史文苑傳》：「杭士駿，仁和人。博聞強識，於學無所不貫。藏書千萬卷，目睨手纂，詩文宏肆而奧博。中雍正甲辰鄉試，乾隆初年舉博學鴻詞，授翰林。」

陳玉繩《陳句山先生年譜》之乾隆元年丙辰條：「十月初五日，吏部帶領引見。」

徐珂編撰《清稗類鈔·考試類》（第 711 頁），高宗優禮宏博舉子條：「（是科）取列之人，十月引見，授職有差，並賜《日知薈說》各一帙。……是科兩次所取共十九人，亦俱授爲翰林官。編修五：劉綸、潘安禮、諸錦、於振、杭世駿；檢討五：陳兆崙、劉藻、夏之蓉、周長發、程恂；庶吉士五：楊度汪、沈廷芳、汪士鍠、陳士璠、齊召南」。

劉綸爲乾隆制科首選。

《清稗類鈔·考試類》，劉文定爲乾隆制科首選條：「劉文定以授知於尹文端公繼善，首薦博學鴻詞。張文和喜其文穎銳，讀其詩至『可能相對語關關』句，曰：『眞奇才也。』擢爲第一，位至宰相。乾隆以前漢閣臣不以進士進者，惟文定一人。」

陳兆崙三次通籍。

《清稗類鈔·考試類》，陳兆崙三次通籍條：「乾隆制科，有以進士舉鴻博者，兩次通籍，已爲奇遇。錢塘陳太僕兆崙釋褐，用福建知縣，嗣保奏鴻博，入都候試，適內閣中書闕員，試士東閣。新例，凡徵試中科甲出身者，亦得與試，太僕蒙欽取一等一名，授內閣撰文中書，旋入軍機處行走。明年，復入鴻博之選，改官翰林，是三次通籍也。」

劉大櫆制科不第。

《清稗類鈔·考試類》，劉大櫆制科不第條：「桐城劉海峰副貢大櫆，嘗應乾隆丙辰博學鴻詞科。鄂文端公爾泰擬以爲首選，張文和公廷玉惡其才，曰：『此吾鄉之浮蕩者。』因易武進劉文定公綸，海峰遂落拓終身。居京邸，其弟館於明珠家，海峰惡其權貴，乃避居朱都統淪翰宅，破壁頹垣，泊如也。」

厲鶚制科不第。

《清稗類鈔・考試類》，厲樊榭試制科不第條：「乾隆制科，浙閩總督程元章嘗薦錢塘厲樊榭孝廉鶚應博學鴻詞科。試日，誤寫論在詩前，遂報罷，而年亦老矣。」

汪沆制科不第。

《清史稿・文苑二》：「汪沆，字師李。少從厲鶚受詩，亦以鴻博報罷。」

【附考】

是科共薦舉二百餘人，未與試者約五十餘人。取中十五人，一等五人，二等十人。丙辰博學鴻詞科，頗遭後人非議。

杭世駿《詞科掌錄》卷二曰：「是科徵士中，吾石友三人，皆據天下之最，太鴻（厲鶚）之詩，稚威（胡天遊）之古文，紹衣（全祖望）之考證，近代罕有倫比，皆不得在詞館，豈非命哉？」

郭崇敬《燕下鄉脞錄跋》曰：「全庶常（全祖望）之不與試，或謂張文和以其負氣故黜之，然主事亦未取，當時二百餘人，大半經桐城、臨川兩侍郎月旦，然後登諸薦牘，故其中博學篤行，幾居十九。設令碧海遺珠，盡登珊網，豈非一朝盛事？遂假慎重之名，苦繩隘取，以呈御覽，兩侍郎所舉，一士不登，名流獲雋者，僅齊召南、杭世駿數人，士林咸失所望。」

李穆堂《送趙谷林序》曰：「讀卷者持嚴重之意，僅以十五卷上，於是二趙子報罷。蓋中額隘，視己未四之一耳。己未三取一人，今十不得一也。」

商衍鎏也批評是科「張廷玉主試事，託慎重之名，苛繩隘取，如淹逼經史之桑調元、顧棟高、程廷祚、沈彤、牛運震、沈炳震，文章詩賦之厲鶚、胡天遊、劉大櫆、沈德潛、李鍇，他如袁日修、錢載等皆一時績學能文者，俱未入選，頗失士林之望焉」（《清代科舉考試述錄》，第144頁）。

孟森引陸以湉《冷廬雜識》對康熙己未、乾隆丙辰兩制科比較曰：「己未唯恐不得人，丙辰唯恐不限制。己未來者多有欲辭不得，丙辰皆渴望科名之人。己未為上之所求，丙辰為下之所急。己未有隨意敷衍，冀避指謫，以不入彀為幸，而偏不使脫羈絆者；丙辰皆工為頌禱，鼓吹承平而已。蓋一為消弭士人鼎革後避世之心，一為驅使士人為國家妝點門面，乃士有冀幸於國家，不可以同年語也。」（孟森《己未詞科外錄》，《明清史論著集刊》，第497～498頁）。

十月十二日，厲鶚辭京南歸。

《全謝山先生年譜》卷二乾隆元年丙辰條曰：「冬十月十二日，厲太鴻以報罷南歸。與金繪卣、金壽門、符幼魯、王載揚、申及甫、汪西灝集饌於接葉亭。」並引《京師坊巷志》曰：「接葉亭在爛面胡同中間。爛面亦作懶眠，在彰儀門大街。乾隆丙辰鴻博士來京，若杭堇浦、申笏山、周蘭坡恒集於此。」

十月二十五日，陳兆崙赴翰林院任，有詩示同年。

陳玉繩《陳句山先生年譜》之乾隆元年丙辰條云：「（十月）二十五日，踏雪赴翰林院任，有口占示諸同年詩。」

十一月，全祖望編次舊作為三十二卷，堇浦為之序。

全祖望《鮚埼亭集外編》卷四十六《答姚薏田書》曰：「日者捃摭陳作，定為三十二卷。因憶盱江之言，謂天將假我以年與，必當有所進也。如其不然，亦足藉手以見古人。僕文豈敢求古人而見之，而懼其不復有進，聊復存之，以俟異日覆瓿之用而已。」

十一月己未，三禮館大學士鄂爾泰等擬定纂修三禮條例上奏，得旨照所奏行。

《大清純皇帝實錄》卷三十一：「十一月己未，三禮館總裁大學士鄂爾泰等奏，擬定纂修三禮條例。一曰正義，乃直詁經義，確實無疑者。二曰辨正，乃後儒駁正舊說，至當不易者。三曰通論，或以本節本句，參證他篇，比類以測義，或引他經互相發明。四曰餘論，雖非正解，而依附經義，於事務之理有所發明，如程子《易傳》、胡氏《春秋傳》之類。五曰存疑，各持一說，義皆可通，不宜偏廢。六曰存異，如易之取象，詩之比興。後儒務為新奇，而可欺惑愚眾者，存而駁之，使學者不迷於所從，然後別加案語，遵折衷彙纂之例。庶幾經之大義，開卷了然，而又可旁推交通以曲盡其義類。得旨，此所定六類，斟酌允當，著照所奏行。」

十二月甲申，命李紱充三禮館副總裁。

《大清純皇帝實錄》卷三十三：「命大學士徐本充實錄館總裁，詹事李紱充三禮館副總裁。」

【編年詩】

《詩集》卷六《赴召集》：

《送吳脩道還山陰》《紫丁香三絕句》《和金殿撰德瑛小清涼山房圖四首》《江陰翁上舍照應詔來京血疾間作不及待試嵇相國召入幕中送詩以志撝擊》《贈湘鄉易徵士宗涒二首徵士母喪嘗廬墓》《題江右熊孝眼先生傳後》《憶壬子歲富春江上之遊乞董編修邦達寫其意》《景龍觀鐘銘拓本集字二首》《宜城邱相國闔門殉節詩》《戲效坡體贈嚴遂成同年》《武安張孝子詩》

《集外詩》之《梅花百詠》

【編年文】

《文集》卷一《經解》《史論》《五六天地之中合賦》《黃鍾爲萬事根本論》

《文集》卷九《全祖望鮚埼亭集序》

【附考】

董浦負謝山考：

記載董浦負謝山事最爲翔實的是徐時棟，他在《煙嶼樓文集》卷十六《記杭董浦》一文中說，「鎭海夏君佩香，讀《道古堂集》至《鮚埼亭集序》而疑之曰：『聞董浦與謝山爲執友，今其文乃抑揚吞吐，若有甚不滿於謝山者，何也？』一日以質諸余，余歎曰：『甚矣！君讀書之精也。則請爲君詳言之。始二人以才學相投契，最爲昵密，客京師、維揚無一日不相見，談笑辨論，相服相稱歎，數十年無閒言也。既而謝山先生膺東粵制府之聘，往主端谿書院，董浦同時在粵東爲粵秀書院山長，謝山自束脩外一介不取，雖弟子以時物相餉亦峻拒之。而董浦則綑載湖州筆數百萬，乞粵中大吏函致其僚屬，用重價強賣與之。謝山貽書規戒，謂此非爲人師所宜爲者，不聽。謝山歸以告揚州馬氏兄弟。他日，董浦至，馬氏秋玉昆季甚詰責董浦。馬氏鉅富，爲董浦所嚴事，聞言不敢辨，而怨謝山切骨，而謝山不知也。謝山即卒，其門弟子，如蔣樗庵、董小鈍諸公，念其師執友莫董浦若者，乞之銘墓，董浦乃使來索遺集，諸公與之，久之無報章，疑之，屢索還遺集，終不報。又既而董浦所爲《道古堂文集》雕本出矣，諸公視其目有此序，忻然檢讀之，則若譽若嘲，莫解所謂。又細繹之，則幾似謝山有敗行也者，皆大驚怪，又取閱其他文，則竄謝山文爲己作者六七篇，於是乃知董浦之賣死友，而不能知其所以賣之故。又既而有自維揚來者，道其詳於樗庵，始恍然大悟。』嗚呼！己則非人，

而怨直道之友，不聽已耳，而又修怨於其身後，至以筆墨昌言攻擊之，而又逆料《鮚埼集》之必無副本，即有之而謝山無後，諸弟子皆貧困，必不能付剞劂，而遂公然剿竊之爲己有。嗚呼！可謂有文無行之小人也已！其後樗庵館慈谿鄭氏，其弟子書常抄《鮚埼集》，既完，取菫浦所爲序冠之集首，樗庵見之大怒，乃手記菫浦負謝山始末於其序後。此本後歸吾家，故得詳述之如此。余嘗見菫浦《粵遊集》每有以湖筆餽某官詩，知樗庵之言不虛，且樗庵固不作妄語者。余讀《鮚埼文》不熟，不能知菫浦所竊爲何篇，董覺軒於《鮚埼》雖未能成誦，亦約略通之，顧未見《道古》，《道古》余家有之，嘗屬覺軒繙閱指示我而未暇也。雖然，樗庵但知菫浦竊謝山文而復詆之，而不知竊其《水經注》校本而復詆之者之尚有戴東原也。樗庵與丁小雅論《東原文集》，謂其論性之過而許其學，若見其所校《水經注》，則又將唾棄之矣。東原之剿竊，平定張石舟已詳言之，余採其言《八鄞志藝文》謝山著作之下，而菫浦之事但見樗庵手蕘，其文集中未之有也，故因夏君之問而縷述之。」

徐文主要涉及三個問題：

其一，杭世駿因倒賣湖筆事結怨於全祖望。

其二，全祖望死後，杭世駿作《鮚埼亭集序》惡意攻擊諍友。

其三，杭世駿竊取全祖望文章爲己有。

其四，以上三個問題的依據皆出於全祖望的學生董秉純的一條筆記。

現一一辯之如下：

首先，杭世駿並沒有倒賣過湖筆。

杭世駿在粵期間確實曾經以湖筆贈友朋，如《嶺南集》二《頃以湖筆詒耿上舍蒙以石栗子韻見酬復用前韻答之》，但是提及以湖筆送人者僅此一首，並非如徐氏所說是「嘗見菫浦《粵遊集》每有以湖筆餽某官詩」，甚至是「捆載湖州筆數百萬，乞粵中大吏函致其僚屬用重價強賣與之」。

耿上舍即耿國藩，字介夫，號湘門，湖南長沙人，太學生。有《素舫齋詩鈔》。詳見張維屏《國朝詩人徵略》卷三十三。耿氏僅是一個太學生，沒有什麼政治地位，杭世駿沒有理由對其刻意逢迎而獲取政治上的升遷。那麼，是不是杭世駿貪圖耿國藩的經濟利益呢，這一點我們無從考證，但是洪亮吉《書杭檢討遺事》說：「先生家故不豐，以授徒自給，主揚州安定書院者幾十年，以實學課士子，暇即閉戶著書，不預外事。又疎嬾甚，或頻月不衣冠。性顧嗜錢，每館俸所入，必選官板之大者，以索貫之，積牀下，或至尺許。

其幺麼破碎及私鑄者，方以市物，兩手非墨污即銅綠盈寸。然先生雖若有錢癖，嘗見一商人獲罪醶使，非先生莫能解，夜半走先生所乞救，並置重金案上，先生擲出之不顧。」（《更生齋集》之《文甲集》卷四）可見，杭世駿雖然愛錢，但不是唯利是圖的，他仍有作為師長的人格操守。唾手可得的重金尚且棄置不顧，怎麼可能去做費盡心機、有損清譽的販筆牟利之事呢？再者，如果杭世駿從耿國藩那裡牟取了巨大利益，必然會引起耿國藩的唾棄，但是耿國藩《董浦先生像贊》卻說杭世駿「不夷不蒽，亦仕亦農，與時舒卷，抱道始終。研經自力，玩世不恭。東方而後，僅見此翁。」這篇作於杭世駿死後的像贊不但沒有不滿，反而是對杭世駿的頌揚。可見，杭世駿只是以湖筆無償地贈送給耿國藩，並不是倒賣贏利。

再者，徐時棟的說法也不合情理，試想杭世駿在粵秀書院掌教僅三年，怎麼可能將數百萬湖筆銷售完呢？「粵中大吏」又有多少僚屬才能買完這數百萬湖筆呢？

徐氏說杭世駿對死去的全祖望恨之入骨也是與事實不符的，全祖望死後的第二年，即乾隆二十二年，杭世駿就作詩懷念，《傷逝十二首》之二就表達了對全祖望的哀思。詩曰：「采采思苤苢，亡之命矣夫？疾邪同趙壹，蘊憤豈王符。硯北心期在，江東氣類孤。遺書非一卷，曾付所忠無？」詩流露出的是對全祖望耿介人格的崇敬與讚賞，以及對全祖望著作託付者的懷疑，並沒有「聞言不敢辨而怨謝山切骨」的痕跡。

其次，《鮚埼亭集序》作於全祖望生前，並不是全祖望死後才作的。

對此前人已經有過辯解。平步青《杭世駿〈全謝山鮚埼亭集序〉跋》曰：「按先生與杭氏為石友，杭氏之詞章與先生抗行，而經學、小學、史裁微不逮。兩集俱在，《道古堂外集》《禮經質疑》《經史質疑》二卷視《經史答問》遠遜，百世下自有定論，不能以一人毀譽也。此序發端數行頗貶先生學術源流，中後皆不滿語。先生詩文正所謂『煩言碎辭，皆有根荄；美章秀句，無假藻斧』者，而所謂『華言而不實』，『高一世之才而不聞道』，幾若記醜而博者然，何其忮也！姑無論先生學術，杭氏未必駕而上之，即使杭氏自道，其敢謂『道勝文，厚積而薄發』，足稱『淵粹之儒乎』？吾知性雖護前，必有蹙然而不敢任者矣。小鈍世譜末謂先生謝世，致書董浦求序其端，而不見答，並集亦匿而不歸。今觀此序有『其知惕乎』，『志銳而氣充』等語，似與先生中年往還時所作，非身後報秣陵之書也。序刻振綺堂汪氏印行，許祖京所雕

本，故小鈍未之見也。鄭跋不考，從而爲之辭。」

蔣天樞《全謝山先生年譜》卷二乾隆元年丙辰條曰：「十一月，編次舊作爲三十二卷。」蔣氏案語曰：「杭董浦亦於去年編次所爲文百數十首爲集，見王曇序。乾隆六年，先生與萬孺廬唱和詩自注：『孺廬許爲予序拙集。』先生又嘗舉沈果堂之言：『讀《鮚埼亭集》，能令人傲，亦能令人壯，得失相半。』則《鮚埼亭集》非先生身後始有之。以此證《道古堂集》中《鮚埼亭集序》，殆先生早年文集之序，故文中有云：『數者之過，謝山微之，謝山其知惕矣！謝山志銳而氣充，龔溲章句小生，獨以僕爲監石，僕雖重惺，其能已於言乎』云云。絕不似先生卒後語，董浦長先生十齡，殆摯友之詞也。」

既然此序作於全祖望生前，那麼關於杭世駿作《鮚埼亭集序》惡意攻擊死友的傳言就不攻自破了。

再次，杭世駿不可能竊全祖望的文章爲己有。

杭世駿自視甚高，生平不輕下人，許宗彥《鑒止水齋集》卷十七《杭太史別傳》曰：「國子監嘗有公事，群官皆會，方侍郎苞以經學自負，諸人多所諮決。侍郎每下己意，太史至徵引經史大義，蠚發泉湧，侍郎無以對，恧然曰：『有大名公在此，何用僕爲？』遽登車去，太史大笑而罷，其盛氣不肯下人如此……太史於詩用功深，嘗曰：『吾遇杜韓當北面，若東坡則兄事之』，每呼曰『蘇大哥』。於同時人獨心折厲孝廉鶚，然太史體醇氣健，造句雄放，孝廉不逮也。與丁隱士泓爲親家，每論議古今，必推案交詬乃已。」杭世駿對蘇軾、方苞尚且不心服，怎麼會剽竊老友全祖望的文章呢？

並且徐時棟在文中閃爍其辭，說「余讀《鮚埼》文不熟，不能知董浦所竊爲何篇，董覺軒於《鮚埼》雖未能成誦亦約略通之，顧未見《道古》，《道古》余家有之，嘗屬覺軒繙閱指示我而未暇也。」這分明是刻意彌縫，始終舉不出杭世駿抄襲的篇目以及剽竊的證據。

可見，徐時棟所說的董浦負謝山事根本不成立。但是陳康祺《郎潛紀聞二筆》卷十六曰：「後鴻博科，吾浙方聞博學之浙東推謝山，浙西推董浦，猶康熙大科之有秀水、蕭山也。康祺少時則聞董浦負謝山於死後，而未得其詳，頃讀先師徐先生《煙嶼樓文集》有《記杭董浦》一篇，謹節錄之曰……樗庵固不妄語，徐先生亦不輕詆前輩者，且董浦《粵游集》每有以湖筆饋某官詩，其文集中考據論辯之作頗與《鮚埼》相出入，然則才如董浦竟有文無行至此，亦可唏矣。」徐時棟也不是輕易詆毀前輩的人，那麼他又怎麼了解到杭、全

這段糾葛的呢？

　　徐文說「其後，樗庵館慈谿鄭氏，其弟子書常抄《鮚埼集》，既完，取董浦所爲序冠之集首，樗庵見之大怒，乃手記董浦負謝山始末於其序後，此本後歸吾家，故得詳述之如此。」徐時棟唯一的依據是蔣樗庵的記載，徐氏所見到的抄本《鮚埼集》中的蔣樗庵文章我們現在已經無從得見，但是全祖望的另一弟子董秉純對杭世駿的微詞則可以從其所著的《全謝山先生年譜》中看到，董秉純《全氏世譜》曰：「先生文集，手自編次，命純繕寫甫畢，而先生謝世。純致書錢塘杭董浦先生，求序其端，且請作誌狀。董浦以書來，命述先生世系，純因述《全氏世譜》冠於集端。」《全謝山先生年譜跋》曰：「而純所匄董浦之志竟不報，並所遺馬氏文集十冊，亦歸董浦，索之再三，而終不應，是則可長慟者矣……予今年亦四十有八矣，去先生易簀之歲三年耳，倘不亟爲校錄考訂，一旦填溝壑，有負藏弆之命，何以見先生於地下！」董秉純請杭世駿爲其師全祖望作誌狀，並爲《鮚埼亭集》作序，但是直到全祖望死後的第三年，杭世駿卻始終沒有將序寄給董秉純，而且乾隆二十一年，杭世駿赴維揚馬宅，原來寄存於馬氏的全祖望文集就暫時由他保管，這批文集杭世駿也沒有寄還給董秉純，這難免會引起董秉純的猜疑。爲什麼杭世駿會作出這種反常之舉呢？

　　楊啓樵《全謝山與杭董浦恩怨糾葛》一文中給了一個合理的解釋，他說：「可見董浦無久占之意，至於序，若干年後終於殺青，收於杭氏《道古堂文集》內。然則序已撰就，何不寄董？道理很簡單：起初因文集無由刻板，作序一事暫時擱起。而作序成時，全門弟子已分散四方，其中最得力者董秉純遠居僻地粵西，欲寄無從。」（見朱誠如、王天有主編《明清論叢》）全門弟子窘迫流離的困境，加深了杭世駿對接受全祖望託付遺稿重任的董秉純的懷疑，前引杭世駿懷全祖望詩曰：「遺書非一卷，曾付所忠無？」在杭世駿看來，窘困的董秉純未必能夠完成全氏的囑託，以至於開始懷疑董秉純對全祖望的忠心。此時的杭世駿完整地珍藏著全祖望的遺稿，恰恰表明了杭世駿對友情是眞篤的，對死友是負責的。作爲全祖望生前的摯友，作爲馬曰璐信得過的老儒，杭世駿珍藏全祖望的著作也是理所當然的。因此，杭世駿的珍藏避免了全氏著作的散佚，全祖望的著作能夠保存至今，杭世駿是做出了積極的努力的。

　　關於《鮚埼亭集序》，楊啓樵認爲是杭世駿若干年後作的，這個判斷是錯

誤的，前引平步青、蔣天樞的論斷可以作證。其實，因爲全祖望死後弟子分散，「起初因文集無由刻板，作序一事暫時擱起」，等到董秉純催促時，杭世駿已經來不及作序，因此勉強拿乾隆元年作的《鮚埼亭集序》弁首，而且此序全祖望生前已經認同，現在拿來也是對死友意見的尊重。但是這篇《鮚埼亭集序》蔣樗庵、董秉純之前沒有讀過，所以都把文中杭世駿對全祖望的規諫誤讀爲是詆毀全祖望，認爲是杭世駿對全祖望惡意攻擊，所以當蔣樗庵館慈谿鄭氏時就記下了這個誤會。

這種誤讀一直持續了七年，對杭世駿的誤會也直到乾隆三十年刻全祖望《經史問答》時才消除，董秉純《經史問答跋》曰：「謝山先生文集一百二十卷，前五十卷先生所手定。自四十卷至四十九卷爲《經史問答》。今年秋過武林，吳丈城，先生之同社也，純請主剞劂事。吳丈曰：『海內望謝山文久矣，全集今茲未能，蓋以《問答》十卷嚆矢，可乎？』因商之杭丈世駿、汪丈沆，並遺書廣陵馬曰璐，皆願襄力事。純亦告之同里諸後進隨力佽助，而萬三福獨任校刊，功尤爲多，遂以集事。純更請吳丈爲之序，吳丈謙不敢當。而謝山先生以全稿命純藏弆，雖彌留，亟請誰當序先生文者，先生卒不答，故今亦不敢別求敘，但以純所詮次世譜弁首云。乾隆乙酉（乾隆三十年）九月十日弟子董秉純跋尾。」其間的誤會至此完全消弭，不然董秉純怎會請辜負老師的杭世駿來幫助刊刻全祖望的《經史問答》呢？

但是，誤會在七年內已經廣泛傳播，經過傳播者的添枝加葉，以至於越傳謬誤越大，終於造成了杭世駿負死友全祖望的冤案。徐時棟沒有考證過董秉純的《經史問答跋》，輕信了蔣樗庵在慈谿時的誤解，又誤讀了董秉純《全謝山先生年譜跋》，所以才會有《記杭董浦》一文中對杭世駿的歪曲。

《文集》卷四十三《候補主事趙君墓誌銘》

按：是文曰：「君諱方觀，字用實，號松廬，姓趙氏，世爲順天之武清縣人……十五爲學官弟子。越歲，餼其廩米。康熙壬午，舉於鄉，遊道日廣，華問洊美。三就禮部不見收，一避嫌不得試，迄無慍容……以乾隆元年某月日考終牖下。」

乾隆二年丁巳（1737），四十二歲。

【時事】

四月，釋傅爾丹、陳泰、岳鍾琪獄。十一月，以大學士鄂爾泰、張廷玉，尚書訥親、海望，侍郎納延泰、班第爲軍機大臣。十二月，冊立

嫡妃富察氏為皇后。

【事蹟】

上元日，同友人集張漢宅。

夏之蓉《半舫齋編年詩》卷四《上元日同劉眘函杭董浦沈椒園諸同年集張月槎先生齋中丁巳》曰：「良朋冠蓋集春宵，入眼韶華轉玉杓。送暖日才喧瓦雀，不寒風已度星橋。聽鸝尚有黃柑在，倒甕還將白墮澆。禮數恰容寬後輩，便便更勿靳邊韶。」

按：《（嘉慶）大清一統志》卷四百七十九曰：「張漢，字月槎，石屏人，康熙進士，少負文名，以檢討出爲河南知府，與上官牴牾歸。乾隆丙辰，試博學宏詞科二等三名，復授檢討，改官御史，條陳河南荒歉狀，有直聲，江南儲大文、胡宗緒皆其禮闈所得士，著有詩古文詞數種。」

五月，散館，全祖望列下等，外補。時趙谷林亦失意於京師，董浦同兩人時相過從，賦詩遣日。

《全謝山先生年譜》卷二乾隆二年丁巳五月條曰：「五月，散館，竟列下等，外補……時趙谷林亦浮沉京華，意不自聊，每相過從，以唱酬遣日。」

《文集》卷九《愛日堂吟稿序》曰：「谷林應詞科北上，浮沉人海，淹忽三年……風塵委頓，意恒不自聊，籍雕鐫五七字以遣日。余與勾甬全吉士謝山在詞館，吳通守東壁以與脩三禮留京師，每會合必有詩，余三人又其《杜集》中之蘇端、嚴武也。」

七月十一日，補試續到博學鴻詞舉子二十六人，取四人。

鄂爾泰《詞林典故》卷四曰：「第二場題『指佞草賦』，以『生於堯階，有佞必指』爲韻；賦得『良玉比君子』詩七言排律十二韻，得『來』字，『復見天心論』。命大學士張廷玉、尚書孫嘉淦閱卷，御定一等萬松齡一人，授檢討；二等朱荃等三人，各授檢討庶吉士，如元年例，並詳題名卷中。」

徐珂編撰《清稗類鈔·考試類》（第711頁），高宗優禮宏博舉子條：「丁巳七月十一日，續到補試者二十六人，亦分二場。首場亦經史二策，次場亦場賦、排律、論三種。賦題爲『指佞草』，七言排律爲『良玉比君子』得『來』字，論題爲『復見天心』，旋取四人。……（是科）次年補試者，檢討二：萬松齡、張漢；庶吉士二：朱荃、洪世澤。」

董浦於京城納姬，友人賦詩賀之。

厲鶚《樊榭山房集》卷八《寄調大宗納姬京邸》曰：「才子西清近接聯，鈿車初駕正華年。由來燕玉多能暖，何況張星本在天。學拜床婆先鎖院，預修眉史有如椽。故人遠在江湖外，未得親逢卻扇筵。」

胡天遊《石笥山房集》之《詩集補遺》卷下《杭董浦太史納姬索詩》其一曰：「萱枝初喚畫簾開，才子新吟在玉臺。最是多情難著處，秦川遙寄錦書來。」其二：「花暖紅藍照眼明，早傳眉樣鬥娉婷。邀郎偷畫春窗底，分得吳山一半青。」

冬十月，全祖望出都。十二月，沈炳震卒。

《全謝山先生年譜》卷二乾隆二年丁巳條曰：「冬十月，出都。曹孺人以新產女留京……冬十二月，歸安沈炳震東甫卒。先生抵浙，道聞其赴，晤屬樊榭，以挽詩示先生，因爲之傳，草未就也。」

許恒卒，其子以行狀請諸董浦。

《文集》卷三十八《涿州知州許君行狀》曰：「今天子紀號之元載，起潛震蟄，收擢才儁，與之更始。前涿州守江寧許君家居蓋六年矣，踴躍聖化，走京師投狀請自效。執法司憲之重臣，察其辭直，俾得覲見天子有日。無何，許君適以疾告。越明年，竟卒邸舍。其孤子天成將以喪歸，匍匐余庭，口述先人遺事，請爲行狀。曰：『君諱恒，字司貞，號北山，系出唐忠臣遠後。世居徽州歙縣之許村……君生於康熙八年某月日，卒於乾隆二年某月日，春秋六十有八。』」

本年，查禮有詩相贈，董浦於本年始校三禮。

查禮《銅鼓書堂遺稿》卷二《贈杭大宗編修》曰：「龍輔藏堅瑤，精英達山表。駃騠生渥窪，天閒待騰裹。自古宏雅儒，奇光不終葆。苟非明堂珍，即爲清廟寶。君才萬夫敵，充實無虛矯。美質含瑚璉，清文飾黼藻。蚤年事述作，肆力志軒皥。機杼由性靈，規橅惡竊剽。汲古功尤深，筐篋任傾倒。豎義長城堅，披源大河浩。優游三十載，藝圃秉麾纛。忽應褒書求，觚稜日初曉。遠辭薜蘿徑，時視明光草。螭坳長拜趨，柱下恣搜討。三禮昔紛綸，聚訟煩勘校。君憑學識超，析微虛必搗。明辨忌雷同，純粹體直道。鄭王與孔賈，箋詁窮杳渺。壓角詣省初，奪席眾儒小。憶咋訪君廬，轔轔走行潦。」

旋念水中央，幽懷獨縈繞。蘭蕙本同根，芬芳無異抱。先路覬相攜，周行殊了了。倘肯分秋鐙，來翻石經考君近著石經考異一書開雕日下。」查氏此集以時間爲序編排，此詩繫於本年。

陶梁《國朝畿輔詩傳》卷四十七曰：「查禮，字恂叔，號儉堂，宛平人，爲仁弟。歷官湖南巡撫，有《銅鼓書堂遺稿》三十二卷。杭世駿序儉堂詩『原本忠孝，少作已自可傳，而傳儉堂者尤在服官以後之作，儉堂身際清時，有猷有爲，不肯以虛聲竊盜一編，治譜見於盈寸之詩，匪惟競爽蓮坡，有用於世，此其明效大驗矣』。」

【編年詩】

《詩集》卷七《翰苑集》一：

《元旦雪中早朝次胡禮部國楷韻》《送少宰邵先生基巡撫三吳》《和張檢討漢補棠詩二首》《明侍御滇南趙鐄所賜謚忠愍詩》《呂侍郎耀曾寄示司農公遺集敬題奉簡》《題汪上壎讀書秋樹根圖》《南窗夜坐即事》《題陳舍人兆崙蒔藥圖》《馬九員外位自終南來遺絨巾二襲》《過靜默寺飯海公禪房》

《浹旬後海公復攀茶話》

按：吳長元《宸垣識略》卷三曰：「靜默寺在西華門外北長街路西，明關帝廟舊址，本朝康熙五十二年重建，賜名靜默，有聖祖御書額。」後引董浦此詩。

《烏程沈貞女詩》

《查三學禮自津門寄惠吳綾》

按：查禮《銅鼓書堂遺稿》卷二有《以吳綾贈杭大宗有詩見寄次韻奉答》。

《冬日閒居》

按：查禮《銅鼓書堂遺稿》卷五《次韻和杭大宗編修冬日園居》曰：「竟日虛窗坐，生涯筆硯閒。居非當要路，門自笑常關。簷際風蕭颯，階除鳥往還。新詩吟又就，惟我識君閒。」查氏此詩作於乾隆七年壬戌。

《臘八日雪次吳禮部文煥韻》

《書漢書高后紀後》

按：李慈銘《越縵堂詩話》卷中《杭大宗》條曰：「大宗才情爛漫，詩學蘇陸，頗工寫景，其刻秀之語，同時如厲樊榭、符藥林等往往相近，所謂浙派也。其敍事詠古之作，用字下語亦頗橫老，又與同時全謝山爲近。蓋筆力健舉，書卷尤足以副之，自非江湖塗抹輩所及。余最愛其《書漢書高后紀後》

一首云：『孝惠棄天位，呂氏恣俶擾。後宮美人子，一一痛孤藐。代王亦側室，非呂焉用剿。乃知平勃謀，用意甚陰狡。專心媚長君，畏忌及黃小。濟北一何愚，清宮殊草草。異哉蘭臺史，此義未搜討。眇眇四皇子，闌入恩澤表。』卓識雄論，獨出千古。蓋少帝及四王實孝惠子，特非張后子耳。平、勃誅諸呂時，恐日後不利於己而迎立代王，史漢《呂后本紀》中皆明言之。其後並加殺害，因名之為非劉氏子，肺腑如見。余向有此議，後讀俞理初《癸巳類稿》，言之甚詳然，此詩已先發之，夫豈尋常議論哉！文帝謂朕高皇帝側室之子。側室者，《左傳》趙有側室曰穿，又卿置側室，猶言庶子也，非後世稱妾之謂，側室之子，猶言庶生之子，非當阼之適子也。詩用側室，字亦見斟酌。」

【編年文】

《文集》卷十三《符藥林雪泥紀遊稿序》

按：是文曰：「歲丁巳春，予友藥林符先生南歸省墓，渡錢塘，暨三天子都，周覽其景物，息軫舊里，百金之裝，周貧問疾，隨手散盡。」

《文集》卷三十八《涿州知州許君行狀》

乾隆三年戊午（1738），四十三歲。

【時事】

四月，因亢旱命求直言官員。五月，貴州定番苗滋事，總督張廣泗討平之。十月，直隸總督李衛因病免，以吏部尚書孫嘉淦為直隸總督。

【事蹟】

二月二十九，乾隆行躬耕禮，世駿作《聖主躬耕耤田頌》。

《大清純皇帝實錄》卷六十三：「上親饗先農，禮成，御具服殿。更服，詣耕位。躬執鞭，扶犁，三推三返，復加一推。」

《清史稿·高宗本紀一》：「（春二月）辛亥，上親耕耤，加一推，自是每年如一。」

作《詠方鏡八首限方字》，傳誦京師，和者甚多，後董浦輯為《方鏡詩》試卷。

《文集》卷十四《方鏡詩序》曰：「商秋既謝，端居多暇，良書獨擁，善談無析。同里周君心羅，棘場戰罷，來相過從，篋中小鏡，廣不盈握，其形

正方，余愛夫徽徽溢目，英英流爽，摩抄周玩，首成四韻八章。既而同調過暄，屬和浸廣，倖色揣稱，抽秘騁妍，不自知其才費也……茲特錄前後倡和若干篇，釐爲十卷。敢云却月，尙不類於覆甃；未便障風，勉相尋乎負局。健於茲事者，或有取焉。」

陶元藻《全浙詩話》卷四十七《杭世駿》條引《蓮坡詩話》曰：「杭菫浦編修世駿首唱《方鏡詩》二十四首，傳誦輦下，和者自王侯以逮公卿、士大夫、方外、閨秀無不有作，幾及數千家，誠輦下僅事也。」

梁啓心《南香草堂詩集》卷一有《次韻和菫浦方鏡詩十二首》。

金志章《江聲草堂詩集》卷五有《方鏡三首和同年杭菫浦檢討元韻》。

諸錦《絳跗閣詩稿》卷五有《方鏡次韻和汪上舍卜三》。

趙昱《倦遊吟之一》有《次韻菫浦編修方鏡二首》及《郝陵川有方鏡詩二首用韻呈菫浦》。

查禮《銅鼓書堂遺稿》卷二有《方鏡十韻》。

本年秋，查禮有詩相贈。

查禮《銅鼓書堂遺稿》卷二《寄杭大宗》曰：「沽水人如舊，東籬菊自深。榮枯俱是夢，得失不關心。風急秋光老，霜寒夜氣沈。細思憑遠雁，吟就寄遙岑。」

高鶚生（1738～1815）。

【編年詩】

《詩集》卷七《翰苑集》一：

《並蒂蘭次奏事官張寶善韻》《題朱澤州樟小山泉石圖》《送厲清來宰靈石》《題朱雪田翁遺畫爲陳謨作》

《詠白海棠次阮編修學濬韻四首》

按：馮桂芬《（同治）蘇州府志》卷一百二十曰：「阮學濬，字澄園，山陽人，雍正癸丑進士，官翰林編修。以事謫居吳中，寓吳江垂虹橋南華嚴寺，其學宗安溪李光地，問業者極一時之盛。」

《秋日答馬九員外位見懷即用其酬桑水部詩元韻》《再用前韻寄馬位》

《送潘三汝龍宰松溪四首》

按：戴璐《吳興詩話》卷七曰：「潘大令汝龍，字健君，號枚漁，又號散

畦，汝誠弟。丁巳同中進士，選松溪……杭菫浦贈詩：『藉甚潘懷縣，看花別上京。江帆衝雪度，嶺嶠傍楓行。地僻增遊境，詩清減宦情。劇知行部處，一邑盡溪聲。』有《泊宅詩鈔》。」所引詩即此組詩之第一首。

《詠方鏡八首限方字》《疊韻八首》《江樗齋孝行詩》《送趙信南歸用其留別韻》《戊午十一月十四日夜夢中為人題圖》《待雪》《查三饋歲奉簡》

【編年文】

《文集》卷三《聖主躬耕耤田頌》

《文集》卷四十五《沈先生墓表》

按：是文曰：「先生諱世楷，字昆輪，先世吳興。曾王父岷陽，始來遷仁和縣之古井里……乾隆丁巳，先生春秋六十有九，八月二十二日，考終鄉里。明年戊午，長君如焞自大梁來京師，請文表墓。」

乾隆四年己未（1739），四十四歲。

【時事】

正月，大學士嵇曾筠卒。三月，予告大學士馬齊卒。四月，賜莊有恭等三百二十八人進士及第出身有差。十月，莊親王允祿等有罪，斥革各有差。

【事蹟】

二月六日，赴禮部宴。

見編年詩。

法式善《槐廳載筆》卷十九曰：「杭世駿己未二月六日赴禮部宴，恩賜簪花表裏，恭紀詩云：『金水橋邊路，朱衣導引來。陽和回曲宴，遲日上春臺。法酒將花豔，宮袍稱紵裁。聖朝恩禮重，不敢負賢才。』」

三月十二日，招齊召南、于輅、汪沆、李重華諸友人於寓齋賞丁香花。

《詩集》卷七《翰院集一》內有《三月十二日召諸公集丁香花下醉後作》及于輅、汪沆《集菫浦寓齋看紫丁香分韻》、李重華《菫浦以諸公紫丁香詩見示索予補作率賦》詩四首。

按：李元度《國朝先正事略》卷三十八曰：「李實君，名重華，雍正甲辰進士，官編修。天賦俊才，復得張匠門指授。性好遊，入巴蜀，客山左，留

覽秦關楚塞，登臨憑弔，詩益嶔款歷落，得江山之助。著有《玉洲詩集》，其詩話二卷可與昌穀《談藝錄》並傳。」

胡天遊《石笥山房集》之《詩集補遺》卷下有《三月十二日董浦編修宅丁香始花舉酒屬客望後連過友人寓居紫白兩株並賞芳麗三篇有作兼敘憮然》。

齊召南《寶綸堂詩鈔》卷二《集杭董浦寓齋看丁香花得十三覃韻》曰：「友朋歡聚亦有數，一年花事幾春三。清晨杭子折簡至，紫丁香前日香猶含。夜來疏雨點萬蕚，洗出塵土凌煙嵐。鮮新兩株類交讓，爛漫文采射書龕。坡妻久藏一斗酒，幼度舊釣鱸一坩。已招同志五六子，君如有暇來相探。狂喜倒衣便命駕，不愁路滑嘶蹇驂。」

周長發《賜書堂詩鈔》卷二《丁香花歌為杭董浦同年賦》曰：「愛君案頭富著作，豪唫示我丁香卷。賞花時節暮春初，憶我遲遲戀郡縣……聞君校士入南宮，萬馬不驕看鏖戰。」

查禮《銅鼓書堂遺稿》卷三有《紫丁香花歌為杭大宗編修賦》。

秋，袁枚來訪。

袁枚《小倉山房詩集》卷二《秋夕偕元敬符訪董浦編修》曰：「早秋日落涼風發，車行轆轆隨驢腳。主人開門一笑迎，官冷身間衫不著。日暮難得屠門肉，相逢暫食公孫粥。主人聚書如聚米，望來兩眼清如水。老樹高涵露氣中，微燈淡照空床裏。回頭同憶兩年前，㸐栗堆盤雪滿肩。於今重入延秋宅，溽暑風輕蟲在壁。翰林讜論更瀾翻，公子新詩轉清絕。柝聲四起心茫然，披衣起行各欲還。出門重與故人約，莫教秋月空嬋娟。」

冬，就趙昱《秋芙蓉吟稿》事同趙氏往復酬唱。

見《編年詩》。

十二月二十九日，董浦攜《己未詩鈔》示趙昱，並贈趙氏冰魚兩條。

趙昱《倦遊吟》有《小除日董浦攜示己未詩鈔一卷並遺冰魚二頭賦謝二首》。按：小除日，除夕前一日也。

費蘭先中進士，出董浦門下。

戴璐《吳興詩話》卷七曰：「費洲士瀛偕子心如蘭先同中己未進士，心如為杭董浦門生。有《留飲即事詩》『言返臨溪宅，重來立雪門。放歌期白首，

託志抗清尊。下撰田何有，聯珠集尚存。今朝寒意重，風過一燈昏。』時五經卷不避本省，故得出杭門下。」

【編年詩】

《詩集》卷七《翰苑集》一：

《二月六日赴禮部宴》

《三月十二日召諸公集丁香花下醉後作》

翟灝《無不宜齋未定稿》卷一有《杭堇浦招吳中林通守於鶴泉齋次風沈畹叔三翰林胡稺威周元木兩徵士蔣用安上舍周心羅明經飲丁香樹下分賦得大字》。

《詩集》卷八《翰苑集》二：

《恩賜憲皇帝御製文集恭紀》《高瀛洲春官被放將從視學者爲漢南之遊留之不可督之以詩》

《蔣閣學溥惠瑪瑙朝珠》

按：《（嘉慶）大清一統志》卷八十一曰：「蔣溥，常熟人，廷錫子。雍正進士，由庶吉士授編修，洊擢內閣學士，尋升吏部侍郎。乾隆八年，命署湖南巡撫，旋實授辦理永順等處苗猺軍務，頗得機宜。議築文洲園墾田萬畝，士民同願興工，尋擢戶部尚書，東閣大學士。溥居心純正，遇事從無少懈，卒贈太子太保，入祀賢良祠，賜祭葬，諡文恪。」

《莊親王手書清淨經石刻題後》

《方鏡八首次桑水部調元韻》

按：陳昌圖《南屏山房集》卷二十二曰：「杭太史詩沉博絕麗，包孕高岑，凌鑠王李，其《和桑水部方鏡詩》『藏去只宜冰作匣，鑄時羞要月爲輪』，較方字韻原倡更覺彈丸脫手，無斧鑿痕。」

《余不喜酒而獨好茗飲戚友間以茶事相餉者歲無慮十數閒窗小啜戲爲品第貽門人趙輅黃可潤兼答查主事學禮許別駕燦之貺》

《劉侍講藻席上送同年汪士鍠歸休陽》

按：秦瀛《鶴徵後錄》卷一曰：「劉玉麟，原名藻，字麟兆，號素存，山東菏澤人。雍正丙午舉人，觀城縣教諭。由山東巡撫岳濬薦舉，授檢討，官至湖北巡撫。素存以詞賦受高宗皇帝特達之知，不數年洊歷卿貳。」又「汪士鍠，字君宣，號筠仙，江南休寧人。副貢生，由兵部尚書、直隸總督李衛

薦舉，除庶吉士，散館一等授編修。筠仙入詞館後，名滿都下，踰年散館欽定一等第九名授職。甲子典四川鄉試，未幾乞養歸。」

《落葉八首次翟灝韻》

按：錢林《文獻徵存錄》卷九曰：「翟灝，字晴江，衢州府教授，著有《通俗編》《東皐雜記》《四書考異》《無不宜齋詩文》。」

《遼海篇贈傅少尹為訏》

按：《（嘉慶）大清一統志》卷四百七十九曰：「傅為訏，建水人，其祖大美以植品樂善入祀鄉賢祠。為訏雍正癸丑進士，由檢討改御史，請為明御史趙譔補諡，又條奏國計民生利弊五事，萬餘言，官至右副都御史，嘉慶十六年入祀鄉賢祠。」

《八月十日夜集翟濤寓約賦長句》

按：阮元《兩浙輶軒錄補遺》卷七曰：「翟濤，字巨源，號錢江，仁和人。朱壬曰：『錢江壯年遊京師，入國子學，與弟晴江及諸名宿往來多倡和。』」

《送程成還淮陰四首》《恭次聖製九日韻》《恭次聖製九月十七日遊盤山天成寺登江天一覽閣韻》《送顧行人肇維致仕曲阜二首》《慰戴廷槐失父》《挽休寧戴夏峰四首》

《題趙五徵君昱秋芙蓉吟稿後即次其答鄭筠谷侍讀韻》

按：趙昱《倦遊吟序》曰：「予年來貿貿居京師，久而歸，去年春復來都，今又將歸，檢所作近詩若干篇曰《倦遊吟》。正以遊既久，心益倦，如窮鳥鎩羽，勞鱗頳尾，心結形頹，彈響叩景，方言遣詞，尤見真情。」文末云：「歲在上章涒灘正月既望谷林書。」歲在上章涒灘即乾隆五年庚申，「去年」即乾隆四年己未，故《倦遊吟》內詩皆作於己未，董浦和詩亦繫於該年。

《趙五徵君復用前韻見答再次奉酬》

按：此詩題目趙昱《倦遊吟》作《蕪言枉贈復蒙谷林徵君五兄疊韻見答寒宵無俚再依前韻奉酬》。

《聖駕南苑大閱恭紀三十韻》

《送裘吉士曰修假歸省親》

按：《（嘉慶）大清一統志》卷三百十卷曰：「裘曰修，新建人，乾隆己未進士，由編修歷官至工部尚書，太子少傅。曰修學品端醇，才猷練達，入直內廷，屢膺使命，審理案件，查勘河南、江南、直隸水利，盡心經畫，卒諡文達。」

《十二月二十四日進呈校勘六經退直武英殿用朱子鈔二南示平甫韻同在館諸公作》

按：齊召南《寶綸堂詩鈔》卷三有《十二月二十四日進呈校勘六經退值武英殿用朱子鈔二南示平甫詩韻應杭菫浦同年索賦並呈同館諸公》。

《齊檢討召南李編修龍官再用前韻見贈奉簡》

按：齊召南《寶綸堂詩鈔》卷三有《經史館遇雪呈菫浦葆青方來吳跋仲常于敏中館即怡親王舊府也園亭宏麗並雍正年建造雪中與諸公瀹茗校經軒窗洞啓爐香馥鬱如坐瑤池蓬島中》。又法式善《清秘述聞》卷十五曰：「編修李龍官，字渭英，江西寧都人，丁巳進士。」

【編年文】

《文集》卷二十五《王氏像贊》

按：是文曰：「歲己未，蕭然斗山王君奉其兩先人遺像踵予門，流涕而請曰：『微顯闡幽，良史之職業。先子蚤棄諸孤，愚昆弟無似，非母氏以鞠以教，曷以冀於有立？庶先生假之一辭，則先世懿範，其附金石以壽。』」

乾隆五年庚申（1740），四十五歲。

【時事】

五月，額附策凌奏喀爾喀準噶爾以鄂爾海分界，從之。七月，以徐士林為江蘇巡撫。十二月，楚粵苗亂平。

【事蹟】

人日，集周長發寓齋賦詩。

《詩集》卷八有《人日集周檢討長發寓齋用昌黎城南登高韻》。

周長發《賜書堂詩鈔》卷二《人日立春用韓昌黎韻》。

按：李元度《國朝先正事略》卷四十一曰：「周蘭坡，名長發，號石帆，會稽人。雍正甲辰進士，由庶吉士改廣昌知縣，丙辰召試，授檢討，遷侍講學士……詩才敏捷，不亞張南華，嘗應制賦覺生寺大鐘歌，稱旨。著有《賜書堂集》。」

趙昱辭京還家，作詞留別菫浦。

趙昱《愛日堂附稿》卷十四《詩餘》有《疏簾淡月·留別東壁介眉菫浦》。

春日，邀友人集丁香花下，胡天遊首倡四韻，同人繼作，董浦輯為《丁香詩》若干卷。

《詩集》卷八《春日集飲丁香花下胡三徵君天游首倡四韻諸公繼作余亦次韻》。

《文集》卷十四《丁香詩序》曰：「余寓齋一株，枝格繆屈，綠蔭出戶外，下可布三數席，花時賓客來遊衍者，輒形之歌詩。今年復舉斯會，則胡徵君首倡四韻，繼而作者如干人，聞而和者又如干人，不可不謂斯花之遭也。都為一集以示遠，使知一草木之微，吾與二三子之勿憖置者有若此矣。」

周長發《賜書堂詩鈔》卷二《飲杭董浦丁香花下和胡雲持韻》。

五月十二日，查日乾卒。

《文集》卷四十三《封承德郎江南淮南儀所監掣通判查君墓誌銘》曰：「君姓查氏，諱日乾，字天行……雍正九年以子為義貴，封承德郎、江南太平府通判。十三年，覃封如故，改江南淮南儀所監掣通判……君以乾隆六年五月十二日卒，年七十有五。」

寄厲鶚越香、詩，厲鶚有詩和之。

《詩集》卷八有《以越香貽厲二徵君鶚》及《奉答董浦二兄寄惠越香原韻》。

《樊榭山房續集》卷一載《以越香寄樊榭徵君》及《杭董浦編修以詩寄越香次韻奉謝》，按：《樊榭山房續集》卷一詩曰：「雲窗風味極深嚴，遠致餘薰妙語兼。詹事可容評甲煎，魯公未許續香奩。春宵幾閣勞相憶，微雨房櫳好細添。因有闕寒燕玉在，溫靡肯為故人拈。」董浦《翰苑集》載厲鶚此詩首聯作「薇廳風味極深嚴，遠致餘薰妙語兼。」

【編年詩】

《詩集》卷八《翰苑集》二：

《人日集周檢討長發寓齋用昌黎城南登高韻》《以越香貽厲二徵君鶚》《題徐紹功如皋射雉圖》

《春日集飲丁香花下胡三徵君天游首倡四韻諸公繼作余亦次韻》

《五用前韻寄同年程檢討恂休陽》

按：秦瀛《鶴徵後錄》卷一曰：「程恂，字慄也，江南休寧人。雍正甲辰

進士，原任北運河同知，由兵部尚書、直隸總督李衛薦舉，授檢討，升中允。先生精於三禮，在都時嘗延江先生愼修於邸舍，互相討論，學益深博。入詞垣，充大清會典、三禮館纂修官，與李少宗伯清植同研《儀禮》之誤，極爲研審。」

《六用前韻簡同年朱中允良裘》

按：法式善《清秘述聞》卷十五曰：「編修朱良裘，字冶子，江南上海人，甲辰進士。」又「中允朱良裘，字冶子，江南上海人，甲辰進士。」

《次馬員外位觀魚韻》《送翟上舍濤次留別韻》

《門人蔣應焴自吳門寄送樂器數事》

按：丁紹儀《國朝詞綜補》卷十一曰：「蔣應焴，原名燾，字符揆，吳縣人。乾隆四年進士，官中書。」

《怡親王命題明善堂詩集二首》《趙主事殿晟遠惠龍井茶以詩代簡》

《和阮檢討學浩移居八首》

按：法式善《清秘述聞》卷五曰：「阮學浩，字裴園，江南山陽人，庚戌進士。」

《詩集》卷九《翰苑集》三：

《張庶子鵬翀經進春秋淡靄圖敬題六絕句其上蒙恩俯和邀同館遍和余亦繼作》

按：《（嘉慶）大清一統志》卷一百四日：「張鵬翀，嘉定人。雍正丁未進士，由翰林洊升詹事。典試雲南時，值苗匪爲梗，繞道至滇，備詢形勢扼要，兼籌剿撫機宜。秋審時，詹事例得與校勘案卷，折獄多所平反。服官二十年，凡有關國計民生者，知無不言，言無不盡。至於進奏經史詩，盡咸寓箴規之意。卒，入祀鄉賢祠。」

《陸編修嘉穎兄弟重申卜鄰之好用查浦集中卜鄰西溪韻二首奉簡》

按：阮元《兩浙輶軒錄》卷十九曰：「陸嘉穎，字大田，號恂齋，仁和人。雍正癸丑進士，官至詹事府左中允。著《恂齋詩集》六卷，《文集》八卷。」

《題鄭戶部廷建歸去來辭行看子》《雨》

《送齊孝廉周南歸天台》

按：潘衍桐《兩浙輶軒續錄》補遺卷二曰：「齊周南，字首風，號河洲，天台人。乾隆辛酉舉人，官慈谿教諭，著《東野吟瑞草堂稿》。」

《鄭侍讀江足疾乞歸同鄉後進攜酒過餞即席奉呈》

按：齊召南《寶綸堂詩文鈔》之《詩鈔》卷二有《鄭筠谷前輩以足疾請假歸浙》。

《雨後集無畏室酒間讀畫有作》

按：翟灝《無不宜齋未定稿》卷二有《寒夜與吳中林通守沈晼叔編修查蓮坡孝廉汪西顥徵士陳江皋上舍陸賓之庶常集杭董浦無畏室通守首作禪語分韻繼之》。

《挽潘諭德安禮》

按：秦瀛《鶴徵後錄》卷一曰：「潘安禮，字立夫，號東山，江西南城人。雍正丁未進士，原任刑部員外郎，降補太常寺典薄，由大學士朱軾薦舉，授編修，官至左諭德。著有《東山草堂集》。」又曾燠《江西詩徵》卷七十二《潘安禮》條曰：「安禮字立夫，號東山，南城人。雍正五年進士，官刑部員外郎。乾隆元年，召試博學宏詞第二人，授編修，遷諭德，卒。著有《東山草堂集》。」

《題馬吏部志義小像》《十月二十二日汪沆翟灝過寓齋小集》《寒夜集無畏室共作禪語》

《吳少司馬應棻召同詞館諸公集東井書屋時以嶺北集見示》

按：阮元《兩浙輶軒錄》卷十五曰：「吳應棻，字小眉，號眉庵，歸安人。康熙乙未進士，歷官兵部侍郎，著《青瑤草堂詩集》。」

《送同年盧豪然令威縣君曾祖名象晉死國難介弟去家不反胡司業襲參曾爲傳》《布衣詩二首贈鄭山人錫即送其還山陰》

【編年文】

《文集》卷十六《翟龍文壽詩序》

按：是文曰：「故五十曰艾，即以之爲登進壽域之始。鄉有內行醇備、淵粹篤寔之君子，曰翟先生龍文，施德於媌族，加惠於鄉里，退讓而不居其名……己、庚之間，兩尊人相次躋年五十，投僑札之縞紵者，徵歌介雅，相與申登堂之敬。秬原兄弟編香爲集，將以傳世而耀遠，請予序以張之。」

按：翟之瑞（1691～1762），字龍文，號瀤含。先世自汴來杭，居仁和縣。以次子灝進士，官衢州府教授，晉封儒林郎。生平見《道古堂文集》卷四十三《封儒林郎衢州府學教授翟君墓誌銘》。

乾隆六年辛酉（1741），四十六歲。

【時事】

六月，罷大學士趙國麟職。七月，始舉秋獮。九月，原任江蘇巡撫徐士林卒。十一月，尚書徐元夢卒。十二月，大學士張廷玉請解部務，不許。

【事蹟】

春，安州學重建明倫堂，董浦作文記之。

《文集》卷十八《安州學重建明倫堂記》曰：「乾隆六年春，歙縣許焴以通判試畿甸，奉制府命攝安州州事。筮日謁文廟，循視廊廡，以迄齋庖之房，規制粗具。將登明倫之堂。進諸生，宣聖天子德化暨諸大吏所以拊循綏養之道，則糞壤不除，榛莽翳塞。問安之人士，蓋堂之廢近四十年矣！夫安雖境瘠，庶人安耕鑿而士風淳茂。牧斯民者，將以爲教也。一堂之興廢，而風化之盛衰係之；一方之風化，而治術之隆替因之。觀政者此最爲大。爰告制府，請捐養廉百五十金，爲此邦人士倡，前進士陳策等咸願輸助，經紀其終始，逾月告成。」

秋，厲鶚送董浦弟奕聞赴京應試，兼作詩寄董浦。

厲鶚《樊榭山房續集》卷一《送奕聞計偕北上兼簡令兄董浦》曰：「北風吹雁度黃河，南客偏教席帽馱。都講才名吾久識，文場秀句子偏多。聽雞曉牓開蓍燭，走馬春關試杏羅。棣萼故人如問我，邱園近日自成科。」

本年，夏之蓉有丁香花詩和董浦。

夏之蓉《半舫齋編年詩》卷五《丁香花詩戲酬杭菫浦同年辛酉》曰：「仁和才子丰骨殊，寓齋恰與名花俱。籔籔輕紅弄春態，花時召客爲歡娛。我來花事已銷歇，亂空枝葉徒紛敷。濃陰一樹接老屋，坐久亦覺炎歊驅。天高急雨忽數點，迷蒙翠影籠階除。倚闌清嘯謝花去，空負高陽一酒徒。」

【編年詩】

《詩集》卷九《翰苑集》三：

《題翟灝庚申詩卷》

按：此組詩第三首曰：「卷裏喜無偷鶴句，牀頭猶見捉刀蹤。一端莫遣邯鄲笑，作奏先宜去葛龔。」自注云：「時爲余代酬應之作，故末章及之」。

《上元公宴二首》

《送同年陳鍔之官遼海》

按：阮元《兩浙輶軒錄》卷二十二曰：「陳鍔，字養愚，號白崖。錢塘籍，寄居吳中。乾隆進士，官襄陽知府。著《西清浮槎》《度遼含香》《南雍》等集。」

《次崇明許邑宰惟枚栽花四首》

按：阮元《兩浙輶軒錄》卷十五曰：「許惟枚，字鐵山，號南臺，海寧人。康熙丁酉舉人，官工部營繕主事，著《味茉軒詩鈔》。」

《送陳上舍兆嵋之武昌》《雨中用柳州苦竹橋韻簡吳秀才可馴》《次前韻寄故園兄弟》《送廖昊前令徐溝》《送大廷尉汪先生予告還休寧三首》

《翟灝遺龍井新茶》

按：翟灝《無不宜齋未定稿》卷二有《以龍井茶分餉吳東壁杭董浦胅以詩》。

《周憲阻雨書堂留飲》《起林上人過飯書堂》《門人孫吉士拱極邀諸同年載酒見過》

《王孝廉任湖下榻小園有詩次韻》

按：阮元《兩浙輶軒錄補遺》卷五曰：「王任湖，字可久，號具區，山陰人。乾隆戊午舉人，官助教。」

《撲棗》《題金罍野亭玩月圖四首》

《飲梁通守燾鴻寓用歐公聖俞會飲韻呈趙鴻臚之垣李源包祚永楊朝鼐三侍御》

按：《（道光）濟南府志》卷二十九曰：「梁燾鴻，陝西三原人。廕生。」《（乾隆）寧夏府志》卷十五曰：「趙之垣，直隸總督，改補鴻臚寺少卿。」黃叔璥《國朝御史題名》曰：「包祚永，字美存，號存齋，貴州貴築人。雍正丁未進士，由翰林院編修考選廣東道御史。」

《飲歸再用前韻呈王孝廉》《三用前韻說餅》《夏編修庭芝見遺絨巾輒效宮體奉簡》

《金文淳裵日修袁枚三吉士招同戴上舍廷熺小園看菊以濠梁同見招為韻分賦予得招字》

按：阮元《兩浙輶軒錄》卷二十曰：「戴廷熺，字綸長，一字鸝亭，號珠淵，錢塘人。官場大使。著《聽鸝亭詩集》。」

《張員外嗣衍見餉佳菊數本用前韻奉謝》《金吉士重過書堂有詩見投次韻奉答》《馬九員外遺命以宋刻葉水心習學記言及大德本漢書見贈屬余爲佳傳諾之未果也令子以遺像求題悽然書二斷句》《聞舍弟鄉薦信牽占志喜》《月夜聽高山人睿彈琴》《趙上舍一清屢以狨蹄果餌見餉賦謝》

《門人費大令蘭先過訪草堂留飲即事二首》《賦得殘雪在樹》《宿紅泉館與吳城話舊》

《題同年陳戶部士璠使蜀集》

按：秦瀛《鶴徵後錄》卷一曰：「陳士璠，字魯章，號魯齋，晚號泉亭，浙江錢塘人。生員。由浙江總督程元章薦舉，除庶吉士。散館改授戶部主事，歷轉員外郎中，出知江西瑞川府。著有《使蜀集》《夢碧軒詩文鈔》。」

《送史十三之官江右》《趙一清惠松門鮝賦謝》《宜興吳秀才凌鵬太史仰朱族子與余不相識輒畫便面見貽因題其上答之》《詠待月岩下紅薇》

《晚晴次許孝廉鉞》

按：阮元《兩浙輶軒錄補遺》卷五曰：「許鉞，字靖岩，號石蘭，錢塘人。乾隆戊午舉人，官廣州府同知。著《積厚軒稿》。」

《爲王孝廉任湖題錢觀察元昌畫藤花》

《詩集》卷十《翰苑集》四：

《同年趙太樸大鯨沈編修昌宇載酒過小隱園奉餞閣學李紫庭先生予告還南康即席分韻》

按：阮元《兩浙輶軒錄》卷十七曰：「趙大鯨，字橫山，號學齋，仁和人。雍正甲辰進士，由翰林歷官至都察院左副都御史。」潘衍桐《兩浙輶軒續錄》卷五曰：「沈昌宇，字泰叔，秀水人。雍正庚戌會元一甲二名進士，官翰林院編修。」

《雨後招同夏檢討之蓉金國薄焜金編修文淳張孝廉芸集疏雨書堂分得江字》

按：阮元《兩浙輶軒錄》卷二十曰：「金焜，字以寧，號赤泉，錢塘人，志章子。雍正乙卯舉人，官禮部司務。著《妙明書屋詩》三卷。」

《午睡至莫吳二瑋增有詩見調次韻》《倪三秉直自王平口寄杏一馱》《題周檢討長髮新居次韻》《翌日與諸同年再過復用前韻奉簡》

《題潘憲勳詩後兼寄南海羅孝廉天尺梁進士善長》

按：《（光緒）廣州府志》卷一百三十二曰：「潘憲勳，字華蒼，沖鶴人。

少負異姿，嫻聲律，工畫，花卉、墨菊尤知名……雍正八年己酉，中武舉。
就節署讀書三年，詩學益邃。乾隆十三年戊辰，選衛千總，領江南漕運。以
詩謁沈德潛，序而行之。仁和杭世駿主講粵秀，與訂交倡和，其為名流賞異
如此。」

《（道光）廣東通志》卷二百八十七曰：「羅天尺，字履先，順德人。少
以淹博聞，年十七應童子試，日竟十三藝，長於詩。吳縣惠天牧按試廣東，
拔之。大加稱許，手錄其詞賦以示諸生，聲望蔚起。薦鴻博，以母老不就。
乾隆丙辰，舉於鄉，一上春官，即歸奉母。不登高，不臨深，杜門著述，所
為詩文得其尺蹏者，珍若拱璧。為人恥奔競，好誘掖後進，一言一動，卓然
風雅總持。與南海何夢瑤交密，郵詩招隱。著有《癭暈山房詩鈔文鈔》。」

同卷曰：「梁善長，字崇一，順德人。乾隆戊午，鄉薦，明年成進士，授
陝西白水令……遷建寧府同知，尋卒於官。在陝十五年，所至民為建祠。生
平著述甚富，所纂有《廣東詩粹》《侍御偶然堂集》，所自著有《賜衣堂文集》。」

《題聽雨詩後簡陳檢討兆崙》《題翟灝戴笠圖》《張公子藝七夕寓齋小集》
《七夕雨後趙上舍過訪書堂余以張公子佳招不值率賦奉簡》

《七月十三日奉敕恭次御製秋日郊行韻》

按：許宗彥《鑒止水齋集》卷十七《杭太史別傳》曰：「高廟巡幸塞外，
嘗天雨新霽，馬上吟『迎風葦露清於染，過雨山痕澹入詩』二句，顧謂從臣
曰：『此杭世駿詩，惜其沒福耳！』後有御史祝德麟疑太史不得意，或有誹訕，
訐奏之。九重披覽，以並無違礙，聽其流傳。朝廷愛才之盛心大矣！遠矣！」
《詩集》錄此詩作「含風葦露青於染，過雨山痕澹似詩」，文字略有不同。

《恭次御製新秋試筆韻》《恭次御製食荔枝有感韻》《是日恩賜瓜果詩成
賜扇二握》《七月晦日趙一清楊炯文過訪書堂出觀文待詔墨跡即用其卷中人日
直夫小園宴集韻》《同人釀酒書堂送趙孝廉遊保陽》《明日復餞許鍼分得秋衣》

《中秋前一日張博士永祚見過茶話》

按：陶元藻《全浙詩話》卷四十九曰：「張永祚，字景韶，杭郡庠生，後
為欽天監博士。《湖墅詩鈔》：張景韶通天文學，學使王公試勾股，得入郡庠，
後以天文生為欽天監博士。乾隆壬戌、甲子，兩蒙召見，賜大緞，洵異數云。
景韶兼工畫山水，亦能詩，嘗作《聞笳詩》云：『夕陽掛城頭，城上笳吹起。
須臾月魄浮，人在秋聲裏。』」

《秋雨淒綿成五斷句》《戴廷熺自江東至周天度自上谷至集書堂酌酒》《過

趙一清用東坡梁左藏會飲傅國博家韻》《九日遊愍忠寺》《歸集書堂食蟹分賦》《送趙一清南歸》《送吳瑋增之江南》《喜查解元為仁汪上舍沆自津門至次符戶部曾韻兼懷陸生宗蔡》《明日查解元攜令嗣善長見過復集書堂分韻》《十月二十五日武殿試臚傳門下士賈生廷詔白生鍾驤皆賜一甲及第賦此誌喜》《周天度雪中見過》《戴周二君復過用孟襄陽姚開府山池韻》

《紅泉館對雪用東坡聚星堂禁體韻》

按：吳長元輯《宸垣識略》卷十六曰：「紅泉館，杭菫浦寓廬，有《紅泉館對雪用東坡聚星堂禁體韻》，詩可與綠雨樓作偶。」

《明日金編修文淳見過再次前韻》《次田少宰戀歲寒懷友圖韻》

【編年文】

《文集》卷十八《安州學重建明倫堂記》

《文集》卷四十四《文學周汝盤墓誌銘》

按：是文曰：「君諱鉞，字汝盤，號晚菘，浙江之山陰人……乾隆六年某月日，歸自濟寧，血下瀉，遂劇，春秋六十有五……（其子）大樞奉遺令來告，令曰：『吾一生不能為善，不能為惡，止此矣，詎可傳乎？盍請於杭君志吾墓以文，庶可乎？』余感其意，乃為銘。」

乾隆七年壬戌（1742），四十七歲。

【時事】

四月，命莊親王允祿、尚書張照管理樂部；賜金甡等三百二十九人進士及第出身有差。十二月，大學士鄂爾泰因罪免職。

【事蹟】

六月，同友人於甘泉館公宴賦詩。

周長發《賜書堂詩鈔》卷三有《夏六月馬立本孝廉張南華庶子胡雲持姚念慈二明經杭菫浦編修齊次風檢討沈椒園侍御暨予公宴甘泉館平臺上分韻得舞字即贈立本》。此詩在《壬戌元旦次韻》，故繫此事於此。

八月十三日，王任湖移居菫浦小隱園。

周長發《賜書堂詩鈔》卷三《王具區孝廉移居杭菫浦編修小隱園次韻賦贈》曰：「舊向張融依岸舫，卜居新傍碧梧陰。蟲音四壁秋聲賦，月色三更水

調吟。」自注：「時中秋前二日。」

冬十一月，揚州二馬為厲鶚納姬人劉氏。

馬曰琯《河逸老小稿》卷二《厲樊榭納妾》曰：「竹西自昔多佳麗，名士傾城在此時。」

本年，同館翰林七人賦詩，董浦作《秋堂聽雨圖》。

翁心存《知止齋詩集》卷八《秋堂聽雨圖為許青士觀察乃濟題並敍》敍曰：「圖為杭董浦先生在翰林時作，同集賦詩者凡七人：桂堂主人及澄波周憲、別茶吳瑋增、夕山熊長髮、靖岩許鉞、江民邵廷建、琴高高睿。書之者，為讓谷、周天度；作畫者，具區王任湖也，續題者，二十有一人，皆一時名宿。圖作於乾隆壬戌，迨嘉慶庚辰，何藜閣太青得之，以贈青士。青士，靖岩之孫也。

翟灝嘗冒雨來訪。

翟灝《無不宜齋未定稿》卷二《風雨走訪杭董浦》曰：「不防雲黑過街來，坐久旋教借笠回。竹外一雞鳴向晦，分明詩在不須催。」

【編年詩】

《詩集》卷十《翰苑集》四：

《長至日看象聯句用昌黎陸渾山火韻》

《薰爐》

按：陳兆崙《紫竹山房詩文集》之《詩集》卷二《薰爐得五微同杭二董浦世駿汪五西顥沆周大讓谷天度》曰：「妙質融來靜斂暉，熱腸肯與世終違。羞同羽扇乘炎景，愛共筠籠護冷幃。置膝錦囊韜匼匝，入懷香篆散霏微。情知晚遇恩逾渥，簾外風寒朔雪飛。」

《自題歲寒圖》《雪中集紅泉館送汪沆之福州周天度之淮上聯句》

【編年文】

《文集》卷四十三《封承德郎江南淮南儀所監掣通判查君墓誌銘》

按：是文曰：「余與君諸子交特深，重以婚姻之好，孤子等將以乾隆七年二月十二日，葬君於三河縣百草溝之新塋，哀前事來乞銘」，故知是文作於本年。

乾隆八年癸亥（1743），四十八歲。

【時事】

正月，詔安插準噶爾降人於寧古塔。四月，纂修《醫宗金鑒》成。十月，定大臣乞休舉賢自代例；命吏部尚書史貽直協辦大學士。

【事蹟】

二月初八日，世駿例試保和殿，言朝廷用人宜泯滿漢之見。次日，乾隆覽卷大怒，奉上諭，交刑部，部議擬死。侍郎觀保力諫得解，尋革職放還。

《乾隆朝上諭檔》第831頁，「乾隆八年癸亥二月癸巳，上諭內閣：昨因考選御史，試以時務策。杭世駿策稱：『意見不可無設，畛域不可太分。滿洲才賢雖多，較之漢人，僅什之三四。天下巡撫尚滿漢參半，總督則漢人無一焉，何內滿洲而外漢也？三江、兩浙，天下人材淵藪，邊隅之士間出者無幾。今則果於用邊省之人，不計其才，不計其操履，不計其資奉，而十年不調者，皆江浙之人，豈非有意見畛域哉』等語。國家選舉人才，量能器使，隨時制宜，自古立賢無方，乃帝王用人之要道。滿漢遠邇，皆朕臣工，朕為一體，朕從無歧視。若杭世駿之論，必分別滿洲、漢人，又於漢人之中，分別江浙、邊省，是乃設意見分畛域之甚者，何所見之悖謬至此？次以現在而論，漢大學士三缺，江南居其一，浙江居其二；漢尚書六缺，江南居其三；侍郎內之江浙人，則無部無之，此又豈朕畛域之見，偏用江浙之人乎？至於用人之際，南人多則間用北人，北人多而又間用南人。督撫之中，有時滿多於漢，或有時漢亦多於滿，惟其才不惟其地，亦因其地復因量其才，此種裁成進退，權衡出自朕心，即左右大臣亦不得參與，況微末無知小臣乎？且國家教養百姓，滿洲人才輩出，何事不及漢人？杭世駿獨非本朝臣子乎？而懷挾私心，敢於輕視若此！若稍知忠愛之義者，必不肯出此也。杭世駿著交部嚴察議奏。」

又陳康祺《壬癸藏札記》卷一曰：「乾隆間，杭堇浦嘗以編修上疏抗論時事，謂用兵斂財，及巡幸所至，有司一意奉行，其流弊皆及於百姓。疏凡十事，其言至戇激，部議當重辟，上僅令罷歸田里，不之罪也。堇浦生平有此一節，亦不得以文人目之矣！」則堇浦所疏尚有用兵斂財，及巡幸費用等十項。

【附考】

龔自珍《杭大宗逸事狀》曰：「乾隆癸未歲，杭大宗以翰林保舉御史，例

試保和殿，大宗下筆爲五千言。其一條云：『我朝一統久矣，朝廷用人宜泯滿、漢之見。』是日旨交刑部，部議擬死。上博詢廷臣，侍郎觀保奏曰：『是狂生，當其爲諸生時，放言高論久矣。』上意解，赦歸里。大宗原疏留禁中，當日不廢抄，又不自存集中，今世無見者。越七十年，大宗外甥之孫丁大，抱大宗手墨三十餘紙，鬻於京師市，有繭紙淡墨一紙半，乃此疏也。大略引孟軻、齊宣王問答語，用己意反覆說之，此稿流落琉璃廠肆間。」

龔自珍繫此事於乾隆二十八年癸未，據乾隆上諭，龔自珍誤。且杭世駿《出國門作四首》其二云：「七載舊遊程可按，卅年壯志事全違。」乾隆元年，杭世駿舉博學鴻詞，授翰林院編修，至本年恰爲七載。

六月，出京之日，與刑部司獄某遊陶然亭。世駿口占一絕，與之留別。

李伯元《莊諧詩話》：「杭大宗世駿，錢塘人。抱經世之才，以布衣召試鴻博。極言國家用人，宜泯滿漢之見，以收士望云云。時宗室某中堂方用事，閱卷大怒，讒於純廟，幾遭不測。下廷尉議，皆不直杭。浙省撫軍某獨抗疏力救，上怒亦解，奉旨驅逐回籍。出京之日，行李蕭條，依然寒素。士夫懼召黨禍，杭往別話，輒預戒闇者拒之。獨刑部司獄某，相與徒步登陶然亭，痛飲竟日而別。某錢塘人，亦賢才而屈於下僚者。對杭唏噓感喟，並索詩留別。杭笑占一絕云云。」

吳長元《宸垣識略》卷十曰「陶然亭，康熙乙亥，江郎中藻所建，取白居易詩『更待菊黃家釀熟，與君一醉一陶然』。今士大夫恒於此宴集焉。」後引董浦此詩。

友人作詩文留別。

沈德潛《歸愚詩鈔》卷十七之《送杭董浦太史》：「殿頭磊落吐鴻辭，文采何嘗憚作犧。王吉上書明聖主，劉蕡對策治平時。鄰翁既雨談牆築，新婦初昏議竈炊。歸去西湖理場圃，輕輕還藝向陽葵。」按：張維屏《國朝詩人徵略》卷二十四《杭世駿》條引《湖海詩傳》曰：「董浦先生書擁百城，胸羅四庫，入翰林未久，即以言事罷歸，沈文慤公送之，有句云：『鄰翁既雨談牆築，新婦初婚議竈炊』，蓋深惜之也。既歸，益肆力於詩古文詞，海涵地負，日光玉潔，實足以雄長藝林，兩浙文人自黃梨洲先生後，全謝山庶常及先生而已。」

馬榮祖《力本文集》卷二《送杭堇浦南歸序》曰：「杭君堇浦以丙辰舉詞科，號爲該洽，而氣特豪，論辯踔厲，往往屈其座人。歲壬戌，天子慨然有意於馬周陽城，內外薦奏若干人，先命在京者對策，而君以論列時事罷歸。蕭然束裝，若無事者，或曰：『子被黜而無慍色，其亦有說與？』堇浦辟席而起曰：『惡是何言也？某頑鈍無所通曉，誤列薦剡，惴惴焉，懼無以少益明時。神思瞀眩，率臆妄發，脫明主諒其無他。身雖放廢，或尚留事後之思，誠所陳萬萬無狀，聖慈覆載，不即加誅，竟得從容引去，中夜循省，方負咎引慝之不遑，其誰敢慍？』或曰：『信如是，子其有所悔乎？』堇浦曰：『否否。名與實之惟其稱也，名實不稱，則鬼神陰來敗之。吾觀二公之績偉矣！馬公進緣武人，無腹心大臣爲之汲引，考其遇合已。在貞觀極盛之時，謀斷有房、杜，讜直有魏、王，折衝制勝有英、衛。雖有偉略，或無所施，而致令英主擬於鸞鳳，不能暫離，其爲王佐，信矣！陽公以道德服一世，才似少遜於周，然由司業而出爲道州也，空六館之士，遮留伏闕，裂麻一節，猶不足以重公。後先輝映，近無倫比。向使世駿以諞言熒聽，驟冐峻秩，泚顙汗背，縱悔何追？今天閔其愚，俾使蹉跌，保全微尙，曲遂包荒，爲幸已甚，而又何悔乎？且夫賈生於漢文無事之時，乃至痛哭流涕，舉朝蔑弗謂狂，及七國難發，則所言驗若蓍蔡。當今內安外寧，遠邁漢代，而世駿之戇直亦尙未及賈生，誠自度才不若馬，望不若陽，而識復遠不若賈，從此溷跡牧豎，歌詠太平，進無負乘之譏，退無釣直之咎，餘生皆上賜也，諸君子其何以教我？』予曰：『堇浦之言質而盡，又多乎哉？』庸次第其語，以爲贈。」

按：《文集》卷三十四《馬石蓮傳》曰：「君與余有十年之長，推獎之勤，氣誼之厚，不在三數君子後。余以狂言被放，君爲序送余行，能委曲道余之心事，蓋忠孝之隱鬱于中，故言之親切，而能達如此也。」又馬榮祖繫堇浦放歸事於乾隆七年壬戌，誤。

查禮《銅鼓書堂遺稿》卷五《送杭大宗歸仁和》曰：「一曲離歌醉濁醪，南園欲別首頻搔。從來身價文章重，此去湖山品望高。滿屋詩書讎永日，六橋煙柳泊輕舠。歸程莫自嫌蕭瑟，白眼科頭興正豪。」

友人吳城作詩懷堇浦，厲鶚和之。

厲鶚《樊榭山房續集》卷三《次韻敦復秋夜有懷堇浦》曰：「秋夜懷人百不宜，憐君去國意遲遲。上書北闕身無補，祖道東門鬢有絲。鶴睡已知更幾

轉，蛩吟漸覺歲將移。歸來仍是南村伴，酒釀燈明共賦詩。」

秋，至家，同厲鶚等至報國禪院聯句。

厲鶚《樊榭山房續集》卷三《董浦歸里同諸君過報國禪院池上分得時字》曰：「故人罷官歸，水月同襟期。秋聲了不聞，如僧退院時。坐石鳥下樹，叩檻魚出池。夕陽沒荒城，歸去無人知。」

與同人結南屏詩社。

《文集》卷十一《汪訒庵飛鴻堂初稿序》曰：「方余之歸耕也，逭暑於南屏讓公之房，壇坫既設，舊雨今雨麋至，倚南峰而架不律，蘸明湖以磨陷靡。抒情則霞彩澄鮮，落韻則華鯨四應，歌詠太平，追擊壤而安耕鑿，何其樂也！」

《文集》卷四十五《朝議大夫刑部貴州司主事吳君墓表》曰：「武林自西湖八社而後，風雅衰息幾二百年。余被放歸田，於南屏開設壇坫，金江聲觀察、丁鈍丁隱君，周辛老、厲樊榭兩徵士牽連入社，與君（吳震生）為文章性命之友。」

《文集》卷四十七《林阮林墓碣》曰：「癸丑之秋，余自京歸里，與結湖山之社。曛黑至君（林元）舍，即止宿。雞黍之供，咄嗟而辦，捶琴刻燭，未嘗不達曙也。」　按：癸丑當為癸亥之誤。

本年，友人趙昱有詩見贈，全祖望亦作詩訊之。

趙昱《小山續稿》之三有《董浦歸來予未有詩相贈今同人賦樱筍詩疊韻不已每誦坡公問君何事食木魚烹不能鳴固其理旨趣良深即推其詩意四疊韻奉上》《董浦以小隱園集見示內有南華贈詩云新婦三言原太早飲醇那不學陽城諷喻耶抑止言耶六疊前韻》。

全祖望《鮚埼亭詩集》卷二《杭董浦編修以言獲譴詩以訊之》曰：「南人作宰相，唐世三陸公。繼以鍾張姜，勳德各可宗。必欲擯南人，王寇良未通王魏公、寇萊公力持北局，不過以王欽若、丁謂為南人而扼之耳，其人良可扼，其說則未公也。考南人為宰相，自唐之陸方父子及宣公，最為南相生色，而並以南人作相者曰：鍾紹京、張曲江、姜公輔，皆名臣。即宋後來之杜祁公、李忠定公非南人耶？然則今之持南局者，亦猶此失矣。後來地氣易，遝路多南鴻。遂欲擯北人，其說將無同。有明昔中葉，左祖亦成風。王彭暨謝焦，邪正不相蒙。南北互用舍，褒譏宜折衷。彭時以王翺左祖北人而調劑之，斯為大臣秉公之道，若焦芳則真小人也。川岳應苞符，剛柔各有鍾。

代馬與越禽，應運迭污隆。乃若宗國胄，多以喬木雄。翼則幸附鳳，鱗則幸攀龍。日月之所近，風雲於焉從。不見豐沛人，屠販咸奮庸。至尊御皇極，平衡歸大中。黨部何所樹，我見何所容。吾友杭編修，古今羅心胸。經術經世務，綽有賈董風。發言一不中，愆尤集厥躬。惜哉朝陽鳳，而不叶絲桐。」

本年，奉母遷至方芳佩家。

方芳佩《在璞堂吟稿》有《附刻筠圃夫人詩並作小傳夫人賦長篇見寄次來韻奉答》，小傳曰：「蓋自癸亥歲，太史奉太夫人寓居敝廬，夫人時來定省。承念通門之誼，誨導殷殷，相得無間。固請其著述，始出《女貞木歌》見示。余既不揣蕪陋，次韻就正，並將原作附入拙稿，略述顛末，俾世知夫人懷才不偶，而詩學淵微，固與太史文章並堪不朽云。」

【編年詩】

《詩集》卷十一《歸耕集》一：

《查通守爲義招集南園即席呈在坐諸公》

按：詩有句云：「狂罪矜全邀聖主，羈愁慰藉仗群公」，則是遭遣後語。

《越日再集南園餞別即次前韻》

《查爲仁招過楊柳青歸遊水西莊即事》

按：陶元藻《全浙詩話》卷四十五曰：「查爲仁，字心穀。既罹患難，而導師爲贈道號曰蓮坡，本浙江籍，僑居直隸三世，遂爲宛平人。康熙辛卯舉人。著《蓮坡詩話》《蔗塘詩鈔》。」

《送龔之鉽入福州幕並簡周侍郎學健》《翟灝招看芍藥》《重過津門同人置酒水西莊餞別》《舟過淮陰程茂招同蕭湖月泛》

《喬孝廉汲明經億上舍元臣招飲縱棹園》

按：《（同治）蘇州府志》卷七十三曰：「喬汲，字敏伯，寶應人。少受業於同邑王白田先生，每舉先正格言相勖，輒自奮發。其於出處之際，義利之間，持之甚力。雍正二年，中順天鄉試，七上公車，不第。吏部以知縣截取，自請改教官。乾隆二十四年，選吳縣教諭……後以年老，致仕歸。汲自少至老，好學不倦，每日有課程，五經循環諷誦，卜逮宋明諸先儒書，未嘗去手。疾亟，令諸子檢《檀弓》一節，誡必以三月葬，無爲堪輿家所惑。復手持《周易》，指示大義，越日而卒。」

《新秋雨後馬員外曰琯招同武陵胡中丞期恒竟陵唐吉士建中休寧程編

脩夢星吳江王徵士藻歙方明經士伎錢塘陳處士章江都陸司馬鍾輝閔上舍崟潼關張上舍士四科小集南齋分用昌黎秋懷詩十一首韻送余還山余得第四首韻》

按：李斗《揚州畫舫錄》卷四曰：「張士科，字喆士，號漁川，臨潼人。

陸鍾輝，字南圻，又字淳川，號環溪，歙縣人。官員外郎，出爲南陽司馬。韓江雅集即在讓圃，一時之盛，與圭塘、玉山相埒。今以集中人附錄於是。

胡期恒，字復齋，湖廣武陵人，宗伯統虞之孫，方伯獻徵之子。獻徵字存人，幼奉母居揚州，工詩古文詞，善仿松雪行楷，廕補兵部郎官，仕至江蘇布政使。復齋生長揚州，舉順天，由翰林仕至甘肅巡撫，罷官歸里，與馬氏結韓江雅集，稱盛事。

唐建中，字天門，號南軒。進士，官翰林，有詩文集。後死於行庵，口念西園不置。主政厚賻，以歸其喪。

王藻，字載陽，號梅沚，吳江人。工詩，早以販米爲生，有『相看何物同塵世，只有秦時月在天』句，爲世所稱。吳荊山尚書薦藻應博學鴻詞科，罷歸，與二馬交往。好古，所蓄宋板書、青田石無算。

方士伎，字右將，士庶同母弟，業鹽淮南，居揚州。於北郊壽安寺西，築西疇別業，因號蜀泉，又號西疇。士庶爲繪《西疇蓮塘圖》。

陳章，字授衣，號竹町，杭州人。幼業香蠟，長贅於揚州。年三十，聞竹韻學詩，駸駸大成。館游擊唐公署齋，家於南柳巷。江都令某延致幕中，與同館姚世鈺友善。詔舉博學鴻詞，相約弗就。世鈺題授衣像贊云『寫正鋒字，吟中唐詩。窮年矻矻，一卷是披。或以爲齊贅壻淳于髡，或以爲王儉府庾杲之。要非竹町子本來面目，請視此大布之衣。』弟皋，字江皋，號對鷗。工詩，兄弟齊名，號『二陳』。皋少游天津，主查氏，從吳通守東壁研究三禮。時查氏兄弟方緝《題襟集》，皋矯尾厲角，名噪京西。後歸揚州，與兄章入馬氏詩社，時人比之二應二謝。著有《吾盡吾意齋詩集》《對鷗閣漫語》。

閔崟，字玉井，亦字蓮峰，江都人。工詩，著有《澄秋閣詩集》。」

以上諸人皆是韓江詩社成員。

《漢銅雁足鐙歌爲馬曰璐賦》《題畫》《宋宮秋望用錢曲江韻》《題包方伯括秋郊觀刈圖》

《湖上送張汝霖粵東補官》

按：《(光緒)重修安徽通志》卷一百九十曰：「張汝霖，字芸墅，宣城人。雍正乙卯，拔貢廣東知縣，歷河源、香山……著有《澳門紀略》，詩文集三十卷，政績五十卷。以子燾贈中憲大夫，翰林院侍讀。」

《天龍寺看紅葉》

《哭金明府虞三首》

按：《(民國)杭州府志》卷一百三十五曰：「金虞，字長孺，錢塘人。康熙五十九年舉人，署湖北黃梅縣。有貞女，未婚夫死，嫁夫家守節，繼嗣未定，族人爭其貲，貞女義不赴質，虞造門請見，即日定其事。改署石首，洪水決堤，虞誓以身禦，督修三晝夜，堤遂成。授孝感知縣，剔侵隱，清盜源，遇疑獄，一勘即得其情。麻城有婦逃匿，誣繫多人，掘及枯墳，刑及問官，虞廉得其實，卒成讞。以憂去，補山西蒲縣，洪洞謀鑿山，奪縣喬家川水源，虞力言於臺使，得如故。卒於官，貧無以斂云。」

【編年文】

《文集》卷四十二《汀州府同知汪君墓誌銘》

按：是文曰：「某年月日，孤子將葬君於某原。友人仁和宋振業次君行事為傳，簡而核，不虛美。以予與君交久且善，宋君介以請銘。」汪郊卒於去年十二月二十八日，故暫繫是文於此年。

乾隆九年甲子（1744），四十九歲。

【時事】

正月，以史貽直為文淵閣大學士，兼吏部尚書。四月，亢旱，命刑部清理庶獄。六月，大學士徐本以病乞休。十月，乾隆幸翰林院。

【事蹟】

正月十四日，同友人集南華堂賦詩。

趙昱《小山續稿》之三有《試燈前一日介眉樊榭董浦敬身曦亮敦復集南華堂觀流求宮工墨譜用山谷韻同賦》。

正月，同友人集魯秋塍山齋，二月晦日復集。

周京《無悔齋詩集》卷十一有《春日飲魯翰林秋塍山齋》《越五日復飲山齋流雲亭上同月田初觀樊榭董浦竹田敦復諸君子》《二月晦日復集山齋》。

二月，董浦作《書懷四首》，厲鶚和之。

厲鶚《樊榭山房續集》卷四《次韻董浦春日書懷四首》其一曰：「里社追遊每拍肩，投簪又是入新年。移家幸有琴書共，卜築欣看樹石連。不守庚申緣道在，偶占甲子得春偏。始知上界多官府，今向人間見斥仙。」

其二曰：「六街堀堁夢才醒，草色何妨滿戶庭。洛下憶曾修禊事，淹中悵未了遺經。當簾山月鉤簾見，傍枕春潮轉枕聽。此是城南招隱處，新詩暇日上重屛。」

其三曰：「獨坐杉亭蔟絳趺，看花折簡不煩呼。從無長物稱名士，雅有閒情屬固姑。酒畔俳諧編作集，墓堂文字積成逋。與君共喜慈顏奉，未敢人前號老夫。」

其四曰：「端居風物際升平，不覺吳霜點鬢生。上冢年光潛委巷，趁朝清夢入嚴城。噉虀元是儒林味，焚草無勞後世名。有約出郊真興劇，柳花如雪愛初晴。」

夏五月，施念曾令餘姚，邀董浦、謝山遊龍山諸勝。

蔣天樞《全謝山先生年譜》卷三乾隆九年甲子條曰：「夏五月，同年施蘗齋令餘姚，來召，赴之。時杭董浦亦在署，同遊龍山諸勝，皆有詩，復同渡江至湖上。」

七月二十六日，同母兄卒。

見杭世駿家世。

九月十九日，同友人登吳山賦詩。

周京《無悔齋詩集》卷十二有《九月十九日梁溪父宋澤劬顧月田金江聲吳架雪江抱樸杭董浦諸公復上吳山為登高之會予不及從分韻得江字》。

十月十一日，顧之玎六十七生日，友人集十研齋賦詩。

周京《無悔齋詩集》卷十二有《十月十一日月田先生六十七生日詩分得六魚集十研齋作》。

是年，友人方德發割宅為董浦築抱經亭，方芳佩從董浦學詩，董浦妹杭澄亦常來。

《文集》卷十二《亡妹吟草序》曰：「余被放歸田，舊居不足以容，石友

方君滌山割宅讓余。滌山有女芳珮，有頌椒詠絮之才。妹來省母，輒相見歡甚。自是唱酬無虛日，家有女甥女姪，妹親指授詩律，藉以梳雪結愒，而消磨時日。」

周京《無悔齋詩集》卷十一《抱經亭為杭編修董浦作》曰：「先生振世姿，絕學專精神。搜剔遍出隱，更使理復醇。辨正無前古，毋俾來學塵。經心昭日月，亭毒推扶輪。舉俗吠所怪，突兀難具陳。昨年上諫書，非自謀厥身。」

方芳佩《在璞堂吟稿》之《董浦先生卜居敝廬喜而有作》曰：「地僻城南客到稀，何來逸駕款荊扉。為期永日翻青簡，相約全家住翠微。靜月林風皆自得，閒雲流水共忘機。自知愚拙難承訓，願就高賢一指非。

躭吟也復學推敲，蚓竅蛩鳴空自勞。入室願思將几杖，望洋才解泝波濤。漫營林壑償清福，盡擷風花供彩毫。況有石倉千卷在，從今良夜獨焚膏。」

方芳佩《在璞堂吟稿》卷首載董浦《序》曰：「余與滌山方兄有香火之約，削跡南還，滌山高邱伯割宅之誼，築抱經亭，為余研經之地。愛息芷齊夙有靈解，從余指授詩法。」則董浦嘗為芷齊指授詩法，故芷齊詩曰「自知愚拙難承訓，願就高賢一指非。」

冬，同友人周京送施念曾。

周京《無悔齋詩集》卷十二《寄餘姚大令檗齋》曰：「江國相逢夕，明燈遲故人。」自注：「時董浦、竹田在座。」

徐堂約於本年拜董浦為師。

汪啟淑《續印人傳》卷二《徐堂傳》曰：「徐堂，字紀南，號秋竹，又號南徐，浙江仁和縣人。幼孤露，家素饒裕，然好讀書。儲字畫，廣交遊。弱冠，補博士弟子員，名噪黌宮。既而負笈董浦杭太史之門，得其指授，學業日進，吟詠餘閒，講習篆籀鐵筆。」按：徐堂生於雍正三年（1725），至此為弱冠之年。

夏之蓉來訪，時董浦方撰《史記考證》《漢書蒙拾》。

夏之蓉《半舫齋編年詩》卷六《過杭董浦別業》曰：「我從青湖來，芙蓉摘盈把。採茲將安寄，眷言同心者。之子鳳沼客，脫簪轉瀟灑。結屋南山隅，枯藤出古瓦。兀兀手一編，精心別班馬董浦近釐正史記漢書。群言領其要，百氏

就甄冶。邂逅適我願，感之成傾寫。何由結芳鄰，承蓋親大雅。」又《同年張柳漁杭董浦陳句山邀泛西湖》曰：「四圍盛山色，中有明光湖。婀娜百態出，嫣然類名姝。良朋相招邀，船頭載清醑。藉茲一日暇，聊作煙水徒。長堤故無恙，頗懷白與蘇。願言一訪之，乃值寒梅初。梅萼已新破，香氣侵衣襦。亭心暫俯仰，遠見雙飛鳧。薄暮扶醉歸，明月來東隅。還聞川港外，悠揚發吳歈。」董浦評此詩云：「如雲行，如水流，指與物化，此境不可思議。」

【編年詩】

《詩集》卷十一《歸耕集》一：

《甲子書懷》

《送施念曾之官餘姚》

按：施念曾，字得仍，江南宣城人，施閏章孫。拔貢生，雍正十二年，知興寧縣。乾隆丙辰，由巡撫楊永斌薦舉博學鴻詞，試而未用。生平見全祖望《鮚埼亭文集》卷二十《河南禹州牧藥齋施君墓銘》。

《春寒效吳體》《湖心亭同復園諸子作》《雨後雲居山房望湖上諸山》《復圓紅板橋新成分賦》《讓公招集南屏山房避暑分得尚字》《同大恒讓山崧亭三上人過瓶花齋時漳蘭盛放》《夏日過瑪瑙寺訪元僧芳洲所鑿後僕夫泉》《新秋雨中泛舟》

《送姚主事立德入都兼簡魏二舍人允迪張四貞員外嗣衍》

按：姚立德，字次功，仁和人。以蔭歷官河東河道總督。生平見《（道光）濟南府志》卷三十七本傳。

《萬松書院留月掬湖兩臺落成用王荊公涑亭韻》《抱經亭坐雨》《秋雨集桐乳齋同用乳字》《南園池上作呈鄭侍讀江》《詠月故事分得劉妃白玉笙》《雨宿瓶花齋同吳城施安作》《持螯聯句》

《金觀察志章許孝廉大綸同過丁處士龍泓山館看菊不值却賦》

按：潘衍桐《兩浙輶軒續錄》卷四曰：「許大綸，字若愚，號初觀、田子，仁和人。康熙庚子舉人，官雲和教諭。著《荼毘剩稿》二卷。《杭郡詩輯》：『初觀稱詩五十年，自幼習聞庭訓，又濡染於笑庵、月查諸名宿，故其詩清超拔俗，脫然畦町之外。』」

《同人重過龍泓山館看菊》《布袍行為貴陽蔣封翁尚義作》《鄭侍讀宅賦得早寒先到石屏風》《飯楊太守百法禪房取徑後院攀礴而上望江上諸峰》《挽包方伯》《冬日遊寶奎寺》《雪後登金山作》

《張四科雪中招集讓圃》

按：王昶《國朝詞綜》卷三十曰：「張四科，字詰士，號漁川，臨潼人。監生。寓居江都。有《響山詞》四卷。厲樊榭云：『漁川詞刪削靡曼，歸於騷雅。其研詞煉意，以樂天翁為法，讀《響山》一編，覺白雲未遠也。』」

《試第二泉》《集瓶花齋同金農丁敬方德發》

《送姚遠翻令米脂》

按：潘衍桐《兩浙輶軒續錄》補遺卷二曰：「姚遠翻，字羽豐，號素山，錢塘人。雍正己酉副貢，官刑部郎中。」

【編年文】

《文集》卷二十八《嶺雲上人話墮集題辭》

按：是文曰：「歲在閼逢困敦，里中諸宿老閒適無事，扇兩湖之芳風，追八社之逸軌。吟興聿新，佛香時接，牽率入社者，北山則恒公，南屏則讓師也⋯⋯而師且標集曰《話墮》，是崇彼法而輕『言志』、『永言』之教也。亦以世之泯泯棼棼，以言詩者之眾，而思力矯之也。」

《文集》卷四十六《封一品太夫人楊母柳太君墓表》

按：是文曰：「乾隆九年三月二十日，考終懷安署。遞棺歸里，以例得入會城。哀榮既兼，典禮斯備⋯⋯大勳以公事至錢唐，交余厚。某年月日歸，將葬太夫人于長清縣金村峨眉山之左，穿贈公之封祔焉。伐石表墓，請文以示久遠。」

乾隆十年乙丑（1745），五十歲。

【時事】

正月，命會試改期三月，著為例，並命除從前鄉會試士子皮衣去面，氈衣去裏等苛例。四月，大學士鄂爾泰卒。五月，以納親為保和殿大學士，兼吏部尚書。十一月，定駐藏官兵三年換班例。

【事蹟】

春，羅愫修《烏程縣志》，邀張熷編輯，董浦鑒定，且《烏程縣志·藝文志》為董浦纂。

羅愫《烏程縣志序》：「自辛亥下車以來，更考績者五，恪居官次，庶竭駑駘，幸獲民安，其政從容休息。因於共職之餘，載輯是志，時則有張君南

漪爲之屬稿，甄綜考證，薈萃成帙。又屬邑儒張君冠霞典校，而後質之杭編修董浦。研核精裁，乃始鋟木。」

董浦《烏程縣志序》曰：「嗚呼！採之太史，藏之柱下，傳世久遠，則籍公之實心實政以持之。至於文字之役，則宋景文所謂事增於前而文減於昔，吾兩人可無愧色矣。緝掇既訖，例有弁首，遂志顚末，以紀歲月。乾隆十年，歲在乙丑塗月朔，舊史仁和杭世駿撰。」

孫廷槐《烏程縣志序》：「（甘泉羅先生素心）乃銳志踵輯，敬求作者。素聞吾友杭君董浦、張君南漪，學識淵邃，謁以筆削之任。二子採按古今，錯綜隱括，屬稿期月勒成。完書，復請邑人張君冠霞校閱一遍，勘定而後授梓。」

【附考】

辛亥爲雍正九年（1731），至乾隆十年乙丑（1745），恰爲十五年，故《烏程縣志》始修之年繫之於此。世駿此《序》云：「閱歲始克卒業」，是《志》成於本年歲末，故計其始修纂之時，當在歲首。

二月二十六日，友人鄭江卒，董浦應其子之請而作《侍讀鄭公行狀》。

《文集》卷三十八《侍讀鄭公行狀》曰：「公姓鄭氏，名江，字璣尺，晚號筠谷……公子之㹴特令執經予門。公既彌留，而之㹴會試在京師，遺言必乞余一言定公生平之行狀。嗚呼！余爲荒廢頹落之人，公獨略去勢分而有所取焉，豈非以其質正而不肯阿所好乎？公疽發於頸，血氣漸耗，屢下不止。疾既亟，尚索紙作《買棺》《寫眞》二詩。比至屬纊，神明不亂，蓋其養有素也。公生於康熙壬戌二月二十六日，終於乾隆乙丑二月二十九日，春秋六十有四。」

金志章《江聲草堂詩集》卷五有《鄭筠谷同年挽詩三首》。

友人周京送董浦之越修志。

周京《無悔齋詩集》卷十二《送董浦竹田之越即簡蘗齋大令》曰：「空庭雨後響松杉，無限情思落枕函。涼月已分前岸樹，暮潮遙送隔江帆。緣知小別虛吟席，卻喜輕風動客衫。寄語神明河上宰，好將詩骨鬥清嚴。」

梁啓心《南香草堂詩集》卷二有《送杭二董浦施二竹田之姚江即簡施明

府檗齋》。

夏日，全祖望因事忤太守魏某，牽連董浦。

董秉純《全謝山先生年譜》之乾隆十年乙丑條曰：「夏，寧守魏某縱一奴子入泮宮，且陳夏楚以恫喝廩保，先生憤甚，移書詰之。守怒，偕巡道葉某以細事羅織先生，力求撫院興獄，並及董浦先生，撫軍常公不可。旋以《受宜堂文集》令鄞令求先生作序，其事始解。」

八月二十七，顧之琺卒。

《文集》卷四十二《文林郎行人司行人管理廣東電白縣知縣事顧君墓志銘》曰：「君姓顧氏，諱之琺，字摺玉。先世自上虞遷會稽，再遷於杭，遂爲杭之仁和縣人……乾隆乙丑八月二十七日，忽遘末疾，奄然隨化。距君之初生，蓋六十有八年，而其降辰則在康熙戊午十月十有一日也。」

周京《無悔齋詩集》卷十二《哭顧月田》。

梁啓心《江聲草堂詩集》卷七有《顧月田挽辭》。

冬某夜，在揚州，同厲鶚等集會，宿南莊。

厲鶚《樊榭山房續集》卷五有《題嶰谷半槎南莊七首》，詩編入乙丑年。

朱文藻《厲樊榭先生年譜》之乾隆十年乙丑條云：「（馬曰璐）《冬夜同樊榭董浦竹町西疇玉井南圻於湘家兄嶰山同宿南莊》曰：『梅花一支橫碧沼，似爲荒村破枯槁。詩人衫袖有春風，淡月窺人況林表。床鋪丁字聯清冬，四圍水木霏微中。地白時看雁影過，窗虛更覺江天空。獨我吟聲何太苦，月色花光且吞吐。詩成遙答遠山鐘，夜靜不傳街市鼓。人生會合安可常，趁取酒熟清且香。明朝更放煙江棹，水宿雲眠枯木堂。』」

十一月九日，同友人集吳城宅待雪。

金農《冬心先生續集》卷下《十一月九日同少穆江聲抱樸樊榭菽林董浦敬身竹田集鷗亭高齋待雪有作》曰：「風淒百草病，我心感幽牽。微霰方將集，共眄西齋前。索索氣逆鼻，棱棱寒聳肩。先嘗元相醯，早設江郎氈。何時積三尺，結想林中天。狂飛如亂巾，一白同瓊田。洛社遊可期，鄆曲和罕傳。凍鶴當爲謀，今年是堯年。」

十二月朔日，《烏程縣志》校訖，董浦作《烏程縣志序》。

董浦《烏程縣志序》文末曰：「乾隆十年，歲在乙丑塗月朔，舊史仁和杭世駿撰。」

十二月十六日，同友人過清勤堂詠洋坡璃燈。

《詩集》卷十二《歸耕集》二有《十二月十六日集清勤堂詠洋玻璃燈》。

梁啓心《南香草堂詩集》卷三有《十二月十六日江聲董浦龍泓寸田茨簷鷗亭過清勤堂同詠洋坡璃燈》。

金志章《江聲草堂詩集》卷七有《清勤堂宴集詠洋坡璃燈》。

十二月二十四，同友人登吳山探梅，因觀金星洞宋人摩崖題名。

金志章《江聲草堂詩集》卷七有《十二月二十四日樊榭董浦鷗亭竹田寸田登吳山探梅因觀金星洞宋人摩崖題名》。

除夕，同厲鶚等登吳山酒樓作詩。

厲鶚《樊榭山房續集》卷五《除夕同江聲壽門董浦鷗亭諸君登吳山飲酒樓分韻》曰：「危闌徙倚靜無嘩，共惜流年赴壑蛇。山轉晴光餘半壁，渠添雪水貫千家。牽連酒伴生吟思，振觸風情上鬢華。只有故園今夕，好翩翩目極後棲鴉。」

本年顧之珽結西湖吟社，董浦與焉。

汪啓淑《續印人傳》之卷八《釋明中傳》曰：「乙丑歲，與予暨月田、江聲、穆門、樊榭、董浦諸宗工結吟社，相酬倡。所著有《芨虛詩鈔》。」

又本卷《釋篆玉傳》曰：「釋篆玉，字讓山，號嶺雲，浙江某縣某氏子。髫齡即從某師薙染。性敏悟，梵書經典，一覽溜亮。兼通儒學，性嗜聲韻，柳柳州所謂以儒而通佛者。闡大乘法，排筅蔬筍，解脫繫縛，絕無寒乞之相。歲乙丑，月田顧明府之珽結西湖吟社，諸耆宿外，北山則恒公，南屏則讓師也。時予亦參末座，聯吟刻畫，湖山之勝，極一時風雅。」

【編年詩】

《詩集》卷十一《歸耕集》一：

《顧行人之珽招集包家山看桃花分得微齊二韻》《哭鄭侍讀二首》《盆山》

《詩集》卷十二《歸耕集》二：

《同人泛舟蕙江歷探西石大黃諸勝》《皋亭競渡》《十硯齋詠桐樹用東坡和子由園中草木韻》《孤山尋竹閣舊趾》《范寬秋山行旅圖》《壽春庵尋許大綸不值》《集清勤堂金處士農以洞庭春茗餉客》《新秋南屏山房坐雨》《采菱曲》《南屏山觀米海嶽摩崖琴臺字》。

按：金農《冬心先生續集》下卷有《南屏山中觀米外史琴臺石刻二大字同少穆月田江聲抱樸樊榭菣林董浦敬身竹田寸田鷗亭諸君大恒讓山二上人作》。

《中秋前一日費員外我衡招同許孝廉丁處士集慈恩僧房時恒公適至》《秋陰》《有王生者鬱孫楚之深情抱非熊之奇痛纏綿哀涕遂嬰瘵疾既亟介予姻親乞一言以死輒以小詩廣其意生得詩感涕叩頭越日即隕噫亦異矣》《秋日集鳳鳴庵》《夜集南潯小隱阻雨時張矰方修烏程志歸》《晚秋遊蓮居報國兩招提》《剪橙》

《余與江敬齋太守源生同庚居同里學相善同遊於黌同舉于鄉逮余以狂言獲譴而敬齋亦以伉直忤上官中以他事罷去今年十月敬齋五十生辰里人釀酒湖樓各賦長句為壽余其可無言乎》

按：阮元《兩浙輶軒錄》卷十七日：「江源，字岷山，號敬齋，仁和人。雍正甲辰舉人，官保定知府。」

《煮雪》《秀繡亭觀趙松雪維摩示疾像以東坡天柱寺楊惠之塑維摩詩句為韻得病字》《金農自鹽官歸出酒招客適周京亦至坐呈溪父先生》《十二月十六日集清勤堂詠洋玻璃鐙》。

【編年文】

《文集》卷六《烏程縣志序》

《文集》卷三十八《侍讀鄭公行狀》

《文集》卷四十五《贈奉政大夫戶部員外郎費君墓表》

按：是文曰：「君姓費氏，諱啟昭，字霞初，湖州歸安人……日月不居，體魄遽降。康熙五十三年三月二日，遘疾，卒於菱湖里第，年僅三十有九……乾隆十年二月三十日，自京師歸，始克窆君於菁山之原，祔從其穆，禮也。越兩月，乃得美石，爰樹碣於墓門。余交我衡驩，若昆弟誼甚摯，來乞銘，不可辭，乃表以銘。」

乾隆十一年丙寅（1746），五十一歲。

【時事】

正月，詔普免各省錢糧一次。三月，瞻對土酋班滾作亂，命大學士川陝總督慶復帥師討之，六月瞻對平。七月，乾隆奉太后西巡，幸五台山。

【事蹟】

春，應門人范鶴年之請，董浦遊海寧，寓其家幾半年，暇時與友人俞楷審訂《訂訛類編》。

董浦《訂訛類編序》云：「僕自解組歸田，偃仰湖山之側，無他嗜好，惟手一編，以與水色嵐光朝夕相娛樂而已。諷誦之下，見古人行事與古書訛謬處，輒為摘記。參互考訂，校正其非，集成卷帙。藏之篋笥，非敢云枕中之秘也，亦聊以自怡悅耳。丙寅春，海寧門人范鳴遠鶴年邀予作觀海之遊，因寓其聽濤樓者幾半載。爰出是編，以與老友俞正之楷共相訂質。暇時，遂為類次而編輯之。訛者闕焉，間附管見，就正大雅，使一誤不至再誤，則是編亦好古者之所樂得而觀玩也。置之案頭，以資聞見，不至覆彼醬瓿，則余之大幸，亦讀書者之大幸歟？」

吳慶坻《蕉廊脞錄》卷五曰：「湘潭葉奐彬吏部藏杭董浦先生《訂訛類編》六卷，其目曰：義訛、事訛、字訛、句訛、書訛、人訛、天文訛、地理訛、歲時訛、世代訛、鬼神訛、禮制訛、稱名訛、服食訛、動物訛、植物訛、雜物訛凡十七類。自序言：『丙寅春，海寧門人范鳴遠鶴年邀予作觀海之遊，因寄其聽濤樓者幾半載，爰出是編，與老友俞正之楷共相訂質，暇時遂次而編輯之。』按是書無刊本，舊藏漢陽葉氏平安館，奐彬將梓行之，長沙變亂之餘，此事遂廢。」

阮元《兩浙輶軒錄》卷二十七曰：「范鶴年，字雪軒，海寧人，著《聽濤樓詩鈔》。朱文藻曰：『雪軒為杭董浦先生門人，先生罷官歸，修《海寧志》，雪軒同預其事。遺詩一冊，藏杭氏，借閱錄之。』」

又卷三十曰：「俞楷，字正之，號範庵，海寧諸生。著《存雅堂集》。俞寶華曰：『範庵公績學，為仁和杭太史世駿所重，延課諸子。』」

正月望日，孫廷槐作《烏程縣志序》。

《烏程縣志》卷首載孫廷槐序，末曰：「乾隆丙寅春正月望日，賜進士出

身，翰林院編修，充武英殿纂修官，年眷侄孫廷槐頓首捧拜。」

二月初，同厲鶚、周京、梁啟心等出東新關，至皋亭看梅花，晚遇雨，宿於舟中。

厲鶚《樊榭山房續集》卷六《泛舟出東新關至皋亭看梅同周穆門杭董浦梁諮林丁龍泓吳甌亭汪秀峰作》曰：「春山秀北郭，悵望情有餘。中藏萬樹梅，白云誰所鋤。獨往興易盡，高唱孰起子。同舟五六人，皎若英瓊琚。推篷認芳草，把卷沿清渠。斜陽才半嶺，薄靄風四除。撫跡已成昔，言歡方在初。幽姿照水際，的的久離居。」

是集《皋亭雨泊同穆門董浦甌亭》曰：「月黑皋亭夜色虛，一篷風雨傍開漁。蕭蕭破夢三更後，恰恰欺花二月初。小舫得爲聯被宿，深村大好閉門居。篋中幸有吳箋在，滿幅春愁剪燭書。」

仲春穀旦，羅愫作《烏程縣志序》。

《烏程縣志》卷首載羅愫序末曰：「乾隆十有一年仲春穀旦，甘泉羅愫書。」

春閏三月三日，杭州府鄂筠亭敏修契事於西湖，會者凡四十二人，董浦與焉。

《詩集》卷十二《歸耕集》二有《閏三月三日修禊事於湖上效蘭亭體賦四言五言》。

周京《無悔齋詩集》卷十二有《閏上巳湖上續修禊仿蘭亭會體四言分韻得二十八琰五言分韻得七虞》，《湖上展修禊事序》曰：「丙寅閏三月三，展修禊事於湖上。三春有閏，芳草正長。因讀永和舊會於湖之濱，撫嘉樹，臨清流，顧瞻興懷，賦詩相答。」

金志章《江聲草堂詩集》卷七有《閏三月三日修禊湖上效蘭亭體二首》。

全祖望《鮚埼亭詩集》卷四《杭二董浦以閏重三日爲禊事之會於湖上太守鄂鈍夫而下至者四十二人蓋自劉仁本續行此舉於姚江在元至正中今四百餘年矣》。

朱文藻《厲樊榭先生年譜》云：「同會者錢塘梁溪父文濂、周穆門京、金江聲志章、金冬心農、厲樊榭鶚、丁龍泓敬、張柳漁湄、陳句山兆崙、陳眉山暐、呂耘堂伊、吳鷗亭城、施竹田安、陸抑齋秋、吳藍田玉增、施北亭庭樞、周暢鶴宸望、丁誠叔健、吳勉若璠增、施大醇學濂、吳蘭林玉墀、厲秀

周志黼；仁和許初觀大倫、孫晴湖陳典、胡質孚竟、汪復圖臺、梁菼林啓心、顧耕楣正謙、杭董浦世駿、王茨簷曾詳、顧寸田之麟、張南漪熷、皇甫藥坡鯢、孫瑤圃庭蘭、杭奕聞世瑞、趙勿藥一清、吳萬洲中麟；歸安茅湘客應奎、孫武水林；慈谿周雪崖羽逵；會稽魯秋腔曾煜；平湖陸恬浦培、張鐵珊雲錦、葉應坡巒、陸雲軒騰；海寧施蘭垞謙、許復齋承祖；鄞全謝山祖望；秀水錢籜石載；德清徐南墅以震、徐柳樊以泰、徐根苑以紳；衲子則明中、讓山、篆玉；非浙產者，南陵劉田舍琦、歙汪秀峰啓淑、宣城施檗齋念曾、滿洲舒雲亭瞻、長沙周雪舫宣猷、閩林餘齋緒光及筠亭太守也。太守彙刊其詩，而明中為之圖，穆門為之記。」

陳兆崙將北上，同人集餞於吳城瓶花齋。

蔣天樞《全謝山先生年譜》卷三乾隆十一年丙寅條曰：「陳句山將北上，吳鷗亭邀先生及金江聲、周穆門、厲樊榭、金冬心、梁菼林、杭董浦、施竹田、汪復園、釋明中集於瓶花齋。」

五月，全祖望再館揚州馬氏畬經堂，韓江詩社諸君子賦詩喜全氏至，且憶董浦、樊榭、薏田諸友。

全祖望《鮚埼亭詩集》卷五《韓江詩社浙中四寓公豫焉樊榭董浦薏田與予也然前後多參錯予不到韓江二年矣今夏之初館於嶰谷畬經堂中同人喜予之至而惜三子之不偕即席奉答》曰：「昔我來是間，行庵方經始。倥傯渡江歸，魂夢幾勞止。迢遙雙鯉魚，莫罄論詩旨。轉瞬三夏間，相逢互歡喜。重來訝新徑，舊雨迷故履。東西萬箕簹，各各長孫子。閣中古先生，微笑一彈指。倒屣增闊悰，披襟消塵滓。今年溽暑早，火雲迅於矢。愛茲別有天，薰風環圖史。諸公冰雪賜，吐句清髮齒。而我已才盡，坐笑彭亨豕。遙溯浙河中，水雲正清泚。故人夫如何，梁月共徙倚。」

蔣天樞《全謝山先生年譜》卷三乾隆十一年丙寅曰：「五月，抵揚。韓江詩社有浙中四寓公，先生與董浦、樊榭、薏田也，然後先多參錯。同社喜先生之至，而惜三子之不偕，各以詩為贈。」

同厲鶚等出東新關作詩。

厲鶚《樊榭山房續集》卷五《晚出東新關仝董浦甌亭作》曰：「背郭乍過雨，晚涼衣上侵。聊為汀畔飯，共作煙中吟。燈影橫橋柵，人聲出樹陰。相

攜多舊侶，幽賞得初心。」

董浦召厲鶚等為銷寒第一會。

厲鶚《樊榭山房續集》卷四《杭董浦招集寄巢戲賦冬閨用魚元機和光威裒聯句韻銷寒第一會》曰：「深沉子夜深沉院，月底飛來青鳥三。拂拭紅綿開曉鏡，商量白紵製春衫。無題慣入多郎詠，有信偏宜喜字銜。夙習偶呼長命女，今生堪伴善思男。斜河欲轉應斜昒，小市初迎合小慚。釀雪年光歸緩緩，剪燈心緒話喃喃。吳潮解送明於練，楚岫相望矗似簪。願作羅幬君是覆，若為香瓣妾能含。佳期箏柱參差定，真諳琴弦子細諳。舊姓曾憐碧玉嫁，蕃釐記向綠衣參。流連臘酎鈎藏醉，取次花餳竈祀甘。何事畏寒多晏起，殘陽容易到梅南」。

朱文藻《厲樊榭先生年譜》之乾隆十一年丙寅條云：「冬，為銷寒會，會者周京、金志章、梁啓心、丁敬、杭世駿、全祖望、顧之麟、吳城、丁健、汪啓淑。」

梁啓心《南香草堂詩集》卷三有《董浦召集寄巢戲賦冬閨用唐女史光威裒聯句》《冬閨再疊前韻》《冬閨三疊前韻》。

汪啓淑《訒葊詩存》卷二《飛鴻堂初稿》有《杭丈董浦招集寄巢戲賦冬閨和唐人光威裒聯句韻銷寒第一會》。

汪啟淑召董浦、樊榭等為銷寒第二會。

厲鶚《樊榭山房續集》卷四《汪秀峰自松江載書歸招同人小集分韻銷寒第二會》曰：「雪壓扁舟浪有棱，載來書重恐難勝。排聯清興惟同鶴，增長多聞似得朋。歸洛舊傳東野句，入杭新並蓼塘稱。銜杯不獨相忻賞，欲貰鄰居藋燭膽。」

厲鶚《宋詩紀事》一百卷編訖，馬曰琯、馬曰璐助其成。

厲鶚《宋詩紀事序》有曰：「幸馬君嶰谷、半槎兄弟，相與商榷……念二君用力之勤，不忍棄去。」

顧正謙請董浦為其父顧之珽作墓誌銘。

《文集》卷四十二《文林郎行人司行人管理廣東電白縣知縣事顧君墓誌銘》曰：「越歲丙寅，正謙等將葬君於小鳳凰山之原，以沈孺人祔。幽宮伐石，

來乞予銘。」

　　本年，董浦築寄巢，友人作詩賀之。

　　周京《無悔齋詩集》卷十四《寄巢爲董浦杭太史作》曰：「昨年移家東城東，家具無多多故紙……頗有空巢可寄居，寄得閒居樂之史。」

　　周長發《賜書堂詩鈔》卷五《得同年杭董浦手書知移居友人舊屋顏曰寄巢即次吳鷗亭四首元韻》：「南雁初歸尺素通，高人間說住牆東。卜居流水分清濁，借地談經辨異同。養母百年華黍白，留賓十人瓦盆紅。」

　　樓錡《於湘遺稿》卷一《寄巢詩爲杭董浦太史作》其一：「蟣蚗曾掉直言旗，落寞歸來借一枝。見說故人多厚祿，卻誰遠寄草堂資。」其二：「偶隨野老爲鄰，曲暫借園花作主人。終待鳳皇將九子，一時棲向上林春。」

　　閔崋《澄秋閣集》二集卷二《題董浦寄巢》曰：「太史歸田後，新巢寄一區。母須乞居帖，不費倩金圖。枕藉書千卷，婆娑樹幾株。上林曾借處，爭奈有朝趨。」

　　阮元《兩浙輶軒錄》卷二十七載施謙《寄巢爲董浦賦》曰：「三載歸田兩傲廬，巢經那復向空虛。」乾隆八年遣還，至本年恰爲三載。

【編年詩】

　　《詩集》卷十二《歸耕集》二：

　　《湖上雨過送施明府之青溪》

　　按：詩曰：「東風欲散敝裘溫，吹我梅邊展屐痕……到日龜亭春正好，板輿扶處即花村」，是初春景象也。

　　《花朝風雨集河干草堂》

　　《題許上舍承祖雪莊漁唱三絕句》

　　按：阮元《兩浙輶軒錄》卷三十曰：「許承祖，字繩武，自號雪莊居士，海寧副貢生。著《西湖漁唱》七卷。俞寶華曰：『許承祖，爲編修焞同懷弟』。」

　　《穀雨日瓶花齋送張侍御湄陳檢討兆崙還朝》

　　按：陳兆崙《紫竹山房詩文集》之《詩集》卷三有《吳甌亭城邀同金丈江聲志章周穆門京厲樊榭鶚金冬心農梁蘐林啓心杭董浦施竹田安全謝山汪復園釋明中集瓶花齋見餞得十一眞》。

　　阮元《兩浙輶軒錄》卷二十曰：「張湄，字鷺洲，號南漪，一字柳漁，錢塘人。雍正癸丑進士，官至兵科給事中。有《柳漁詩鈔》。」

《閏三月三日修禊事于湖上效蘭亭體賦四言五言》

《送孫林之瑞州兼訊其舅沈太守瀾》

按：阮元《兩浙輶軒錄》卷十八曰：「沈瀾，字維渭，號泊村，又號法華山人，烏程籍，歸安人。雍正癸丑進士，官瑞州知府。著《雙清草堂詩》。」

《四月十四日集瓶花齋送舒明府還桐溪》《西湖競渡四首》《詠竹夾膝》《詠江太守源齋前石泉》《雪莊秋莼小集時余病瘧初起》

《同楊太守大勳金農丁敬兩處士楊秀才知遊映壁喬松諸蘭若》

按：《（道光）濟南府志》卷五十三曰：「楊大勳，字彤一，璋次子，由貢生教習授虹縣知縣。歷任山陽、阜寧，遷滁州直隸州知州，署太平知府。事母以孝聞，居官澣衣蔬食，能甘淡泊。嗜書，得舊本，必補綴鈔寫以為樂。積至數千卷，示其子嘉樹曰：『三十年宦囊盡此矣！吾不能效陸賈貽汝橐中金也。』著《文選音義》，未竟卒。」

《送施安之歙州》《十月菊》《陸騰招集南屏山房看紅葉》《舒明府自當湖來同集南香草堂》《寒閨用唐女冠魚玄機和光威裒聯句韻》

【編年文】

《文集》卷四十二《文林郎行人司行人管理廣東電白縣知縣事顧君墓誌銘》

乾隆十二年丁卯（1747），五十二歲。

【時事】

三月，金川土司莎羅奔作亂，命雲貴總督張廣泗為川陝總督，率師討之。四月，孫嘉淦以老病乞休，許之。七月，飭禁紳士專利把持鄉曲。

【事蹟】

初春，同友人泛舟東湖，賦詩而歸。

周京《無悔齋詩集》卷十四有《丁卯春日龍威召同陸抱清紆齋耐士葉迎坡松窗鮑威吉馮容大觸樊樹董浦竹田敦復暨讓公於東湖泛舟歷遊有作》《陸抱清紆齋耐士葉迎坡松窗復召集諸君子於東湖上》。

二月，同友人之城北看花。

周京《無悔齋詩集》卷十四有《丁卯二月清明前十一日舟過臨平湖夾岸桃李盛開菜花黃滿麥隴亦青青在望忽飛雪彌空覺紛紅駭綠悉掩暎於簾幕間清景絕麗得未曾有平生遇雪成詠奇若祁連莽若雁門玲瓏若少華蕭曠若五嶂外如

溪橋山店畫閣僧樓靡不欣賞而獨未嘗於舟行復得見此豔雪同遊樊榭董浦東西指顧狂喜傾倒於風帆中逾時至皋亭日光穿蓬桃李灼灼向人站足視又不知凡幾里許新江映水積翠上衣金碧璀璨絕似李昭道著色山水實仙遊異境也各賦小詩以紀之》。

梁啓心《南香草堂詩集》卷三有《城北泛舟看桃花》。

同友人至皋亭山看梅花，遊崇光寺賦詩。

梁啓心《南香草堂詩集》卷三有《泛舟出冬新關至皋亭山看梅花同穆門江聲龍泓董浦鷗亭作》《由全家堰步至崇光寺》《宿皋亭山下田家》《遊中塔院遂至上塔院中塔眞歇了禪師有無盡燈記上塔眞藏歸禪師有伏虎事》《月明庵了明永禪師駐錫處即下塔院》《撒沙夫人廟相傳神爲皋亭倪氏女南渡初避寇奔匿蒙犯風雨瘡痍而卒里人藏之山中後金人南侵神著靈異撒沙退敵事聞封爲護國夫人建廟祀焉》。

周京《無悔齋詩集》卷十三有《泛舟出東新關至皋亭看梅》《晚由金家堰步至崇光寺》《宿皋亭山下田家》《遊中塔院遂至上塔院中塔眞歇了禪師有無盡燈記上塔眞藏歸禪師有伏虎事》《月明庵了明永禪師駐錫處即下塔院》《撒沙夫人廟夫人倪氏女爲南宋時避亂守貞患瘡痍歿葬此山曾撒沙退金人廟祀山牛》。

梁啓心庭中辛夷花開，邀董浦等賞花賦詩。

梁啓心《南香草堂詩集》卷三有《庭中辛夷花盛開邀穆門樊榭董浦鷗亭飲花下作》。

周京《無悔齋詩集》卷十四有《飲南香草堂辛夷花下》。

上巳日同友人修禊於湖上，兼懷顧之玟。

周京《無悔齋詩集》卷十四有《丁卯上巳修禊湖上即酹月田墓用鐵崖韻》。

集全祖望寓齋賦詩。

周京《無悔齋詩集》卷十四有《集謝山寓齋對菊菽林董浦同作》。

是年春，趙昱卒，年五十九。

見康熙三十五年條。

五月十五日，厲鶚客揚州。

朱文藻《厲樊榭先生年譜》之乾隆十二年丁卯條云：「夏，客揚州。五月十五日，小玲瓏山館爲展重午之會。秋歸，復同全謝山偕往揚州。至吳門，疾作，遽歸。」

集全祖望寓齋賦詩。

周京《無悔齋詩集》卷十四有《集謝山寓齋對菊葹林董浦同作》。

九月九日，同友人遊報國院賦詩。

梁啓心《南香草堂詩集》卷三有《重九日同樊榭董浦謝山柳漁鷗亭竹田遊東城報國院分得杜少陵藍田崔氏莊詩韻》。

友人周長發與董浦等約同遊杭諸名山，未果。

周長發《賜書堂詩鈔》卷五有《曩與董浦雲持瓊臺三先生訂歸遊天台曉觀日出並遍眺杭越諸名山此願今尚未果偶讀瓊臺先生用東坡徑山道中韻五古率和是正究未識何日得遂山中約也》。

【編年詩】

《詩集》卷十二《歸耕集》二：

《出東新關至皋亭探梅》

按：此詩嘗被誤收入施安《舊雨齋集》。陳昌圖《南屏山房集》卷二十二曰：「施竹田先生安《舊雨齋集》八卷，清微澹泊，不染塵埃。王弇州謂施子羽詩『如寒鷗數點，流水孤村，惜其景物蕭條，迫晚意盡』，舊雨宗派當在高叔嗣、徐里谷之間。其第七卷《皋亭看梅》七首，則杭太史《歸耕集》中詩，而編者誤採入者也。」

《晚由金家堰步至崇先寺》《宿皋亭山下田家》《遊中塔院遂歷上塔院》《桐塢》《月明庵》《撒沙夫人廟》

《厲鶚丁敬顧之麟同過桃關看花》

按：阮元《兩浙輶軒錄》卷二十三曰：「顧之麟，字大振，號寸田，仁和人。乾隆丙辰進士，改翰林院庶吉士，出授山西直隸知縣，官通州知州。著《寸田遺稿》。」

《寄題新城噎泉爲同年高霱作》《題句曲孫秀才玉璘蟬鳴錄四首》《送楊太守大勳之江南》《秋日采蕿湖上》《萬松嶺尋祖龍學介亭遺址不得》《同人集

吳山爲展重陽之會》《初冬集復園池上》

【編年文】

《文集》卷十六《長沙周雪舫壽序》

按：是文曰：「雪舫今歲屆強仕之年，介康爵者，不少榮華之辭，而予獨以迂拙之言進，俗之所訾，固雪舫之所樂聞，而吾士友之所欲傾耳以聽者也。故不憚謏譾而述之，是爲序。」

周宣猷（1708～？），字辰遠，號雪舫，湖南長沙人。（江慶柏《清代人物生卒年表》第 514 頁）

乾隆十三年戊辰（1748），五十三歲。

【時事】

二月，乾隆奉皇太后及皇后東巡至德州，皇后崩。四月，以大學士納親爲經略大臣，赴四川督軍。五月，起復故將軍岳鍾琪爲四川總督，馳赴大金川營。七月，革張廣泗職，逮京治罪。十二月，殺張廣泗，賜納親死；更設內閣大學士制。

【事蹟】

正月二十二日，菽林召友人至西溪看梅，董浦不至。

周京《無悔齋詩集》卷十四有《戊辰正月廿二日菽林召往西溪看梅同朱鹿田金江聲厲樊榭丁敬身張柳漁吳敦復施竹田汪秀峰約董浦不至》。

暮春初霽，同友人至湖上看綠。

周京《無悔齋詩集》卷十四有《暮春初霽鹿田江聲壽門抱樸樊榭菽林敬身鷗亭董浦竹田謝山琹虛讓山集南屏山房看湖上新綠》。

梁啓心《南香草堂詩集》卷三有《春暮集南屏山房看湖上新綠》。

金志章《江聲草堂詩集》卷五有《塞北初歸穆門壽門復園樊榭董浦招遊湖上分韻》。

夏日，同友人於吳山酒家作題壁詩，於復園池上賞荷花作詩。

周京《無悔齋詩集》卷十五有《夏日吳山酒家題壁同鹿田菽林董浦敦復竹田敬身作》《復園池上荷花得十一尤與會者朱鹿田傅玉笥丁敬身杭董浦張柳漁施竹田琹虛讓山兩上人》。

立秋日，同友人於吳山道院待月賦詩。

周京《無悔齋詩集》卷十五有《立秋日雨後過吳山道院待月得動字以雲天改夏色木葉動秋聲爲韻同雪舫容安江聲菣林董浦敦復竹田秀峰》。

閏七月三日，董浦婿丁健修秋禊於寄巢。

《文集》卷四十八《女夫丁秀才停棺誌》曰：「秀才謹而愿，詩才秀飭，而語吶吶然，如不出諸其口，吾愛之。修秋禊於吾寄巢，老成宿學，如朱太守樟、周徵士京、金副使志章、厲孝廉鶚皆在，出技角力，而秀才以末座少年，詩獨擅場。」

周京《無悔齋詩集》卷十五有《寄巢秋禊得序字韻》。

梁啟心《南香草堂詩集》卷三有《閏七月三日寄巢池上修禊》。

閏七夕，同友人至湖上作詩。

周京《無悔齋詩集》卷十五有《閏七夕湖上同朱鹿田金江聲施蘭垞張無夜梁菣林張柳漁丁敬身杭董浦吳敦復施竹田汪秀峰》。

梁啟心《南香草堂詩集》卷三有《閏七夕泛湖》。

金志章《江聲草堂詩集》卷七有《閏七夕湖上分韻》。

九月，全祖望主戢山書院，董浦及同社諸公集餞於南香草堂。

厲鶚《樊榭山房續集》卷七《送全謝山赴戢山書院山長》曰：「初寒官舫晚潮催，知是經師入越來。石簀雲深書庫滿，墨池風動講堂開。西山餓後推前輩，東箭收將盡異才。我憶舊遊何日再，爲尋屐齒尚蒼苔。」

蔣天樞《全謝山先生年譜》卷四乾隆十三年戊辰條曰：「九月，郡守杜補堂請主戢山講席，赴之。杭之同社諸公，集餞於南香草堂。」

冬，厲鶚復反揚州，同杭世駿、馬曰琯、馬曰璐、陳章、閔峘、陸鍾輝、方士健、樓錡遊焦山。馬曰琯集爲《焦山記遊集》，厲鶚作序，刊而行世。

厲鶚《焦山記遊集序》曰：「京口金、焦二山，爲天下絕景。金山去瓜州咫尺，南北帆檣所經，焦山相去稍遠……予平生三遊，皆馬君嶰谷、半槎爲之主，一在庚戌冬，一在丁巳夏。今年戊辰冬仲之望，復因江月發興，同遊者凡九人。」

朱文藻《厲樊榭先生年譜》之乾隆十三年戊辰條云：「冬日，重遊大滌洞天，復返揚州。同董浦、竹町、西疇、玉井、南圻、於湘、宿谷、嶰谷、南莊重遊焦山。」

本年，董浦整理應㧑謙遺書。

全祖望《鮚埼亭集》卷十二《應潛齋先生神道碑》曰：「應先生之沒六十年，遺書湮沒，門徒凋落且盡，同里後進，莫有知其言行之詳者。予每過杭，未嘗不爲之三歎息也。年來杭董浦稍爲訪葺其遺書，以授之契家子趙一清。歲在戊辰，一清因以先生墓文爲請，曰：『微吾丈，莫悉諸老軼事也。』其盍敢辭？應先生諱㧑謙，字嗣寅，學者稱爲潛齋先生，杭之仁和縣人也……康熙二十六年，病革，尙手輯《周忠毅公傳》，未竟而卒。春秋六十有九。」

【編年詩】

《詩集》卷十三《寄巢集》：

《梁翰林啓心吳上舍城載酒過寄巢即席》《送全吉士祖望赴蕺山書院》《題女士趙昭雙鈎水仙》《同人集寄巢梅花下作》《夜集張雲錦藝舫》《雨泊皋亭》《瓶花齋百八酒器歌》《桐鄉鳳鳴寺僧行芳俗姓魏氏工詩爲署令所誣將致之死舒明府行獄見其詩愛之立爲昭雪遂返初服即以舒爲名字曰更生賦感恩詩八章清麗可誦今遊武林明府贊之徧遊諸公間爲賦一律贈之》《送舒明府贍母喪歸里》《無米》《用周進士宣武來韻奉酬兼訊令弟分司宣猷即題其集木集後》《復園池上荷花》

《題任太守應烈狎鷗圖》

按：陶元藻《全浙詩話》卷四十六曰：「任應烈，字武承，號處泉，錢塘籍會稽人。雍正庚戌進士，由翰林任南陽知府。」

《吳山酒樓題壁》《小雨初涼集飛鴻堂分韻》《泛舟北郭》《七月七日集萬峰禪房》《寄巢秋禊》《閏七夕湖上》

《晦日喜張大受陳鴻寶見過》

按：阮元《兩浙輶軒錄》卷二十五曰：「陳鴻寶，字寶所，仁和人。乾隆辛未，欽賜舉人中書，官工科掌印給事中。」

《雨中湖上賦秋荷》《湖上晚歸集南香草堂分韻》《九日遊報國院池上用林艾軒九日韻》《東郭訪秋即用玉溪詩中語爲韻得霞字》《送周運判謫戍軍臺四首》《璉市》《冬日葉物齋小集》《霍家橋道中》《冬夜宿南莊》《焦山觀音巖

晚望用宋人趙冰壺韻》《焦山看月》《登雙峰閣》《寒夜石壁庵聯句》《歸宿南莊二絕》《題趙彝齋雙鉤水仙》《寄懷鄂觀察敏》

《吳淞立春》

按：詩曰：「小雪飛殘喜乍晴，餘冬驚見異鄉更……歷尾漸看隨日換，羈愁仍向隔年生」，是冬末歲尾景象。

【編年文】

《文集》卷四十《光祿大夫太子太傅東閣大學士兼禮部尚書加贈少傅文穆徐公墓誌銘代》

按：是文曰：「乾隆九年，太子太傅相國徐公以疾在告。越四年，薨於錢塘里第。遺疏上聞，聖心震悼，賻贈有加，諭祭葬如典禮。二祥載周，公子以烜等筮藏協吉，走使乞銘。」

《文集》卷四十四《胡樂庵墓誌銘》

按：是文曰：「君諱應煌，字鑒澄，一字樂庵，姓胡氏。胡氏出於南陽，遷杭仁和者，君曾祖善涵公也……歲在癸丑，月維季夏十有一日，庀家事不少節，中暍而劇，猶數念阿彌不置口，遂以卒。春秋四十有九……乾隆紀元之十有三載，孤佐虞始得於烏石峰之陽，卜筮協吉，以十二月十日奉君葬於其麓，而以孺人王氏祔，地來乞銘。」

乾隆十四年己巳（1749），五十四歲。

【時事】

正月，傅恒、岳鍾琪舉兵入金川，莎羅奔降，金川平。十一月，以汪由敦為協辦大學士；罷大學士張廷玉官。

【事蹟】

春，北郭歸舟，同友人用東坡詩分韻賦詩。

周京《無悔齋詩集》卷十五有《北郭歸舟以東坡水生桃葉渚煙濕落梅村分韻同江聲樊榭敬身董浦作》

春分後三日，初晴，雪軒召周京、董浦、厲鶚、潘庭筠泛湖賦詩。

厲鶚《樊榭山房集》卷七《春分後三日初晴雪軒招同穆門蘭垞董浦泛湖分韻》曰：「載酒邀朋有范雲，四山嵐影坐間分。放懷且喜同鷗侶，洗琖何煩對馬軍。樂過中年天所借，晴無三日古來聞。夭桃正照清波影，好揀繁枝插

帽裙。」

花朝日同友人至皐亭看桃花分韻賦詩。

周京《無悔齋詩集》卷十五有《花朝皐亭看桃花分韻同人爲余十四日生辰又爲柳漁餞別會者樊榭江聲鹿田抱樸董浦柳漁敬身句山菣林蘭垞敦復竹田共十三人期而不至者吳東壁》。

春，董浦召厲鶚等至鳳凰山看梅花。

厲鶚《樊榭山房集》卷七《董浦招同諸公鳳凰山看桃花作》曰：「春情垂老春醅濃，又被城南花惱公。青山無賴浣紅粉，小雨野鶯啼故宮。看花人去愁難寄，一笛花前何限淚。來訪西天寺裏鐘，碧蘚蝕殘蒙古字。」自注：「乙丑三月六日，顧丈月田招看花於此，觸詠烏龍古廟中。今下世已五年，爲之泫然。廟有元西天元興寺鐘一口，上有江浙行省平章達實特穆爾題字並蒙古字經。」

六月十七日，同人集湖上送查禮。本月，應浙江巡撫方觀承之聘，至海昌修《海塘通志》，始交周春。

查禮《銅鼓書堂遺稿》卷九《六月望後二日金繪卣觀察吳中林司馬梁首存杭大宗二編修陳星齋檢討汪西顥吳敦復趙誠孚施竹田四上舍招餞湖亭賦別》曰：「小住湖濱不待招，幽深亭館暑全消。荷風縐浪翻千頃，山雨飛涼過六橋。差喜官程留勝地，得追玉局在今朝。灘江桂嶺相思處，長望音塵慰寂寥。」

周春《耄餘詩話》卷二曰：「乾隆己巳，邑侯劉公守成季試詩題七月桂，余有『滿林黃雪飄殘暑，半枕濃香試早秋』之句，杭董浦先生見而賞之，相知由此始也。時先生總修《海塘通志》，寓水仙閣下，余得不時就正，嗣後庚午迄乙酉十六年之詩，皆先生所點定也。」

尙小明《清代士人遊幕表》第82頁《杭世駿》條曰：「1749年至1750年受聘浙江巡撫方觀承，編纂《海塘通志》。」

《寄巢集》有《海昌以六月二十九日爲觀音成道之辰北寺設無遮之會傾國往觀衣香散霧扇影連雲良會不逢勝情中阻系之以詩》，則本年六月二十九之前董浦已至海昌。

九月一日，厲鶚母壽八十，世駿撰壽序賀之。

朱文藻《厲樊榭先生年譜》之乾隆十四年己巳條云：「九月一日，（厲鶚）為母八十壽，董浦撰序。」

《文集》卷十七《厲母何孺人壽序》曰：「今年九月朔日為太夫人八十生辰，同人謀所以為壽者，乞言於余。余自羈貫與樊榭交，申登堂之敬，常拜太夫人於堂下。樊榭巾帕之契，計莫有先於余者，則知樊榭之深又孰有過於余餘者乎？用敢綜樊榭出處之大節，與太夫人之所以成之者，以侑一觴焉。因以嘆古人捧檄色喜，特以庸人待其親，而於道未有聞也，樊榭其偲偲乎遠矣！」

冬，自海昌還浙。

《寄巢集》之《留別海昌諸子》詩繫於《和陳沆吳江雪泛》與《十二月八日集瓶花齋主人以臘八粥供客聯句》之間，知董浦冬日返鄉度歲。

十二月八日，吳城召杭世駿、厲鶚、周京、顧之麟、丁敬、金志章、丁健、全祖望、梁啟心、汪啟淑等集瓶花齋聯句。

見編年詩。

梁啓心《南香草堂詩集》卷三有《十二月八日集瓶花齋主人以臘八粥餉客聯句三十二韻》。

金志章《江聲草堂詩集》卷七有《十二月八日集瓶花齋主人以臘八粥供客聯句三十二韻》

全祖望《鮚埼亭詩集》卷六有《瓶花齋早集啖臘八粥同周京穆門金志章江聲厲鶚樊榭丁敬鈍丁梁啓心菽林杭世駿董浦吳城甌亭聯句》

冬，同厲鶚、全祖望至北郭閒遊。

厲鶚《樊榭山房集》卷七《同董浦謝山北郭閒泛》曰：「人生難得是冬晴，隨意河橋撥棹聲。縱不成遊偏有伴，偶然欲出豈無名。因看黃葉商行止，為愛青山當送迎。歸去只愁僧舍客，把詩吟向佛燈清。」自注：「謝山時寓僧舍」。

姚世鈺卒，「揚州二馬」為之料理後事。

全祖望《鮚埼亭集》卷第二十《姚薏田壙誌銘》曰：「吾友馬曰琯、曰璐、張四科為之料理其身後，周恤其家，又為之收拾其遺文，將開雕焉，可謂行古之道者也。」

【編年詩】

《詩集》卷十三《寄巢集》：

《題許峻標放犢圖》《趙副憲大鯨招飲掬湖臺》《北郭泛舟至皐亭時桃花方盛二首》《黃芍藥二首寄和江春》《筠廊逭暑》

《詩集》卷十四《脩川集》：

《臨平道中》《脩川舟次寄范鶴年》《三女堆》《雨後聽濤樓小集同西安蔡延齡秀水曹大文湘潭陳樹苹長汀黎維昱暨施謙周雷楊詠范鶴年丁健》《晚雨用前韻》《尖山觀海簡劉明府守成》《同人過濠上軒遂登鎮海塔》《范鶴年晚過遂成薄醉》

《劉運副祖佑惠茉莉》

按：劉祖祐，字念貽，南陵人。辛未、壬午恭逢鑾輅時巡，兩次引見，恩賜貂皮內緞荷包。歷攝金華諸邑，卒於官。生平詳見《（光緒）重修安徽通志》卷一百九十本傳。

《劉明府日致安隱泉水兩甀感其意爲賦長句》《題陳暟衡門養拙圖》《許七承祖招集草堂銷夏》《謝郡司馬張鐸惠茗》《慰周武選雷患漆瘡》《新秋雨霽同局諸公喜予買舟至此有詩見投率爾奉答》《海昌以六月二十九日爲觀音成道之辰北寺設無遮之會傾國往觀衣香散霧扇影連雲良會不逢勝情中阻系之以詩》《送唐廣傳還湘潭即和其秋懷韻》《題查編修祥雲在圖》《次劉明府山圩督塘韻》《趙叟虹過訪即送其還練水》《七夕聽濤樓席上詠蓮子》《西庵》《干令升故居在黃灣菩提山麓今爲眞如寺》《七月桂二首呈劉明府》《題周聯舉畫蝶四首》

《楊十一詠約遊東林寺不果》

按：楊詠，字抒懷，一字吟雲，海寧人。乾隆戊午副貢生，官江南沛縣知縣。著《補梧草堂詩存》。生平見阮元《兩浙輶軒錄補遺》卷五。

《中元夜海上看月同程塈周聯舉曹日銘》《經旬》《秋雨新霽喜潘廣文范上舍見過用江文通擬古詩各占一韻》《晚過清吟上人丈室用謝康樂遊赤石進帆海韻》《重過西庵用張景陽雜詩第六首韻》《陳郡丞球命工寫照自題日本來面目戲呈三偈》《風雨甚厲適查編修送酒至用陶連雨獨酌韻》《檢東坡和陶詩第二韻乃是間字明日雨霽陳相國惠致肴核再和一篇》《善慶講院示桐谿撐奢二開士》《北道宮聽金道人彈琴》《七月晦日觀鎮海塔鐙》《西郭泛舟至春熙門》《遊安隱寺用昌黎秋懷第三詩韻》

《哭趙副憲大鯨二首》

按：彭啓豐《芝庭詩文稿》卷五《通議大夫都察院左副都御史趙公墓誌銘》曰：「乾隆十四年秋九月，都察院左副都御史仁和趙公卒於里第……公諱大鯨，字橫山，號學齋。其先自蘭溪遷仁和……公生於康熙二十五年，距其卒之年，得年六十有四。」又阮元《兩浙輶軒錄》卷十七曰：「趙大鯨，字橫山，號學齋，仁和人。雍正甲辰進士，由翰林歷官至都察院左副都御史。《隨園詩話》：『副憲趙學齋先生提唱後學，愛才如命，掌教萬松書院，識拔者雲蒸霞起，如吳雲岩、葉登南輩皆作狀元，詞翰浮言始息』。」

《爲虞山陳瑞麟題畫》

按：陳瑞麟，字若蘭，海鹽人。著《綠窗閒詠》。生平詳見阮元《兩浙輶軒錄》卷四十、王韜《淞濱瑣話》卷二十。

《題陳文棟蕉下撫琴圖》

按：陳文棟，字郁爲，號南園，海寧人。官兩淮掘港場大使。著《南園初集》。生平詳見阮元《兩浙輶軒錄》卷三十八。

《海城雜句二十八首》

按：第十八首曰：「繞屋栽梅播素風，傳經人往講堂空。不圖鄭志紛綸在，帶草盈階見小同。」自注：「張孝廉次仲注《詩》《易》《春秋》，築梅花書屋，讀書其中。元孫大令、天翼能世其業。」周春《耄餘詩話》卷十曰：「先姊婿張溶，字容如，自號半海居士。待軒徵君六世孫，父祐齋公天翼。康熙戊戌進士，官懷來令。杭菫浦先生贈詩云……」周春所引即此詩。

《方大中丞觀承有總督畿輔之命扁舟往送語溪途次率呈一章》

《和陳沆吳江雪泛》

按：陳沆，字湛斯，號澄齋，海寧監生。著《稻齋初集二集》。生平詳見阮元《兩浙輶軒錄》卷三十八。

《題陳暟桃源春泛圖六首》《留別海昌諸子》《贈曹秀才曰銘》

《詩集》卷十五《桂堂集》：

《題皇甫鯤秋林讀書圖》《題程塏張莊探梅詩兼悼天瓶司寇》《小集吳山延慶山房》

《十二月八日集瓶花齋主人以臘八粥供客聯句》

《題施謙探梅圖》

按：施謙，字自南，號蘭垞，海寧諸生。著《涵青閣詩》。生平見阮元《兩

浙輶軒錄》卷二十七。

【編年文】

《文集》卷十七《厲母何孺人壽序》

《文集》卷三十五《汪問松傳》

按：是文曰：「乾隆十有四年九月十有二日，上舍汪君問松以疾歿於錢塘里舍。既卒哭，孤子之本撰狀，匍匐踵予門而請曰：『先君子孝友型家，名貫州郡，而年不躋下壽。位不挂朝籍，采風之使逡巡而不至。繫惟長者之一言，足以不朽吾先君子矣。』余視其狀，嘅然而息，肅然而敬。生退，而徵諸吾友林元、桂元復，咸身質以為不誣。乃撮其要而傳之曰：君名家珪，字華璋，問松其別字也。世居休寧縣西鄉之玉田。」

乾隆十五年庚午（1750），五十五歲。

【時事】

正月，以張允隨為東閣大學士，兼禮部尚書。八月，冊立貴妃那拉氏為皇后。十月，奉太后南巡。十一月，西藏珠爾默特作亂，四川總督策楞、提督岳鍾琪討平之。

【事蹟】

春，董浦喪姬張氏。

厲鶚《樊榭山房集》卷八《為董浦悼亡姬》曰：「知君急淚制無因，客舍驚聞玉化塵。夢斷畫簾微有雨，歸來錦瑟但如人。碧桃落盡空留子，白髮生多最苦春。想到金臺定情夜，殘燈嚮壁喚真真。」

方芳佩《為董浦先生悼亡姬張氏作》曰：「一枕青綾夢乍醒，籌燈常伴夜橫經。自從京國胭脂冷，忍見天階燦小星。流光忽忽感韶華，為憶當年解語花。稚子莫教拈響板，恐驚鸚鵡喚琵琶。太史由來少宦情，姬人更得可憐名。遣懷一局棋枰靜，誰問今宵若個贏。捲簾愁見燕雙飛，寒逼香篝冷畫衣。若使少君真有術，姍姍應賦是耶非。」

仲春同友人至湖上掃周京墓，賦詩悼之。

周京《無悔齋詩集附錄》有《歲庚午春仲同人至湖上掃穆門先生墓用皮襲美弔張處士韻》，董浦詩曰：「仙篆難尋蔡少霞，一回追思一咨嗟。連天風雨宜修社，繞墓湖山勝住家。酒伴去年曾泛月，詩魂今夜定題花。因君俯仰

千秋事，知也無涯生有涯。」

梁啓心《南香草堂詩集》卷三有《春社日同人展穆門墓於青芝塢用皮襲美過張承吉處丹陽故居韻》。

秋，董浦召同人集桂堂。

梁啓心《南香草堂詩集》卷三《董浦招集桂堂》曰：「一枝棲穩身非寄，幾局敲殘夢又醒。」自注曰：「董浦先假吳氏園林，署曰寄巢」。

同卷又有《七夕雨集桂堂》

七月，友張熷卒。

見《文集》卷十一《張南漪遺集序》。

八月，董浦與同社諸公集於吳城之瓶花齋，復集全祖望之篁庵。

見編年詩。

全祖望《鮚埼亭詩集》卷九《雨中江聲菽林董浦竹田雪舫雲亭過飲篁庵》曰：「叢桂香隨暮雨沈，旅人獨坐正蕭森。相逢舊雨皆華髮，並奏清商寫素心。米價未平愁歲歉，江潮大上識秋深。精藍喜與塵氣隔，且擘鱸魚供醉吟。」

吳城《蘭藻堂集》之《瓶花齋夜集同竹田謝山作》曰：「相與成契闊，樂事久因循。一別過長夏，重來又小春。西風吹客鬢，涼雨洗征塵。共剪深宵燭，清談比晉人。」又有《雨中謝山召集篁庵同江聲丈菽林董浦容安鷗亭竹田分韻》曰：「聚篁淅瀝散秋聲，古寺門開鶴徑清。杯酒偶然成小集，笑談真可慰平生。新詩但有煙霞想，舊雨都無簪組情。紅葉黃花期不遠，登高天氣待新晴。」

九月九日，盧金聲卒，其子以傳記請諸董浦。

《文集》卷三十五《盧鶴閒傳》曰：「自余有知識，即習聞里中有隱君子曰盧君鶴閒，篤於門內之行，施德於里黨姻戚間，至不可一二數，心每嚮往之。洎削迹歸耕，始見鶴閒於儔人中，益信曩之所習聞者之非妄，而卒卒不暇，不得與之朝夕遊處。客歲，鶴閒以老壽終，孤子同等撰次行狀，介執友胡君樸存，請余傳寫其生平……君名金聲，字浩亭，一字鶴閒，姓盧氏，系出范陽……君素康強無疾病，以傷愛壻故，鬱鬱不樂者彌月。既得寒熱疾，命諸子啓手足，含笑曰：『可以見先人于地下矣。』戚友不期而至者數十輩，

哭聲殷牆壁，閭里之人有爲流涕者。春秋七十有八。時乾隆十有五年九月九日也。」

　　十二月十一日，菫浦於家爲上天竺寺住持恒公四十壽，恒公爲菫浦作山水小幅。

　　厲鶚《樊榭山房集》卷八《臘月十一日同人集菫浦桂堂爲恒公四十壽》曰：「西池雪後漸春融，香飯初炊祝遠公。乳竇雲堂新法席，竹針麻線舊家風。畫分山色來湖上，杖帶泉聲入座中。知有大千歸掌握，長年應與辨才同。」自注：「時恒公住持上天竺寺，是日，爲菫浦作山水小幅。」

　　本年秋，慎朝正來訪。

　　齊召南《寶綸堂文鈔》卷六《答慎生書》附慎朝正原書曰：「庚午秋，武林晤杭菫浦先生。知閣下適在省中，凌晨肅謁，又不獲見，曷勝惆悵。」

　　按：慎朝正，字端揆，號菰城居士。歸安諸生。著《研露齋詩集》。生平見阮元《兩浙輶軒錄》卷三十四、杭世駿《道古堂文集》卷二十八《慎端揆詩題辭》。

【編年詩】

　　《詩集》卷十五《桂堂集》：

　　《春分後三日湖上》

　　《和黃司馬圖珌追悼姬人三首》

　　按：黃圖珌，字容之，婁縣人。官杭州府同知。著有《看山閣集》。

　　《周運判蒙恩免歸道過武林志喜》《泛舟北郭憩蓮社精舍》《周學士長發將還朝枉過桂堂話別》《夏日湖上》《湖亭送查郡丞禮之粵西》《題許承祖焚香默坐圖》《天寧具公招集蓮社僧房》《湖上迎秋》《桂堂池上秋花以閒居賦中華實照爛四字爲韻分得爛字》

　　《京師書至連得戚友惡耗詩以當哭三首》

　　按：詩曰：「七年分手邀風期，豈意逢君命盡時」。菫浦乾隆八年遭遣離京，至本年恰爲七載。

　　《同人釀酒桂堂爲吳城祝五十初度用東坡八月十七日天竺僧送桂花分贈元素韻》

　　按：吳城生於康熙四十年（1701），至本年壽五十。

《重九日瓶花齋席上送汪五沆往參湖廣制府新尚書軍事》《雨集篛庵》《送徐參戎青之官武昌》《十月十二日集瓶花齋對菊食蟹聯句》

《桂堂席上送張徵君庚還長水》

按：張庚，原名燾，字溥三，號浦山，又號瓜田逸史，又自號白苧桑者、彌伽居士。秀水人。工山水。肆力於詩古文。乾隆丙辰，舉鴻博。著有《強恕齋詩鈔》《國朝畫徵錄續錄》。生平見彭蘊璨《歷代畫史彙傳》卷二十六。

《題程上舍名世風雪歸舟圖》

按：程名世，字令延，號筠榭，江都人。與杭世駿、厲鶚等為詩友賓客，文酒之宴，埒於馬氏。所著有《思純堂集》《秋水芙蓉館集》《小酉館集》《海上集》《撈蝦集》等。生平見李斗《揚州畫舫錄》卷十五、阮元《淮海英靈集》卷四。

《哭孫觀察陳典》《送門人孟侯宰歸化》

【編年文】

《文集》卷二十《與張承之書》

按：是文曰：「去冬殘臘，遄止海昌。在賢兄處諏訪邑中人物，意謂談孺木之史抄與君家元岵之經學，事未百年流風未墜，後進必有英絕領袖之者，而碩學清才，乃近得之年家子弟。且慰且忻，抃躍竟日。」董浦去年至海昌修《海塘縣志》，故繫之於此。

《文集》卷三十三《鄭氏家傳贈奉政大夫侯銓學正勷》

按：是文曰：「公既沒世，令嗣隴州牧大綸以乾隆丁卯之歲，請於今大中丞陳公弘謀，既銘而納諸幽矣。至於上史館，光志乘，信今傳後之詞，闕焉未備。越三年，文孫景莊來浙，為鹽運司運判。以余學於舊史氏，質而不詭，介其宗人前安邑令羽逵，請為文以傳公。」

《文集》卷三十五《盧鶴閒傳》

乾隆十六年辛未（1751），五十六歲。

【時事】

正月，乾隆奉皇太后南巡，渡錢塘江，祭禹陵；五月，還京師。六月，以吳鼎、梁錫嶼為國子監司業。九月，兩廣總督陳大受卒。是歲浙中大旱，禾稼顆粒無收。

【事蹟】

乾隆巡幸江浙，浙中士大夫赴吳門迎駕，世駿與焉，然未得起用。

董秉純《全謝山先生年譜》之乾隆十六年辛未條云：「天子始巡幸江浙，浙中士大夫赴吳門迎駕，多有錄用及賞齎者，獨先生與董浦先生寂然。說者謂執臣未嘗上達也。」

三月一日，乾隆駐蹕聖因寺行宮，禮遇西湖僧明中，明中炫之不已，世駿作詩嘲之。

袁枚《隨園詩話》卷四云：「辛未，聖駕南巡。西湖某僧迎於聖因寺，上以手撫其左腕，某僧遂繡團龍於袈裟之左偏，客來相揖者，以右手答之，而左臂不動。杭董浦嘲之云云。」世駿詩云：「維摩經院境清嘉，依舊紅塵送歲華。誇道賜衣曾借紫，竹邊留客曬袈裟。」（《夏日雜句十七首》其七）

【附考】

此僧為明中。吳翌鳳《鐙窗叢錄》卷四曰：「西湖僧明中工詩，乾隆辛未聖駕南巡，明中迎於聖因寺，上以手撫其左腕，明中遂繡團龍於袈裟之左偏，客來相揖者，以右手答之，而左臂不動。杭董浦太史有句云『誇道賜衣僧借紫，竹邊留客曬袈裟』，蓋譏之也。」

《清史編年》第五卷乾隆十六年條曰：「三月初一日，頒賜江浙各書院武英殿新刊十三經、二十二史。本日，幸杭州府，駐蹕聖因寺行宮。」

釋明中，號烎虛，西泠人。七歲投楞嚴寺為僧。工書善畫，尤嗜吟詩，與厲樊榭、錢香樹相酬和。遺集三卷，杭大宗序而刻之。生平見董浦《道古堂文集》卷四十八《賜紫住持南屏淨慈禪寺烎虛大師塔銘》。

全祖望抵杭，董浦以所著《漢書疏證》請其審定。

《鮚埼亭集》卷《范沖一穿中柱文》曰：「今春翠華南幸，予力疾迎於吳下。沖一亦至杭，見予咯血之屬也，愀然曰：『方今文獻之寄在先生，而比年稍覺就衰，願深自調度，勿過勞以傷生！』時杭董浦方以《漢書疏證》令予覆審，沖一每見予所論定，以為在劉原父、吳斗南之上。」

長至日，為方芳佩序《在璞堂吟稿》。

方芳佩《在璞堂吟稿》卷首載董浦序，此文《道古堂全集》未收，故迻

錄之於下：「余與滌山方兄有香火之約，削跡南還，滌山高郎伯割宅之誼，築抱經亭爲余研經之地。愛息芷齊，夙有靈解，從余指授詩法。微吟短詠，時露秀穎，爲當今巾幗中所僅見。余嘗戲謂滌山『撒鹽空中，眞是笨伯。廁道韞於封、胡、遏、末之後，不逾於謝家蘭玉乎？』江陰翁徵君霽堂、長洲沈宗伯歸愚見芷齊詩獨相稱許，爲之序而刊之。夫西泠閨詠，遠有端緒，十子才名，照焯寰宇。然《墨莊集》猶復借才閩海，屈指名媛，九人而已。遺徽未沫，以芷齊參錯其間，復何媿焉？余棲心經窟，景迫崦嵫，異日成一家之集，芷齊即西河之徐都講也。援固陵之例，輒爲撫掌以復於滌山，知棲遲頹放之一老，亦隱藉芷齊爲重雲。乾隆辛未長至日，秦亭老民杭世駿。」

秋，董浦召友人觀池上雜花賦詩。

梁啓心《南香草堂詩集》卷三有《董浦召同龍泓竹田觀池上雜花以閑居賦華實照爛爲韻得華字》

八月六日，友人集桂堂賦詩為鷗亭五十壽。

梁啓心《南香草堂詩集》卷三有《八月六日鷗亭五十初度同人集桂堂賦詩爲壽用東坡天竺送桂花分贈元素詩韻》。

【編年詩】

《詩集》卷十五《桂堂集》：

《寒食日集無不宜齋梅花下用元華棲碧過翟氏草堂韻》

《題徐五以泰綠樾野屋圖》

按：徐以泰，字陶尊，德清人。國子監生。乾隆二十二年，官陽曲縣知縣。著有《綠杉野屋集四卷》。

《贈金觀察志章五首》《佛桑四絕句》《舒明府瞻載酒桂堂雅集即送之山陰》《秋日過慈恩山房》《題趙殿晟聽松圖》《吳山秋眺》

《送蔡家挺高國兩秀才還永嘉并寄趙廣文鎭》

按：蔡家挺，字穎峰，號梧野。能詩，善書畫。著有《梧野山歌》二卷，杭世駿爲之序。見王棻《（光緒）永嘉縣志》卷二十九。高國，字觀上，永嘉諸生。見阮元《兩浙輶軒錄》卷二十九。趙鎭，字雙林，號淨名，錢塘人。雍正壬子舉人，官荊溪知縣，改補東陽教諭。見阮元《兩浙輶軒錄》卷十八。

《綺石齋觀宋劉益之所畫梅竹錦雞用山谷老人題劉永年畫角鷹韻》《消寒分詠得火箱》《除夕吳山尋閱古泉雲壑諸舊蹟》

【編年文】

《文集》卷十四《迎鑾新曲序》

按：是文曰：「今上皇帝紀號之十有六載，巡省方俗，臨幸浙土。洞天福地，吾浙什嘗占其三四。」

乾隆十七年壬申（1752），五十七歲。

【時事】

七月，協辦大學士吏部尚書梁詩正乞終養，許之，以孫嘉淦為吏部尚書協辦大學士。雜谷土司叛，四川總督策楞、提督岳鍾琪討平之。九月，召尹繼善來京，以莊有恭署兩江總督。

【事蹟】

三月，督部阿里袞、撫部蘇昌聘杭世駿為粵秀書院院長，友人作詩贈別。

梁廷楠《粵秀書院志》卷十四之《杭世駿》條曰：「十七年，督部阿公里袞、撫部蘇昌聘主講席，留三年而去……先是來粵，與南海何報之刺史先後接席。數年來，文酒過從，相得甚歡。至是，攜龔生無枚，預俟於三水驛。先生所謂：『偉餞十旬逢五度，聯吟一字挾千金』，又『聞道龔生相遠待，前行且勿笑途貧』，皆一時紀實之語。師友風儀，前所未聞也。居常喜遊覽，每與方外人交，羊城古蹟登臨殆遍。時甬上全謝山祖望以名宿主端溪院，與先生最為舊好，著《石經考異》，所同參校者也。爰以課事之暇，泛舴艋，溯羚羊峽，登七星岩，與全謝山唱和為樂。又東經黃水灣，出虎頭門，觀海達於東觀。復沿石壁抵陳村（順德村名），訪聖靈洲。其朝出晚歸，作竟日遊，如粵秀山，如摩星嶺、蒲澗泉諸勝者，往來尤數數焉。出則席帽芒鞋，攜二三詩侶，遊蹤所至，或更搜羅荒碑斷碣，率見諸吟詠。院中故有先賢堂，祀宋五子，復配以鄉達。先生致書大吏，設李忠簡、黃文裕二公木主，並祀於旁，至今俎豆勿替。生平勇於著述。在講院，嘗取杜詩全集溫誦一過，加以丹黃，故所為詩以入嶺後為尤勝……」

張維屏《國朝詩人徵略·聽松廬詩話》云：「乾隆壬申，董浦先生來粵，主講粵秀書院。甲戌乃北歸。」

吳城《蘭藻堂集》之《董浦謝山同膺粵東掌教之聘不及握餞詩以送之》

曰：「江城相訪惜離群，夢去榕陰路不分。郭李同舟欣有伴，山川接席喜論文。琅玕偏探神仙字，島嶼晴開蜃閣干。千載蘇韓陳跡在，憑君藤笈證遺文。」

金志章《江聲草堂詩集》卷八《送董浦赴粵掌教粵秀書院時予亦有端溪山長之聘以病不果偕往伏枕偶成即用樊榭送別原韻》有辭曰：「衰病何堪辱俊英，迢迢輿橋畏南行」。

五月，抵粵。

蔣天樞《全謝山先生年譜》卷四乾隆十七年壬申條曰：「三月，粵撫以天章書院山長相邀。先生自謂齒髮日衰，乃爲五千里之行，非素志也。時杭董浦亦先期受粵秀山長聘，遂同度嶺。途中泊舟南昌之東埠，欲過哭萬孺廬墓下，不果，遂由吉安大庾入粵。五月，至端州。」

夏日，武義民招董浦等遊梅氏園。

見編年詩。

查禮《銅鼓書堂遺稿》卷十《夏日武義民州牧招同杭大宗編修全紹衣庶常胡惠嘉孝廉遊梅氏園即席分韻得十五刪》曰：「梅氏園林竹石閒，忻同舊友叩柴關。侵簷蠻鳥依人下，壓檻洋花負日閒。地迴近連禪院樹，臺孤遙控海門山。幾年嶺表愁中過，今此銜杯一解顏。」

友人李爲棟、王瑞霖因事被誅，世駿作詩哭之。

楊鍾羲《雪橋詩話》三集云：「乾隆壬申，李爲棟、王瑞霖以賄屬朱荃，爲伊子營求入學，伏法。杭董浦哀蜀二友云云。」

九月十一日，厲鶚卒，年六十一。「揚州二馬」及張世進、方士偉、陳章、閔華、陸鍾輝、樓綺、程夢星、汪玉珂共十一人，於行庵設位哭之。

馬曰琯《沙河逸老小稿》卷五《哭樊榭八截句》。

馬曰璐《南齋集》卷四《哭樊榭》《同人復爲位哭於行庵》。

朱文藻《厲樊榭先生年譜》之乾隆十七年壬申條云：「是年九月十一日辰時卒，無子。母太夫人猶在堂也。」

九月三十日，將書院先賢木主移入西齋供奉。

梁廷楠《粵秀書院志》卷七《故事》曰：「乾隆十七年九月三十日，詳准

將講堂舊設之先賢木主移入西齋供奉，從杭院長議也。」

秋，入主粵秀書院。

梁廷楠《粵秀書院志》卷十四《院長一・何夢瑤》案語曰：「今以《嶺南集》編次例推之，自來時度嶺後由秋至冬，詩題一一可考。此詩（《酬何堅州夢瑤小除日見懷》）後有《潘守戎阻寇留度歲》《臘月二十八日登拱北樓》《羊城除夕》三首，即繼之以《癸酉人日》詩，癸酉爲乾隆十八年，據此知杭以先一年秋間入粵。其年春，門人順德李德桓迎竹所居陳村，作《元夕訪李上舍一簣山房》詩（上舍名管朗，字多見。山房在龍津堡篁村，爲貢生李殿苞建。見《順德縣志》。陳村在龍津堡內。篁村者，坊名也。多見，殿苞子，山房即所重修。）又作《十六夜復集山房》《十七夜宴李忠簡公祠》兩詩，自注有『時予致書兩院，請贈設忠簡公及黃文裕公兩栗主於先賢堂』語（《嶺南集》初刻於粵，凡六卷。辭講習歸後，又贈刻爲八卷，郵寄來粵。其後彙刻《道古堂全集》，則《嶺南集》再有刪節，定爲五卷，《元夕》及《十六夜》兩首並刪，遂不知抵陳村爲何月矣，今據原刻定之。）又作《舟停石壁過李生德桓》詩有『李生從吾遊，奧義欣屢叩。撰杖禮彌恭，買舟意良厚』語。及返院後，即有《喜大生大有自陳村至小集講院》詩（兩文學並多見子此後復有上巳詩）。是時已先入院，故詩注但云：『先賢堂而不復繫以粵秀書院字者，內詞且省贅也。』正月，帳尚未啓，而及門李生邀遊家園，泛舟數十里，盤桓旬日，情文愜洽。如此似非初來贄者所有，則入院當在前秋抵粵之時可知也。」

臘月二十八日，同潘憲勳、吳元治登拱北樓賦詩。

見編年詩。

除夕，賦詩抒懷。

見編年詩。

【編年詩】

《詩集》卷十六《嶺南集》一：

《酬丁處士餞送江口》《富春渚用謝康樂韻》《七里瀨用康樂韻》《題嚴光傳後二首》《三衢城下訪門人西安令高容不值用謝康樂贈郭桐廬韻却寄》《玉山道中》《滕王閣》《南安蒙川館》《梅嶺》《峽山寺》《武司馬啓圖招遊梅氏園林》《龍祠避暑三首》《詠顧上舍大本齋前槐樹十八年前其慈氏所手植也》

《同張明府甄陶游海幢寺》

按：張甄陶，字希周，號惕庵，閩縣人。乾隆元年，巡撫盧焯薦舉博學鴻詞，補試，未合格。乾隆十年成進士，選庶吉士。十三年授編修，旋改知廣東鶴山縣，調香山，歷新會、高要、揭陽。著有《正學堂經解》《杜詩評注集成》《松翠堂文集》等。生平詳見錢林《文獻徵存錄》卷八。

《楊氏園林》《聖與圖爲沈鑣作》《送呂伊往主白沙講舍》《秋日獨上五層樓望海》

《九日曹孝廉達招遊光孝寺喜遇羅秀才元煥四首》

按：此詩孫灝有和作《奉和董浦多日遊光孝寺原韻》，見阮元《兩浙輶軒錄》卷十九。

《南漢金塗鐵塔歌》《欖溪麥氏以昌華苑懷古題開社得詩千首順德潘守戎憲勳獨冠一軍其潤筆則東坡全集而以銀盃線紗薦茗帚筆副之亦數十年來一盛事也守戎招同人集鏡巖山房賦詩以紀予亦有作》《謝耿三上舍國藩餉綠雪茶兼簡張司馬汝霖宣城》

《拱北樓》

《王欽州士瀚招集六榕寺》

按：王士瀚，陝西咸寧人。進士，由翰林改官。乾隆十三年，作令高要。詳見《（道光）肇慶府志》卷十七。

《題雪堂贈僧因紹》

《寄查三司馬禮柳州》

按：查禮《銅鼓書堂遺稿》卷十《杭大宗編修自廣州以詩見寄依韻和答》曰：「珠江返棹後，山水隔重重。屈指經三月，馳書第二封。死生通夢寐（前二夕夢與大宗及心谷亡兄分韻賦詩），聚散感萍蓬。回首羊城路，何能更遠從。」

《寄顧芮揭陽》《大佛寺》《越秀山懷古》《小病》

《胡秀才世雄惠西施乳二器》

《胡秀才所餉初以爲西施乳也發視乃西施舌更成一首》

按：戴熙詠西施舌亦嘗步此詩韻，《習苦齋集》卷八《西施舌用杭董浦先生胡秀才餉西施舌韻》曰：「領取丹霞滿掬漿，海南佳物愛非常。有人曾下千絲網，無事來含一瓣香。隱逅高蹤應解語，興衰滋味想親嘗。效顰別有生蓮舌，捨唾還矜抵夜光。」

《題萬明府承式出獵圖》《用山谷謝送碾賜壑源揀芽韻謝姜司馬宏正惠仙

人掌茶即送之京師》

《過晚成堂贈陳華封上舍》

按：張維屏《國朝詩人徵略》卷三十三《陳華封》條曰：「陳華封，字祝三，號復齋，廣東順德人。太學生。有《復齋詩鈔》。獨漉先生孫，世居羊城育賢坊。以詩世其家，杭堇浦贈以詩云：『習懶時欹枕，甘貧早閉門』。」

《金觀察志章家人不戒於火所著皆付焚如遠聞撽擘弔之以詩》《寄懷汪徵士沆》《萬壽果》《得閩中故人書却寄》

《雨中看山用方都講集中韻奉寄》

按：此詩爲和方芳佩之作，方氏《在璞草堂詩稿》之《雨中看山》曰：「連朝掩扉臥，襟懷殊怏怏。重陰晝亦昏，遠色潤書幌。忽聞山雨飛，擔溜送清響。開簾得奇觀，林木何蒼莽。豈徒眼界清，足使神情爽。擁鼻一微吟，揮毫技復癢。橫斜字半欹，聊以記幽賞。絕愛群鴉雛，沖煙自來往。」又《堇浦先生以雨中看山拙作附刻嶺南集賦此志媿》曰：「結習難忘韻語耽，蟲吟蚓唱庶同參。觚甐自笑羊公鶴，姓氏空傳到嶺南。」則堇浦嘗將方氏《雨中看山》詩刻入《嶺南集》，故方氏有詩答謝。然不見於《道古堂全集》中，蓋刻全集時已刪除矣。

《哭厲徵君鶚》

張維屏《國朝詩人徵略》卷二十二《厲鶚》條引《聽松廬詩話》曰：「杭堇浦太史《哭厲徵君》詩有云：『泉路定應尋月上，斷風零雨說相思。』月上，徵君愛姬也。早卒，徵君有《悼亡姬七律十二首》，極爲淒麗。徵君無子，歿四十餘年，徵君及月上栗主俱委榛莽中，春渚何君見之，取歸，送黃山谷祠，埽灑一室以供之。王蘭泉侍郎屬同人於忌日薦酒脯焉。徵君之才自足不朽，而侍郎及春渚諸君之好義亦可風矣。」

《多日曹孝廉約遊光孝寺喜潘守戎自鳳城適至逐訪羅秀才於大雲山房聽得圓上人彈琴搨二鐵塔字以歸》《歌筵有感亡姬成四斷句》

《漫興三首》

按：乾隆三十四年己丑，堇浦嘗寄此詩於揚州沈大成，沈有和詩三首。沈大成《學福齋集》詩集卷三十六《竹西詩鈔》之《杭堇浦太史自武林以漫興三首索和因次答之》其一曰：「東南風雅待扶輪，管領西湖無限春。大筆淋漓眞學士，高懷蕭散古仙人。前塵已忘曾朝隱，長物惟思有客貧。鍾鼎山河俱自得，分明重見樂天身。」其二曰：「豨膏漫說潤車輪，何處還尋邗水春。

市上幾聞騎鶴客，牆東空見叱牛人。縱逢郭解難爲俠，未是黔婁也患貧。衰盛都來供一笑，只應齒落作坊身。」其三曰：「衰老駸駸欲繫輪，可堪孤枕幾番春。青雲久墜干霄志，白首仍爲時術人病中惟校儀禮。濁酒但求終日醉，枯毫難療一家貧。行年七十猶爲客，贏得維摩問疾身。」

《胡秀才惠黃獨》《耿三上舍以石栗見餉走筆賦謝》《小除日雨中同潘憲勳吳元治作》

《詩集》卷十七《嶺南集》二：

《誚何監州夢瑤小除日見懷》《頃以湖筆詒耿上舍蒙以石栗子韻見誚復用前韻答之》

《禮部榜發恩命落第舉子年逾耄耋者給與新銜當塗徐文靖授檢討山陰王任湖海昌林玉藻皆授助教錢塘王延年以助教竟晉司業尤蒙異數四君皆余所厚喜而奉簡》

按：楊鍾義《雪橋詩話》卷五曰：「雍正元年，黃昆圃典江南鄉試，得人稱盛，若常熟陳亦韓、荊溪任翼聖、當塗徐位山其尤著者。昆圃詫曰：『吾得三經師矣！』位山舉鴻博不遇，乾隆十五年，舉經學，授檢討。杭堇浦詩云：『捧日頓教誇晚遇，飲冰才得轉春溫』。」

《冬日雜詠》《家書》《謝查十一餉木瓜》《寄鄉中一二知己兼傷李汪洪沈再佽》《過程學使岩拜石亭》《潘守戎將歸鳳城適阻寇警相留度歲》《臘月二十八日同潘憲勳吳元治登拱北樓》《羊城除夕》

《集外詩》：

《蘭谿城下宿汪啟淑寓館》《贛州傷王總戎濤即題其浩氣集後》《龍祠避暑四首》全集錄三《同張明府甄陶游海幢寺四首》全集錄三《題黎美周蓮鬚閣集後二首》《欖溪麥氏以昌華苑懷古題開社得詩千首而順德潘守戎憲勳獨冠一軍其潤筆則東坡全集而以銀盃線紗蔫茗氋筆副之亦數十年來一盛事也守戎招同人集鏡岩山房賦詩以紀予亦有作三首》全集錄二《王欽州士瀚許遊城西諸寺久不果諾詩以促之》《查十一上舍錫純以西坑舊石見餉用山谷李少監惠硯韻奉酬》《丁處士書來得悉近狀即用爲寄》《羅田群賊有不軌之謀馮大令孫龍不能先事解散竟死國法前憫愚氓之無知後以悲大令也二首》《哀蜀二友二首》《書樓寫望》《得閩中諸故人書卻寄二首》全集錄一《用前韻寄呈翁徵君照方秀才德發》全集所錄雨中看山韻也《再用前韻懷抱經亭寄城南諸老》《歌筵有感亡姬成六斷句》全集錄四《漫興四首》全集錄三《梅花》《冬日雜詠十首》

全集錄八《送顧大本陳正學之蒼梧》《苫屋》《十二月二十九日雨中同潘憲勳吳元治作三首》全集錄二

【編年文】

《文集》卷十八《海寧吳孝子祠祀田記》

按：是文曰：「乾隆六年，兩浙制府德公沛請旌海寧孝子吳琦文於朝，恩許入忠孝節義祠。既奉主以入，越十有一年，孝子孫奉直大夫正純，以為忠與節義夥矣，而孝未有專祠也。于文廟西偏隙地建孝子祠。鄉人以其為吳氏所建，順途而稱之曰『吳孝子祠』。其實孝子之前有董孝子謙並祀焉。孝子墓在海鹽縣龜山之陽，奉直度地於墓外三里許。永安湖東之張山下，復建祠奉安神主，置田三十畝零莊，屋八間，以充修葺及祭祀之用。告之封疆之大吏，守土之有司，意良法美，經畫可謂周且悉矣。」

《文集》卷二十八《書國朝諡法考後》

按：是文曰：「歲在壬申，同年金江聲觀察家人不戒於火，所著悉成煨燼。江聲前為內閣侍讀時，在閣中繙閱《四朝實錄》《國史玉牒》《八旗檔案》《家譜》及禮部新舊冊籍，始知漁洋所著《國朝諡法考》中多謬誤，或重見迭出，或有官無名，或無諡而誤為有諡，並名字舛錯，不一而足。因細加訂正，益以康熙三十六年以後至今得諡諸臣姓氏，年月頗為詳慎，惜其書未傳。漁洋之書單行，無有起而與之證者，特書江聲之說於後，後有志於斯事者，可踵而行之，漁洋得諍友，而江聲為不亡矣。」

《文集》卷四十四《姚辛庵墓誌銘》

按：是文曰：「君諱昌時，字禹疇，一字辛庵，姓姚氏⋯⋯乾隆十五年五月四日，以末疾卒。距其生之年，蓋四百五十有二甲子矣。初娶於張，無出；繼以吳，有淑行，有子三人：勳、杰、斑。斑嘗從學於余。有孫八人：均、圻、墀、塂、堂、基、墳、坤。閱二年某月日，勳等卜葬君於仙芝嶺之原，來乞銘。」

乾隆十八年癸酉（1753），五十八歲。

【時事】

二月，因諫乾隆南巡，江西撫州衛千總盧魯生，並其子盧齡、盧錫榮，南昌衛守備劉時達皆遭誅。十二月，協辦大學士吏部尚書孫嘉淦卒。

【事蹟】

正月初七日，登樓賦詩。

《嶺南集》二《癸酉人日》曰：「人日登樓望，寒天面面雲。」

正月，門人李德桓邀菫浦至陳村，泛舟數十里，盤桓旬日，情文愜洽。

見乾隆十七年引梁廷楠《粵秀書院志》卷十四《院長一·何夢瑤》案語。

三月，全祖望病甚，菫浦渡江來視疾。

見編年詩。

全祖望《鮚埼亭詩集》卷十《菫浦渡江來視疾》曰：「蕭晨病榻意淒然，剝啄驚來吾友船。春雨奄奄生趣盡，相看同喚奈何天。」又「白髮猶然動殺機，中央四角校盈虧。先生正恐心兵鬥，馮軾休輕用指麾。」

春日，作詩懷南屏詩社舊友朱樟、梁啟心、丁敬、汪沆、周京、施安、施瞻、施謙、金志章、朱霞林等。

見《嶺南集》二《春日懷吟社諸公卻寄八首》。

夏，作《陳村舟行口號》詩。

《中國古代書畫圖目》第 11 冊，第 122 頁，影印杭世駿《行書陳村舟行口號》，落款云：「癸酉夏日，陳村舟行口號，杭世駿。」此書法作品現藏浙江省博物館。

七月，全祖望辭端溪書院山長，歸里養疾。

董秉純《全謝山先生年譜》之乾隆十八年癸酉條曰：「七月，歸里養病，猶以《水經注》未卒業，時時檢閱。」

七月二十一日，議於書院西立誠齋供奉李忠簡、黃文裕二公，得行。

梁廷楠《粵秀書院志》卷七《故事》曰：「乾隆十八年七月二十一日，藩使糧道會詳將院西邊立誠齋舍，安設番禺李忠簡公、香山黃文裕公牌位奉祀，亦發議自杭院長太史，下所司議行。謹案：時以杭院長有遷主之議，故修立誠齋，並其前亭即今先賢堂也。前亭建於是年。又案：據道光年修《廣東通志》引郝志載黃文裕祠在書院後，祀明少詹黃佐。郝志修於雍正七年，云黃

文裕祠在書院後。今按院後爲樓，尊藏御書之所，地盡此，或以日久傾圮，因廢不復修，固未可知。當杭先生致書督撫院補設李、黃二公木主時，不知考郝志，求古蹟而復其專祀，止以附諸院堂，爲可惜耳！」

史澄《（光緒）廣州府志》卷一百六十二：「仁和杭菫浦太史世駿，乾隆壬申爲粵秀院長，曰：『前明方文襄、霍文敏已配享先賢堂，而獨遺宋李忠簡、明黃文裕，何也？』乃致書大吏並越華俱，添祀兩栗主焉。」

友人楊楷初來訪，時楷初誾習朱子之學，菫浦目之爲學人。

《文集》卷三十五《楊雪門傳》曰：「歲癸酉，余設教粵東，雪門從制府自西來，訪余，道故歡若平生……舊史曰：城南有嶺曰鐵冶，水部朱鹿田居焉。鹿田詩才雄拔，睥睨一世，雪門爲其鄰保，與之酬和，吾嘗目雪門爲詩人。既與余校藝於里塾，吾又目之爲文人。粵東道故，雪門於子朱子之書橫豎鈎貫，身體而力行之，吾又目以爲學人，而不知其所樹立者如此其宏遠也。」

本年，本年爲章弼亭序《聽雨山房試藝》。

李書吉等《嘉慶澄海縣志》卷二十五載菫浦《聽雨山房試藝序》，此文不見於《道古堂全集》，故逐錄於下。「歲癸酉，余再主粵秀書院。五月中，澄海章生弼亭來謁。澄海故隸潮州，在嶺南東界上二千里，其地去中州絕遠，疑少師友淵源，然叩生議論，本末犁然。及閱其課卷，包絡經史，善往復馳騁，私心竊獨喜。先是生曾以文受知於夏醴谷督學，其所以拂拭之者，無不至。醴谷，予年友也。深於制舉業，其知生豈無所見哉？今年春，十二歲選士之典行，生名入選拔科，成均鼓篋，行有期矣。括其舊所應校試文，甲乙簽目，寫以視予。大約創言造意歸於典則，與時下腐爛險膚之習一洗而空，信乎自好之士也已。抑予又有爲生告者，太史公周行天下，故其文疏蕩有奇氣；蘇子瞻至中原，見歐陽修諸人，然後文章春容和雅生矣。由此過嶺，度浙，浮江，睹黃河之奔流，見泰山之雄崎，達於長安，與諸魁儒矩公揖讓進退，挹其緒論風采，以激發其志氣，所造必有十倍疇曩者，予猶將拭目而望之。」

【編年詩】

《詩集》卷十七《嶺南集》二：

《癸酉人日》《擊賊》《春寒》《陳村舟行口號》《十七夜公讌李忠簡公祠下其族人來會者二十有三人》《舟停石壁過李生德桓》《春日懷吟社諸公却寄

八首》《寄題南海李上舍穉天人盧八首》《春日魏公子大振大文招諸吟侶集六榕寺》

《三元宮用少陵憶昔行韻》

按：《（道光）廣東通志》卷二百二十九《古蹟略》十曰：「三元宮在粵秀山東，晉南海太守鮑靚建，名越岡院。明萬曆及崇正重修，更今名。國朝順治間修。康熙四十五年左翼鎮復修斗姥宮。」

《耿上舍有盤飧之約忽出豐廚移詩責之兼呈馮明經公侯陳上舍華封》《上巳日顧正謙胡文英過飲》

按：張維屏《國朝詩人徵略》卷二十四《杭世駿》條引《聽松廬詩話》曰：「乾隆壬申，董浦先生來粵主講粵秀書院，甲戌乃北歸。先生在粵，與何西池及先外祖耿湘門兩先生最稱莫逆。先外祖於濠畔闢素舫齋，先生時過從談宴，有句云：『風流吳楚朋襟接，天色西南雨腳賒，傳語重城休上鑰，酒邊正要說梅花，』可想見文酒清豪，苔岑契洽也。先生在講院曾取杜詩全集溫誦一過，並加圈點，此本余猶及見之，而先生《嶺南集》遂為全集之冠，蓋得力於少陵。即此可見，天分極高，亦必有藉於學力矣。」

《詠木綿花四首》

按：黃培芳《香石詩話》卷一曰：「木棉詩餘最喜杭大宗七絕，云：『目極洋舸水亂流，低枝踠地入端州。最憐三月東風急，一路吹紅上驛樓』。」黃氏所引為此組詩第三首。

《遊五仙觀望懷聖寺塔》

按：此詩謝景卿有和作，劉彬華輯《嶺南群雅》載謝氏《遊五仙觀望懷聖寺光塔次杭董浦先生韻》曰：「飄飄五仙人，隨風下塵陌。手提九蕙禾，腳踏五羊脊。裹回山海間，相土得安宅。至今羊城隅，廟貌猶烜赫。岊崒起高殿，穹窿臥蒼石。仙蹤無去來，人事自今昔。君看陰房中，冷光出深壁。洪鐘暗不鳴，誰能辨繁瘠。頗愛高飛樓，縹緲振吟舄。孤標聳層雲，回風倒巾幘。猿猱無由升，歸鴉時拍拍。緬彼懷聖心，顛倒阮孚屐。浮生如夢幻，過眼便陳跡。誰使後世人，登高猶跳跖。古來作事奇，八望眼凝碧。何況仙石留，蹲伏苔衣積。凌空發浩歎，倒影四山夕。歸途繞迴廊，撼樹風摵摵。」劉氏提要曰：「謝景卿，字殿揚，一字芸隱，南海人。諸生。著有《雞肋草》。」

《鹿池山莊圖》《喜李大生大作自陳村至小集講院》《題魏司馬縮課兒圖》《夜入羚羊寺》《登端溪講院天章閣望州衙後圃》《區必位吳式郡梁新謝天申

黃文五文學載酒過七星巖》《贈七星巖下僧慧徹》《七星巖》《扶嘯臺》《登屏風巖絕頂》《寶月壇》《問全山長祖望疾》《明嘉靖中端州守曾直建八節祠於北門外以祀唐張柬之李紳宋劉摯鄒浩胡寅胡銓留正張世傑而魏元忠以亢直貶高要尉獨不得與余以春日肅拜祠下心獨異之作歌簡吳太守繩年劉高要爲鴻》《閱江樓》

《詩集》卷十八《嶺南集》三：

《羚羊峽歌》

按：《（道光）廣東通志》卷一百七《山川略》八曰：「高峽山，在府東三十里，高千仞，周三十餘里，與爛柯山對峙。江流至此，夾束而出。零羊峽，在縣東水行三十里。《南越志》云：『零羊峽，一名高要峽。山高百丈，江廣一里。華翠之樹，四時蔥蓓。相傳山有羊化石，因名羚羊峽，又名靈羊，一名高要峽』。」

《沙口守潮》《寄張司馬汝霖宣城八首即次其晚秋病起述懷元韻》《全山長贈予端石四片歸斲爲硯一以贈吳元治一以贈陸世貴留其二以自娛詩以代銘并寄山長端州》《會宿素舫齋作》《五仙門》《四月四日夢至一處桃花流水迥非凡境仙犬遙吠溪外有客示詩八句覺記其半錄之》

《覺羅八姑輓詩》

按：王蘊章《然脂餘韻》曰：「杭世駿《嶺南集・挽覺羅八姑》詩云云。按八姑名學誠，字丹奉，滿洲正紅旗人，宗伯韓庫女……八姑歿於乾隆十七年……八姑自以生有廢疾，守志不嫁，著有《素言》一卷。其手稿藏同邑孫君恂處。中皆見道之言。其論詩曰：『陶詩清眞雅正，憂道不憂貧，此即願學孔子之意。繼其響者，宋邵康節、明陳白沙耳。』」

《雨過邱崑蘭雪堂》《智超上人自清遠受法歸于佛生日飯僧長壽菴却寄》《魏公子衙齋分詠南海古蹟得房融筆授軒》《重過楊氏園林》《步入華林寺方丈有僧善弈與對兩局》《送王秀才汝玉歸里》《送胡給諫定還朝》《登粵秀山憩觀音閣》《光孝寺雜題五首》《詠浮沉石用林組韻》《送孫郎中慶槐使旋赴闕》《晚過大佛寺敏公房》《連日出遊甚適書寄故鄉朋好》《錫將軍枉彎過訪南溪上人有詩見示率呈十二韻》《寄孫太僕灝陳學士兆崙兩同年用東坡懷西湖寄晁美叔同年韻》《陶山長愈隆裁詩寄贈索序新集依韻奉酬》《黃孝廉罔遣僮阿寶送鬼子鮓》《中秋次程正莪韻》《虎頭門望海》《東莞席上呈同年周明府儒二首》《黃木灣望浴日亭》《黎矇》《王通守厚德招集園亭即事》

《珠江竹枝詞六首和何監州》

按：陳昌齊《（道光）廣東通志》卷九十二《輿地略》十曰：「東莞麻湧諸鄉以七月十四日爲田了節，兒童爭吹蘆管以慶，謂之呼田了，以是時早稻始獲也。」並引杭世駿《珠江竹枝詞六首》，可知此詩作於本年七月十四日也。

張維屏《國朝詩人徵略》卷二十《沈受宏》條曰：「沈受宏，字臺臣，江南太倉人。貢生。有《白漊集》。」並引《聽松廬詩話》曰：「沈白漊句云『傷心一種天涯客，卿是飛花我斷蓬』，杭菫浦句云『妾是水萍郎墮絮，天生一樣可憐春』，才子飄零，佳人淪落，言外多少感歎。」所引菫浦詩出自《珠江竹枝詞六首和何監州》第六首。

《遊靈峰山寶陀寺用明人刻石韻二首》《望氣樓》《爲僧願子題九江唐榷使英八分詩卷》

《拜晉刺史吳隱之祠下酌水告神改貪泉爲廉泉》《聞惠州西湖緣隄無樹東坡祠久不葺高明府方顯攝倅此州託問》

按：陳昌齊《（道光）廣東通志》卷一百一《山川略》二曰：「貪泉在南海縣西北，石門水一名貪泉，出縣西三十里平地，即晉廣州刺史吳隱之飲水賦詩處。」末引菫浦此詩。

《送胡明府堂之官》《寒夜魏公子昆季招同趙振鐸王永熙兩明府集緹靜齋》《海珠》《張南海珽席上送田司馬承虞之廉州李別駕學禮之潮州》《憶桂堂池上竹》

《芒鞋和王防禦軫》

按：彭啓淑《國朝詩話補》曰：「杭菫浦世駿浙西名士，其詩豪放不羈，七古尤長。余最愛其《詠芒鞋》云『板橋霜外跡，紅葉雨中聲』，可配唐人名句。」

《長歌送王明府永熙之香山》《白雲寺》《飲虹橋》《碧虛觀》《菖蒲澗》《鶴舒臺》《雨花巖》《泰霞洞》

《九龍泉》

按：陳昌齊《（道光）廣東通志》卷一百一《山川略》二曰：「九龍泉在白雲山，鄭安期隱於此，初無泉，有九童子見，須臾泉湧，因名。下爲大小水簾洞，相距不三百步。」

《鄭仙巖》《摩星嶺》《長至日集晚成堂送馮孝廉公侯》

《詩集》卷十九《嶺南集》四：

《余遊靈洲山留題二律屬而和者游生龍門梁生拱南李生鳳亭皆與余未相識也浹月脩公偕華首臺景聞上人過訪袖出新詩感其厚意再賦短句二律託寄三君》《張高要甄陶遣送嘉魚》《送陸謙之開平》《南園》《大佛寺尋應四際泰不值》《順治丁酉十一月鄭成功攻澄海之鷗汀堡鄰邨入堡避賊者七萬餘堡破同日受屠有僧瘞之於隴子之原題其碣曰同歸域門人章純儒丁卯冬曾經其地感賦一律予爲和之》《送麥參常計偕兼簡劉墉謝溶生兩翰編》《北郭雙山寺題壁》《用王書門少參韻寄題瓊州洞酌亭三首》《寄裘五侍郎曰脩》《作詩爲家司馬嵩安起病用周明府儒送菊韻》《題李師稷風木圖并哀尊甫在亭徵士》《驚聞金祠部焜凶問詩以代哭并寄慰尊甫觀察二首》《過浮邱寺飯力公房》《汎舟至遊魚洲訪羅秀才精舍同過海幢寺尋本無上人》《撫琴圖爲僧心湛作》《歲暮雜題八首》《哭趙永順賢》《寄謝陸三給事秩來索新詩兼遺高丽紙百番》《東郭尋陳大令束皋遺業》

《除夕用東坡歲暮三題韻》

按：乾隆刻六卷本《嶺南集》止於本詩。

《集外詩》

《癸酉元旦是日立春》《送潘憲勳還鳳城》《連日同人小飲止山堂梅花下簡盛上舍世楊二首》《元夕訪李上舍琯朗一簀山房》《十六夜復集山房》《雨中何監州耿陳兩上舍見過二首》《答王日永》《集素舫齋詠春陰》《送程學使之惠州》《題顧大本新居四首》《社日徐公子士翔載酒過六榕寺》《雪堂梨花》

《過文明門見木緜花再賦二絕》

按：陳昌圖《南屏山房集》卷二十二曰：「又有《木棉花》詩『只和柳絮撲調欄，不共蘆花漲碧灘。可惜向春零落盡，西風依舊客衣單』；又一首云『儂家木筆分明似，添畫胭脂便不同』今道古堂集失載。」初刻《道古堂全集》時未收此詩，光緒十四年增刻時補入，故陳氏未之見而以爲佚詩也。

《鹿池山莊圖三首》全集錄二《慰魏三孝廉大文病足》《端州觀棋六絕句示全山長》《留別端江諸子》《長青庵》《雨宿羚羊峽》《江行即事》《葉上舍希元送余至仙城留二日即還端州悵然懷之》《寄張司馬汝霖宣城十首即次其晚秋病起述懷元韻》全集錄八《次耿三上舍雨過海幢寺韻》《搗藥》《三月二十六日文武大吏蒞礫兜渠於拱北樓下是夜雷電交作澍雨立應喜呈蘇大中丞》《遊長壽庵阻雨不果集素舫齋》《寄題西樵山逍遙臺》《胡孝廉國林招遊長壽庵》《過離六堂傷石濂大師》《送徐公子士翔歸黔南鄉試兼簡其尊人明府孜於長寧》《報

資寺去城西一里而近方塘數畝石牀無塵榕陰蔽之上不見日禪窟中第一清涼地也五日偕客出遊徙倚其下日夕忘返以詩紀之》《題錫公子舒承額畫冊四首》

《題獨漉先生遺像五首》

按：袁枚《隨園詩話》卷十四曰：「菫浦先生詩以《嶺南集》為生平極盛之作，題《陳元孝遺像》云：『南村晉處士，汐社宋遺民。湖海歸來客，乾坤定後身。竹堂吟莫雨，山鬼哭蕭晨。莫向厓門去，霜風正撲人』。『秋井苔花漬，荒廬蜃氣蒸。飛潛兩難問，憂患況相仍。拄策非關老，裁衣只學僧。淒涼懷古意，豈是屈梁能』。『巢覆仍完卵，皇天本至公。蓼莪篇久廢，薇蕨採應空。劫已歸龍漢，家猶祭鬼雄。等身遺著在，泉下告而翁』。『袁粲能無傳，嵇康亦有兒。古人誰汝匹，信史豈吾欺。寂寞徒看畫，蒼涼只益詩。懷賢兼論世，淒絕卷還時』。此種詩悲涼雄壯，恐又非樊榭寶意所能矣。」

張維屛《國朝詩人徵略》卷五《陳恭尹》條曰：「陳恭尹，字符孝，號獨漉，廣東順德人。有《獨漉堂集》。」並引《聽松廬詩話》曰：「杭菫浦、洪稚存皆雄視騷壇，不輕許可者，菫浦《題獨漉遺像》有云：『嶺海論風雅，平生一瓣香』，又云『淒涼懷古意，豈是屈梁能』。稚存論陳屈梁詩有云『尚得古賢雄直氣，嶺南猶似勝江南』，稚存兼稱三家，菫浦尤尊獨漉，要其推許之意，俱已至矣。」

《送胡給諫定還朝二首》全集錄一《題羅秀才天俊詩後三首兼簡賢兄孝廉天尺》《海幢丈室坐雨》《對月和陸秀才謙》《為李宮藍題像四首》《耿上舍招集報資庵逭暑》《魚關別周公子承厚》《九日泛觴蒲澗》《舟次石門阻風》《妙高臺》《送保昌高四明府坤奉母之任》《答吳城見懷》《濂泉》《月溪寺》《六榕寺馮孝廉公侯祖席二首》《寄鍾明府作肅四會》《懷汪啟淑蘭谿》《謝錫大將軍惠黃精》《寄懷倉觀察德兄弟端州》《粵秀山晚眺》《梅花獨立圖為僧如玉作》《陳秀才世堂遊羅浮歸以蝴蝶繭丹竈丸竹葉符見詒報以二律》《歲暮雜題十首》全集錄八

【編年文】

《文集》卷十一《張南漪遺集序》

按：清乾隆刻本《南漪先生遺集》卷首亦載菫浦此序，文末曰：「乾隆十有八年，歲在昭陽作噩病月朔，同里杭世駿。」

《張蔣齋詩序》

按：是文曰：「自余別蔣齋於京師，不相見者十年矣。余來羊城，蔣齋官

泉州。」董浦乾隆八年辭京，至此已十年。

《文集》卷三十五《楊雪門傳》

乾隆十九年甲戌（1754），五十九歲。

【時事】

三月，四川提督岳鍾琪卒於軍。七月，準噶爾內亂，輝特臺吉阿睦撒納來降。十一月，封阿睦撒納為親王。

【事蹟】

董浦辭粵秀書院講席，北歸還浙，歸之日，搢紳以詩贈行者二百餘人，追送者數百人。

張維屏《國朝詩人徵略·聽松廬詩話》云：「乾隆壬申，董浦先生來粵，主講粵秀書院。甲戌乃北歸。」

梁廷楠《粵秀書院志》卷十四《院長一·何夢瑤》案語曰：「至十九年初冬，已別延高郵夏公太史，而先以邱教諭代席（並見撫署號籍）。計其主講，先後凡三年，以十九年秋後旋浙。故集中有《楊制府應珺屢為羅浮之遊勸駕不果及泛荔枝灣同劉學使星煒》即接以《諸生飲餞講堂及諸生追送河南》二詩，並與《職官表》載楊制軍、劉督學均以是年任合，皆兩先生講席連接之據。牽連考證於此。」

梁廷楠《粵秀書院志》卷十四之《杭世駿》條曰：「去之日，諸生公餞於講院，縉紳以詩贈行者凡二百餘篇，追送河南者數百輩。當時及門受教澤最深者，如李樅、黃得中、楊榮、林可棟、陳敬修、羅鼎臣、李煥世、林組、李嘉樹、李德桓諸人，別挐船沿佛山、汾水送於紫洞猶拳拳不忍別。」

中秋作詩懷亡姬。

見編年詩。

張維屏《國朝詩人徵略》卷二十四《杭世駿》條引《聽松廬詩話》曰：「月蝕詩近體未見佳者，當以先生之作為獨絕。詩云：『頑雲竟野失重輪，何藥能醫奔月人。想見蚌胎空溢淚，不圖瓊戶易生塵。開筵坐待將蘇魄，對鏡誰憐痛定身。擬到廣寒相問訊，一天風露轉淒神。』月蝕後每風露，濛濛一結，足令月姊含顰，素娥掩泣。先生有感於亡姬，故不覺情詞淒切如此。」

金農書贈《冬心先生甲戌近詩》。

清平江貝氏千墨庵抄本《冬心先生甲戌近詩》卷末曰：「墉按：此冬心先生書近作於小冊，贈杭董浦太史者，鮑丈淥欽曾見眞跡云。貝墉誌。」此詩冊含《松》《遊魚曲》《雙禽雜言》《燒香曲》《老少相倚曲》《四月十六菖蒲生日也予屑無時林松泉代郡鹿膠墨一螺子乃爲寫眞並作難老之歌稱其壽云》《治春曲》《松間曲》《峨嵋山中精能院尊者書來問詢作詩答之》《野枇杷歌》《竹枝曲》等十一首。

秋，查禮有詩懷董浦。

查禮《銅鼓書堂遺稿》卷十二《雨行興安山中懷杭大宗編修》曰：「山色看難盡，江聲聽不窮。村墟秋雨外，客路晚煙中。紅葉然疑火，黃花冷耐風。望雲懷舊侶，兩地感飄蓬。」又「聞說重陽後，君將返故岑（大宗自廣州寄書，云重陽後當歸杭州）。蜑人船可趁，椰子酒須斟。寂寞珠江水，凄涼榕樹林。嶺南刊有集，歸去憶題襟。」

【編年詩】

《詩集》卷十九《嶺南集》四：

《過黎家學圃作》

《同年鶴侍郎年新命撫粵別踰一紀相見有期率此奉簡》

按：楊鍾羲《雪橋詩話三集》卷七曰：「伊爾根覺羅文勤公鶴年，字鳴皋，侍郎春山子。乾隆丙辰翰林。十九年由倉場侍郎撫粵。杭董浦贈詩云：『持籌歲漕倉中粟，握節教看嶺外山』。」

《謝班制府以御賜鹿肉乾見貽》《東山》《永泰寺》《陳廷棟招集海輻寺》《送沈璠自日本還吳門》《題應四酒懷詩思圖》

《雨中同李卓揆李師稷作》

按：李卓揆，香山人，字澄百。官山西垣曲、曲沃知縣。著有《深柳堂詩集》。見《（光緒）香山縣志》。

《半帆亭池上》《次韻查三司馬龍溪興復黃文節公廢祠詩》《訶子林聽圓德上人彈琴》《六榕寺送李卓揆還香山何夢瑤赴端州》《寄和任太守應烈移居快閣四首》《月夜有懷許四明府逢辰》《題翟進士灝無不宜齋詩後奉寄即用其集中韻》《疊前韻奉詶李曲沃卓揆滿泉亭見懷》《查氏來茹堂席上送諸葛良輔之蘇州》《題倉觀察德行看子即送其還京》

《中秋月蝕感賦》《答林上舍元多至日見懷韻》

《詩集》卷二十《嶺南集五》

《送潘憲勳之餘杭》

按：詩曰：「沿堤老樹壓船篷，冬月恒愁溪路蹇」，是冬日景象。

《大風竟夕憶吳亨端江舟次》《大沙村古蹟三首》《雙桂洞觀佛舍利》《九日登越王臺》《題馬都統瑞圖坡山八景圖》《楊制府應琚屢為羅浮之遊勸駕因循不果用東坡白水山佛跡巖韻奉呈》《葉明府世度自陽春惠寄糖霜》

《集外詩》：

《送王秀才虔歸里省親》《濠畔放舟徧歷城西諸蘭若》《羅孝廉兄弟自石湖挐舟過訪》《石湖九題為羅孝廉作》《喜李曲沃卓揆至自香山集素舫齋耿三度曲小童吹笛和之》《蘭湖奉訪前輩辛翰檢昌五不值》《李曲沃招遊報資庵》《簡葉開平重秀》《馮公侯歸自京師集魏家池上作》《題潘祖棟愚亭遺稿後三首》

《同吳亨潘憲勳羅元煥飲游魚洲黎家茅亭》

按：吳亨，字次公。仁和歲貢。著《南越新吟》見潘衍桐《兩浙輶軒續錄》卷六。羅元煥，字超掄，號章山，廣東南海人。諸生。有《萬石堂稿》。見張維屏《國朝詩人徵略》卷三十三。

《過陳生敬修城西精舍》《為李少尹定業題琹亡圖二首》《用東坡游羅浮山一首示兒子過韻題楊制府應琚羅浮詩後并寄靈峰僧願子》

《兩府招同錫大將軍曹馬兩都統李榷使公餞衙齋喜劉侍講星煒以視學適至》

按：劉星煒，字映榆。乾隆十三年進士。官兵部侍郎。著有《思補堂集》。見李元度《國朝先正事略》卷四十二。

《定公房看菊圓德上人為鼓石上流泉之曲》《立冬夜顧正謙陸謙過別》《雨中同人集海珠寺見送用高達夫共言囀鳥堪求侶無那春風欲送行平字為韻余得堪字》《挂榜山》

【編年文】

《文集》卷十八《復修樵雲古蹟記》

按：是文曰：「余遊於粵二年矣，方蒐輯州乘，州之人以修復樵雲古蹟來告。予聞之，輟簡而興曰：『有是哉！李氏之多賢也。樵雲，一山也。以一州視茲山，則樵雲祇一州之名勝；以兩鄉視茲山，則樵雲乃兩鄉之孔道。《尚書》以前，是山吾不知其名也。至《尚書》而始有樵雲之名。鄉人不忍爭，造物

不能奪，樵雲似爲李氏之私物。逮至明經，則又不敢據以爲己有，損其厚貲，還而公之兩鄉之人，且還而公之造物，則樵雲又似非李氏一家所得而私也。然他人不能修，而明經獨能善繼先志，不憚其艱，則樵雲雖謂李氏所私有，可也。』」董浦以乾隆十七年入粵，至此恰爲二載。

乾隆二十年乙亥（1755），六十歲。

【時事】

二月，以尚書班第爲定北將軍，陝甘總督永常爲定西將軍，分兩路進征準噶爾。三月，以朋黨故，殺湖南學政胡中藻，賜廣西巡撫鄂昌死。四月，張廷玉卒。五月，定北大將軍班第平定準噶爾。十月，阿睦撒納反，將軍班第、尚書鄂容安死之。

【事蹟】

六月二十一日，友馬曰琯卒，董浦爲其作墓誌。

《文集》卷四十三《朝議大夫候補主事加二級馬君墓誌銘》曰：「君諱曰琯，字秋玉，別字嶰谷，姓馬氏……詩骨清峻。閉戶湛思，輒壓儕偶。合四方名碩，結社韓江，人比之漢上題襟、玉山雅集。性躭山水，京口三山，中吳洞庭，林屋之勝，足跡幾遍。著詩十卷，今世所行《沙河逸老集》是也。翠華南幸，迎駕江壖。天子親問姓名，兩賜御書克食，寵遇優渥。是冬，入祝聖母萬壽於慈寧宮，荷豐貂宮紵之賜。君感激奮勉，凡遇公家之事，不避艱險，往來金陵、攝山中。謁歸及旬，竟以不起，春秋六十有八。時乾隆乙亥六月二十一日也。誥封朝議大夫，候補主事，加二級欽授道銜，恩加頂帶一級……乾隆某年月日，曰璐卜地於廣陵某山之陽，合葬於陳恭人兆次，來乞銘。」

《清史列傳》卷七十一曰：「（馬曰琯）乾隆二十年卒，年六十八。」

七月二日，友全祖望卒。臨終囑弟子董秉純將所抄文集交馬氏藏書樓。

董秉純《全謝山先生年譜》之乾隆二十年乙亥條云：「又十日，呼純之榻前，命盡檢所著述，總爲一大簝，顧純曰：『好藏之。』而所抄文集五十卷，命移交維揚馬氏藏書樓。」

同上，「又十日，不復能言，日夜作鼾聲如睡，又兩日，聲漸微，乃逝。

七月二日寅也。」

【編年詩】

《詩集》卷二十《嶺南集五》

《舟往花田阻風中返》

按：詩曰：「荒村路澀將成雨，綠樹枝高易入秋」，是秋日景象。

《泛舟荔支灣同劉學使星煒作》《諸生飲餞講堂即席奉酬四首》《諸生方舟並濟追送河南者凡數百人李欑黃德中楊榮林可棟陳敬修買舟至佛山揖別》《舟至紫洞羅鼎臣李煥世林組李嘉樹李德桓已先在焉復出雞豚相餉》《清遠舟中望對山野燒》

《中宿峽》

按：《（道光）廣東通志》卷九十二曰：「峽山在城東三十里，一名中宿峽。崇山峻嶺，中通江流。上有飛來寺，即廣慶寺，梁普通間建。名山勝境，爲道書十九福地。右有和光洞，一名歸猿洞。北有金芝岩，前有凝碧灣，其水紺碧。左有犀牛潭，一名金鎖潭。又有釣鯉潭，對江山南頂。上爲幖幡嶺。」並引此詩爲據。

《大廟峽》

《湞陽峽》

按：《（道光）廣東通志》卷一百二《山川略》三曰：「太尉山在縣西二十二里，漢郡守鄧彪嘗駐此，後召爲太尉，故名皋石太尉，二山之間是曰湞陽峽。」後錄董浦此詩。

《夜泊望夫岡》

《觀音巖》

按：《（道光）廣東通志》卷一百二《山川略》三曰：「觀音岩在縣東三十五里，石峰壁立，下跨重淵，別有小洞，深入數十步沿崖而出。」後錄董浦此詩。

《彈子磯》

按：同上曰：「輪石山在城北一百一十里，高一百丈，周七里，一名彈子磯。壁立江滸，壁半有窩，廣圓數尺。」

《大坑口將入韶州界》

《韶州郭外》

按：詩曰：「朝餐已覺駝裘重，不枉初冬號小春」，知其時爲初冬。

《登曲江風度樓懷張文獻公》

按：詩曰：「過客登臨當落日，晴山風氣接深秋」，其時爲秋末冬初。又《（道光）廣東通志》卷二百二十《古蹟略》五曰：「風度樓在府門通衢，宋天禧中郡守許申建。唐明皇每用人必曰：『風度如九齡否？』郡人取以名樓。明嘉靖間知府符錫修。」

《韶石》

按：《（道光）廣東通志》卷一百二《山川略》三曰：「韶石山在縣北四十里，迤邐而東，有三十六石，是謂曲紅岡。」

《早發芙蓉驛》《鷁鷹石在始興》《始興江口茅屋數家風景清絕》、《江行雜詩十六首》《庾嶺雲封寺》

《重過蒙川館題壁》

按：詩曰：「獨客自尋黃葉徑，三年又遇白雲僧」，董浦乾隆十七年應粵秀書院之聘嘗經此地，至本年恰爲三載。

《集外詩》：

《江行雜詩二十首》全集錄十六《入保昌境簡四明府》《贛州弔門人趙工部天衢》

【編年文】

《文集》卷四十三《朝議大夫候補主事加二級馬君墓誌銘》

乾隆二十一年丙子（1756），六十一歲。

【時事】

五月，革將軍策楞、參贊玉保職，以達爾黨阿及哈達哈代之。六月，《（乾隆）大清會典》纂成。八月，和托輝特部郡王清滾雜卜叛，詔以成袞札布爲定邊左將軍，率師討之。十二月，清滾雜卜被擒伏誅。

【事蹟】

夏，至揚州，馬曰璐與同人邀董浦遊虹橋。

見馬曰璐《南齋集》卷六《丙子夏同人邀杭董浦太史泛舟虹橋歸飲行庵分韻賦詩予以病不獲從免成一首即以送行得山字》。

閏九月六日，同年陳士璠卒。

《文集》卷四十五《中憲大夫瑞州府知府陳居墓表》曰：「吾同年一十五

人，錢塘陳君泉亭與無錫楊君勛齋，皆以諸生超授庶吉士……泉亭浮湛郎署。又十餘年，一麾出守，守官以死。死之日，官無餘財。繼配趙恭人伶俜孤苦，挈二孤扶櫬歸里，終喪而不克葬，非慢也，力不逮也。埋幽之石，礨而有待。踰時閱歲，孤子京始來告。將以某年月日葬君於西谿某原。余乃按其狀而表之曰：君諱士璠，字魯齋，泉亭其號也……積勞疾作，移病俟待代而已不可爲矣。時乾隆丙子閏九月六日也，享年六十有七。」

閏九月九日，展重陽之會於吳山。

見編年詩。

本年，嘗爲孫正朋、黃琛、琇虛上人、汪萃宗題畫。

見編年詩。

【編年詩】

《詩集》卷二十《嶺南集》

《南康口號》

按：詩曰：「水換青螺染，山仍翠黛長。」又曰：「裙褶風吹皺，羅衣水染青。」是春日景象。

《贛關喜晤徐觀察垣》《鬱孤臺》《永豐舟次》《峽江》

《百花洲次錢少司寇陳群石刻韻二首》

按：詩自注曰：「時馮給事秉仁以侍御副司寇典試，今給事下世六年矣。」馮秉仁卒於乾隆十五年己巳，至本年爲六載。

《貴溪》《弋陽雨夜》《長至前一日夜泊黃家漾夢維揚馬三日琯以石刻新詩見示了了上口覺記和東坡雪浪石一題作詩記之並寄韓江吟社諸游好》《河口》《長至日廣信舟中》《玉山道上望白雲寺》《遊定陽石崆寺周覽浴鹿泉問莊亭赤雨樓諸勝即贈僧心成并寄白嶽友人許鋮》《徐生邀遊奉恩寺寺有牡丹爲一邑之冠》《遊蘭溪小三洞》《書汪啟淑蘭溪棹歌後二首》

《詩集》卷二十一《閒居集》

《櫻珠下短歌呈易四諧》《粵人羅世昌令蜀某縣被劾歸將納金自効而力不逮訪余里第賦七言慰之》《題孫正朋龍眠歸隱圖》《讓公山舫》《送雷副憲鋐告養歸里》《應太公重華年躋期頤黃深寫蘭竹圖爲壽奉題二律》《胡三應瑞愛皋亭山水有結廬之願詩以堅之》《閏月九日展重陽於吳山》《得耿國藩南安消息》

《題馬達庵遺像》《新安方如珽潛山尋墓詩》《題焂虛上人梅花作伴圖》《皐亭即事》《集舊雨齋用皮陸酒中十六詠韻得酒牀二首》《桂堂前有羅漢松一株數百年物也吟社諸公各以七言長句寵之余亦繼作》《穆如軒觀文待詔千巖萬壑圖即和其詩》《題施明經學濂九峰學舍》《旱既太甚汪上舍萃宗寫望沛圖以寄憂來乞題衝口率臆書三百字歸之》《南屏秋禊》《直指庵尋閣古泉》《辛未除夕曾同金志章屬鸚施安遊此今三人已化異物感舊傷懷復用前韻》

乾隆二十二年丁丑（1757），六十二歲。

【時事】

正月，乾隆奉皇太后再度南巡。二月，綽羅斯特輝特等部叛，右副將軍兆惠率師討平之。七月，殺浙江布政使彭家屏及夏邑附生段昌緒。

【事蹟】

正月九日，玉帝生辰，本擬遊張家寺，因雨不果，同友人集桂堂賦詩。

見編年詩。

三月十七日，友人金肇鑾卒。

《文集》卷四十四《金存齋墓誌銘》曰：「君諱肇鑾，字羽階，一字存齋，姓金氏。金于休寧為著姓，自君祖鼎臣公始遷杭，遂籍錢唐……余家世居如松里，與君跨街結宇，對衡而望，則櫺溜清淙可數……余宦不成，而宅再徙，君亦去舊里。自白隔巷有大宅，空弗居，而暱就君，時共談讌，曰：『吾不忍傷弟意也。』……歲在丑，損其左目。更一紀而舉發，遂以不起。方劇時，自白親劑藥石，脅不貼席者幾一旬。余聞驚，往視不及訣。嗚呼！六十年游好，惟自白與君而三，又弱一個，余獨偷視息，何為哉？某年月日，將葬君於某原。孤子溓、淮以狀來，按狀：君生於康熙戊寅年十二月初二日，卒於乾隆二十二年三月十七日，春秋六十。」

九月九日，董浦等七人展重陽會於吳山西爽閣。

見編年詩。

九月，王昶至西泠，與董浦時相過從。

王昶《蒲褐山房詩話》云：「（董浦）既歸，益肆力於詩古文詞。海涵地

負，日光玉潔，實足以雄長藝林。兩浙文人，自黃梨洲先生後，全樹山庶常及先生而已。乾隆丁丑秋，予至西泠，相見共論古今文章流別。謂予曰：『子無輕視放翁，詩文至此，亦足名家。』其沖懷樂善，迥異乎世之放言高論者矣。先生有十子，自第八子賓仁外，餘皆下世。諸孫亦零落殆盡。其《道古堂集》，梁山舟侍講刻之。生平著述甚夥，今付剞劂者未及其半。」

王昶《春融堂集》卷十六《秋日過淨慈寺佛裔上人出恒公小影索題感贈四絕》其三曰：「方袍筇杖各風流，二老清宵共放舟。塔影湖光涼月底，廿年如夢話前遊。」自注曰：「乾隆丁丑九月，余過南屏，恒公招讓山長老、杭董浦太史茶話。至漏下二十刻，湖心月露浩然，乃呼小艇送余回寓。迄今已二十二年矣。」

卷四十《吳麗煌閉戶著書圖詩序》曰：「余聞吳君麗煌名久矣。丁酉夏，君寓內閣學士劉君石庵所，始得與相見定交。已而，君出《閉戶著書圖詩》屬予序之。閱其冊，則亡友杭君董浦及僧大恒、讓山詩畫在焉。蓋不覺增欷累歔，而流涕之被於面也。憶余以乾隆丁丑九月過西湖，寓昭慶寺西俞氏樓，時天台齊侍郎次風方為敷文書院院長，董浦罷官家居，而讓山以退院住萬峰山房，淨慈寺方丈則大恒主之。三人者偕予集大恒所，相攜尋南屏古蹟，還則設茗具，進伊蒲饌，談笑至漏下二十刻，湖心月露浩然，乃呼小艇送余回寓樓。小酌久之，及曙而後別。迄今僅二十一年，而此四人者已相繼下世矣。讀其詩，彷彿其音容笑貌猶顯顯然呈露楮墨間，可勝歎哉！董浦學博而才贍，其意氣橫絕一世。大恒、讓山雖逃於佛，而以名僧工詩畫，單詞片紙，秀出人表，蓋皆當世雄雋君子也。」

本年，作傷逝詩十二首，懷十二友人。

《閒居集》之《傷逝十二首》所懷者為吳紱、全祖望、金志章、馬曰琯、王曾祥、舒瞻、陸秩、張湄、施安、樓錡、黃瑞鵬、僧成鑒。

【編年詩】

《詩集》卷二十一《閒居集》

《九日擬遊張家寺阻雨不果集桂堂作》

按：正月初九為玉皇大帝誕辰，俗稱「天公生」，是日有許多祭祀活動。故此詩曰：「令節宜僧寺，遊情歎屢更」。

《晚過慈雲山房尋指南上人》

《馮禮部成修自嶺南過訪值余他出越日走送不及悵然有寄》

按：馮成修，字達天，號潛齋，廣東南海人。乾隆四年進士，官禮部郎中。掌教粵秀、越華書院，受業數百人。著有《養正要規》諸書。生平見《（道光）廣東通志》卷二百八十七。

《題青藤山人雪景》《春餅十六韻》《送徐堂薄遊淮南》

《贈施鎬新納吳姬》

按：施鎬，字京來，號愚堂，錢塘貢生，著《愚堂詩草》。生平見潘衍桐《兩浙輶軒續錄》卷二、錢大昕《潛研堂集》卷四十《施節婦傳》。

《題漸江僧山水》《伏日集報國院》《傷逝十二首》《城南紀遊三首》《展重陽於吳山西爽閣會者七人》《由張家寺過寂照庵》《冬荣十二韻》《題翟濤樹蕙圖》

【編年文】

《文集》卷四十五《中憲大夫瑞州府知府陳居墓表》

按：是文曰：「埋幽之石，礱而有待。踰時閱歲，孤子京始來告。將以某年月日葬君於西谿某原。余乃按其狀而表之。」陳士璠卒於乾隆二十一年丙子，逾時一年，是為該年。

乾隆二十三年戊寅（1758），六十三歲。

【時事】

正月，回部和卓木叛，詔以雅爾哈善為靖逆將軍，率師討平之。七月，雅爾哈善與和卓木戰於庫車，和卓木遁去，革雅爾哈善職，以兆惠為定邊將軍，移師討之。

【事蹟】

正月初二日，友人胡天遊卒。

胡天遊《石笥山房集》卷首胡元琢《先考穉威府君年譜紀略年譜》曰：「至庚寅正月初二日，府君終於河中書院。」

上巳日，修禊湖上，集莊子齊物論中字賦詩。

見編年詩。

陳昌圖《南屏山房集》卷二《禊日分集莊子秋水篇中字》曰：「勝日觀化，息機風泉。窮達齊物，少長忘年。遙懷林壑，自樂歌弦。乃登於石，乃漁於

川。邱山稊米，鵷嚇虆憐。趣舍萬殊，適全其天。

孟夏，梁文濂卒，菫浦代人作梁文濂墓誌銘。

《文集》卷四十《封光祿大夫經筵講官太子少師協辦大學士吏部尚書加一級歲進士授諸暨縣儒學訓導梁公墓誌銘代》曰：「今上皇帝功恢無外，大孝格天，廣推錫類之仁，諭內外臣工親老者皆許乞養，以遂其烏鳥之私。於時冢宰協辦大學士錢唐梁公有父年八十矣，首先陳請，爲百僚倡。上爲賦詩寵行，袞衣循陔，曲盡色養。閱六載，歲紀戊寅，封公以疾棄養。甫屆卒哭，詔即其喪次，起公爲大司空。時窆期未告也，聞命屏營，乞掩壙而後即道。既蒙俞可，龜筴襲吉，將以明年二月之望丙寅，葬於葛嶺之原，而以德配凌夫人祔。走使來京師乞銘……君名文濂，字次周，一字蓮峰，五十之字爲谿父……則生以康熙紀號之十一年，凡八十七而卒，爲乾隆二十三年，其月孟夏，其日庚戌。」

冬，序趙信《同林唱和》。

趙信《同林唱和》卷首載杭世駿《同林唱和序》，此文《道古堂全集》未收，故錄之於下：「同林異條，本陸士衡目賈長渊語。意林趙徵士有賜錦之榮，與今薇林、梁少師詩篇酬贈，因名號之偶同，援成語以相況，若曰名位闊絕如陸士衡所云云者。夫少師清標朗映，如瑤林玉樹，高出雲表，絕所依傍；而徵士則如幽谷之蘭，無人自賞，不因人翕翕以執，其爲超出塵埃則同也。陸、賈之品節，宜於二君有所不類，所謂詩人斷章焉以取義也。讀其詩，即以知人論世爲說，不得復泥言句以相難矣。菫浦杭世駿書於桂堂。」

沈德潛《同林唱和序》曰：「意林徵士蒙恩賜錦，因以號堂，屬予爲記，贈予七言律一首，未及和也。歸乞薇林、少師書石疊韻酬之，少師依韻答之，遂相賡唱，各得十五章，意新才富，曲異工同。菫浦太史取陸士衡語題曰同林唱和集……乾隆戊寅冬月長洲同學弟沈德潛題。」

友人梁啟心以父喪哀痛而卒。

《文集》卷三十四《梁葭林傳》曰：「歲在戊寅，先生五福來備，考終里第，君哀勞逾節，甫卒哭而疾作，癥結于胸，火炎而色墨，遂至不起，年六十有四。」

《文集》卷四十《封光祿大夫經筵講官太子少師協辦大學士禮部尚書加

一級歲進士授諸暨縣儒學訓導梁公墓誌銘代》曰：「子三人，長啓心，翰林編修，以侍養不入館。後君半年亦卒，是謂死孝。」

　　冬，為萬言跋《明鑑舉要》。

　　此跋載蕭穆《敬孚類稿》卷五《跋四明萬氏明鑑舉要》後，以《道古堂全集》未收，故迻錄全文於下：「四明萬季野先生，伯兄祖繩先生之子。管村先生言，康熙初，聘入史館，纂修《明史》。因忤貴臣，出令五河，罷官論罪。其子西郭狂走數千里，裹金論贖，乃得歸鄉里。窮年鍵戶，編纂《明鑑舉要》一書。其卒也，未及校讎也。應徵士潛齋先生參補校閱，歷時二年而全書始畢。其後季野重為參訂，及九沙先生經歸自貴陽學使任，復於是書缺者補之，繁者芟之，乃成有明一代之信史，惜乎力無能刊也。書中潛齋用朱筆，季野用墨筆，其黃筆乃九沙也。九沙之子承天以是書歸余，欲資有力者梓行於世，因述其顛末如此。乾隆戊寅冬，董浦記。」按：萬言字貞一，一字管村。鄞縣副貢生。與修《明史》。官五河知縣。著《管村集》。萬承勳《千之草堂編年文》有其墓誌銘。

　　是年，為讓山、施學韓、黃琛題畫；作詩贈別趙瑞、陳廷獻。

　　見編年詩。

【編年詩】

　　《詩集》卷二十一《閒居集》：

　　《送趙瑞入都》

　　按：詩曰：「春風吹客解吳艖，此去分明倚彩毫。北地看花傳偉餞，西堂點筆記吾曹。」是春日景象。

　　趙瑞，字藥君，號泉皋，仁和人。見阮元《兩浙輶軒錄》卷三十四。

　　《陳皋惠示何水部集即次集中諸錄別韻送還廣陵得臨別聯句韻》《上巳日修禊湖上集莊子齊物論中字》《題讓公梅花卷子》《瓶荷》《效江淹雜擬二首》《新月》《次江蘭晚晴步浴鵠灣至花家山放舟歸南屏》《秋日南屏僧舍茗讌》

　　《題施學韓自寫山陰齋舫圖》

　　按：施學韓，字禮齋，號石泉。仁和諸生，安子。著《南湖草堂詩集》。見阮元《兩浙輶軒錄》卷二十七。

　　《黃琛寫尊甫再岑丈遺像乞題》《送陳廷獻之官滇中四首》《曠亭雪霽次

岑參白雪歌送武判官歸京韻》

【編年文】

《同林唱和序》

按：此文載趙信《同林唱和》卷首。

《文集》卷四十《封光祿大夫經筵講官太子少師協辦大學士吏部尚書加一級歲進士授諸暨縣儒學訓導梁公墓誌銘代》

《文集》卷四十六《唐母施太君墓表》

按：是文曰：「以乾隆十有四年十月十七日棄養，春秋六十有六……乾隆二十有四年龍集己卯十月廿有二日，得以畢窀穸之事，奉狀謁余而言曰：『《禮經》：掇拾於灰燼之餘，而云合葬非古，其然乎？不然乎？』余應之曰：『奚爲其不然也？生今之世，吾不敢反古之道。以時與勢斷之，喪期有定限，塋兆有廣狹，年壽有修短，境遇有豐嗇，先王體孝子之心而不使之傷。通變，禮之窮而不狥乎俗，意至深厚也。太君以安先人之魄兆爲計，而不牽於同穴之私愛，識加于人一等矣。』余特表其大者而以揭於墓，兼以破今世言禮者之拘。」

乾隆二十四年己卯（1759），六十四歲。

【時事】

正月，定邊將軍兆惠追擊和卓木，被圍於黑水營，副將軍富德率師援之，三月圍始解。十月，巴達克山汗擒斬和卓木，函其首來獻，回部平。

【事蹟】

清明日，盧見曾招遊湖上賦詩。

見編年詩。

穀雨日，江春招遊鐵佛寺。

見編年詩。

胡彥穎葬其王父胡渭於經南圩之阡，菫浦作《胡東樵先生墓誌銘》。

《文集》卷四十《胡東樵先生墓誌銘》曰：「乾隆二十有四年，清溪胡翰林彥穎將于十有一月癸丑，葬其王父東樵先生於經南圩之阡。至是距先生之歿，蓋四十有二年矣……先生名渭，初名渭生，字朏明。東樵，其晚年自號也。」

董浦以《嶺南集》寄示袁枚，袁氏有詩答之。

袁枚《小倉山房詩集》卷十五有《杭太史董浦寄示嶺南集奉酬三十六韻》。

十二月八日，江春重建鐵佛寺落成，董浦有詩追和。

《韓江集》上《江春重建鐵佛寺於臘八日落成追和》曰：「恰喜清齋逢臘八，虛堂容我算微塵。」

是年，汪由敦七十壽辰，董浦作壽序賀之。

《集外文》之《休陽汪先生壽序》曰：「先生樂道守素，莑祿爾康。位躋卿相不足以爲榮，名在天壤不足以爲喜。不朽之業，無窮之望，在守先待後，與古聖賢爭一日之得失而已矣。某學不足以窺先生之深，遊習者久而辭則足以立誠，於先生七十之壽，乃不敢爲夸言，書此以誌仰焉。謹序。」

是年，有詩贈別邵烈、龔初。

見編年詩。

【編年詩】

《詩集》卷二十二《韓江集》上

《梁溪雨夜》

按：詩曰：「沙軟鷗同夢，城春樹罩烟」，知是春日。

《惠山寺》《丹陽郭外候潮》《雨中送邵烈歸里同用高青邱集中送客韻分得送徐山人還蜀山兼寄張靜居》《清明日盧運使見曾招遊湖上二首》《龔楚以將母告歸賦詩贈別》《穀雨日江春招遊鐵佛寺》《江春重建鐵佛寺於臘八日落成追和》

【編年文】

《文集》卷二十三《爲殤立後議》

按：是文曰：「乾隆歲在己卯，光曾十五而殤，將取炳以歸，則負亡兄之約而傷寡嫂之心。如不以炳，爲嗣則稷之血胤絕。余執『子不殤父』之說以進。」

《文集》卷三十四《梁菽林傳》

按：《道古堂文集》中此文未有年月，乾隆間刻梁啓心《南香草堂詩集》卷首錄有此文，文末云：「乾隆二十四年己卯冬十月同里友弟杭世駿撰。」

《文集》卷四十《胡東樵先生墓誌銘》

《文集》卷四十四《松谷趙君墓誌銘》

按：是文曰：「君諱殿成，字武韓，號松谷……乾隆龍集丙子七月二十七日，疾卒，春秋七十有四……己卯十二月初八日，樹元奉遺命將葬君及恭人於陳太恭人之兆，來乞銘。君純懿篤行君子，而恭人佐之以賢孝，是中銘法。」

《集外文》之《休陽汪先生壽序》

乾隆二十五年庚辰（1760），六十五歲。

【時事】

八月，以阿桂為都統，總理伊犁事務，行屯田事。八月，乾隆奉皇太后秋獼木蘭，十月還京師。十一月，《乾隆內府皇輿圖》告成。

【事蹟】

春，嘗坐十八峰草堂賦雨，紅橋雨夜泛舟。

《韓江集》上：《十八峰草堂雨中寫望》曰：「草堂俯春郊，列岫青不捨。一一排闥來，秀色堪玩把。」《紅橋雨夜》曰：「小雨微微未肯晴，漫遊且供放船行。望中撥櫂春泥滑，醉後推窗夜氣清。」均是是春日景象。

兩淮鹽運使盧見曾邀董浦等飲酒賦詩。

嚴長明《嚴東有詩集》之《歸求草堂詩集》卷五有《雅雨先生出德州羅氏欽瞻家釀飲客杭董浦蔣秋徑江賓谷陳授衣各賦羅酒歌余亦繼作》。

嚴長明，字道甫，號東有，江寧人。乾隆二十七年召試，賜內閣中書，官至侍讀，有《歸求草堂集》。生平見錢大昕《潛研堂集》文集卷三十七《內閣侍讀嚴道甫傳》。

盧見曾，字雅雨，山東德州人，康熙辛丑進士，官至兩淮鹽運使。生平詳參盧文弨《抱經堂文集》卷三十三《鄉貢生盧府君墓誌銘》。

十二月八日，觀《王石谷仿巨然夏山圖長卷》。

方濬頤《夢園書畫錄》卷十八《王石谷仿巨然夏山圖長卷》載董浦跋語曰：「乾隆龍集庚辰臘八日觀於苕溪客舍，率題二絕歸之。董浦杭世駿。」

【編年詩】

《詩集》卷二十二《韓江集》上：

《十八峰草堂雨中寫望》《紅橋雨夜》《鄭氏休園二首》《題查歧昌精舍集即用其在湖南見懷韻》《紅橋夜泛伶歌前後赤壁二賦即集其字》《悅枝堂坐雨》

《喜趙珍陳昌圖過邗江即送之淮上》

按：陳昌圖，字玉臺，號南屏，仁和人。乾隆丙戌進士，官直隸通永道，著《南屏山集》。見潘衍桐《兩浙輶軒續錄》卷十。

《江春出家樂佐酒即席有贈》

【編年文】

《文集》卷四十六《封一品夫人晉封一品太夫人徐母曹太夫人墓誌銘》

按：是文曰：「故錢塘唐相國文穆徐公，以乾隆十五年歲庚午，筮葬於茶坊嶺之原。後十有二年己卯，德配曹太夫人卒。明年十月癸酉，公子以烜等將祔葬太夫人于相國之墓，走使索銘……太夫人卒於乾隆二十有四年三月庚子，壽七十有八。以相國貴，誥封一品夫人，嗣晉封一品。」

乾隆二十六年辛巳（1761），六十六歲。

【時事】

正月，紫光閣成。二月，乾隆奉皇太后西巡，幸五台山，三月還京師。四月，賜王杰等二百一十七人進士及第出身有差。五月，以劉統勳為東閣大學士兼禮部尚書，以梁詩正為吏部尚書協辦大學士。

【事蹟】

春，兩遊建隆寺。

《韓江集》上《重遊建隆寺》曰：「偶因花謝參賢劫，特借茶甘試辨才。」是春日景象。

夏至前一日，為馬曰璐序《南齋集》。

方盛良《馬曰琯馬曰璐年譜》之乾隆二十六年條曰：「『長至前一日』，杭世駿為《南齋集》作序。《南齋集》六卷附一卷是年開雕。」

七夕，詠郭子儀事於稼書堂。

見編年詩。

冬至前二日，集梓花軒催雪。

見編年詩。

十一月，友人馬榮祖卒。

《文集》卷三十四《馬石蓮傳》曰：「君素康強善飯，言論終日不倦，末疾忽嬰，方起溲而蹶，不復起，時乾隆辛巳十一月乙未也，春秋七十有六。」

冬，董浦婿丁健來訪，董浦興極歡，作徹夜長談。

《韓江集》下《雨窗夜坐喜丁壻至自淮城效吳體》曰：「苦吟間答粗細雨，情話續成長短更。天愛閒人與閒福，煮茶煨栗到天明。」

本年，夏之蓉訪董浦於安定書院。

《韓江集》上《同年夏檢討之蓉見過道舊以不朽之業重相敦勉感賦一律》。

夏之蓉《半舫齋編年詩》卷十九《安定書院晤杭董浦》曰：「松蘿三徑覆雲煙，養樹千章不計年。檻外霜華侵鶴夢，座中簪影聚詩仙。問奇各滿諸生願，承蓋爭看大雅傳。為返永嘉歸正始，魯靈光殿自歸然。」

本年，有詩送別胡紹南、許祖京、邱永、張月梅、李應列、程晉芳、項均；為程名世、朱方藹、鈕孝思題畫。

見編年詩。

【編年詩】

《詩集》卷二十二《韓江集》上：

《建隆寺》《重遊建隆寺》

按：程晉芳《勉行堂詩集》卷十三辛巳年有《建隆寺懷古同杭董浦太史作兼示夢因長老》。又潘衍桐《兩浙輶軒續錄》卷八載《奉和杭董浦先生建隆寺懷古》曰：「香臺高倚蜀岡前，天水開基紀昔年。九廟御容迷舊影，三摩花雨散諸天。悲風鬼泣秋深冢，斜日人耕戰後田。回首英雄千載隔，難將陳跡弔荒煙。」

《題翻經書屋贈程兆熊》

按：李斗《揚州畫舫錄》卷十二曰：「程兆熊，字孟飛，號香南，又號楓泉、澹泉、壽泉、小迂，儀真人。工詩詞，畫筆與華岩齊名，書法為退翁所賞。揚州名園、甲第、牓署、屏障、金石、碑版之文皆賴之。早年受知於高

制軍晉，巡鹽御史恒爲之寫《固哉亭集》。晚居隨月讀書樓。子法，字宗李，號硯紅。書法得其家傳，畫畫眉尤精。」

《梓花軒試龍井火前茶用東坡和蔣夔送茶韻》《瓜步遊錦春園五首》《焦山自然菴聽雨》《盧運使招集瑞芍亭即事》《觀查明府開所藏宋搨褚河南書漢太史司馬公侍妾隨清娛墓志銘》《鱭魚》《和邱爲尋西山隱者不遇》

《送巡漕胡侍御紹南還朝》

按：黃叔璥《國朝御史題名》曰：「胡紹南，河南汝陽人。乾隆戊辰科進士，由刑部郎中考選山西道御史，轉冀寧道。」

《天寧寺具上人見過》《秋雨菴》《硯湖月泛》《題程名世樂句圖四首》《分詠揚州古蹟得繡女祠》

《題朱方藹草堂圖》

按：朱方藹，字吉人，號春橋，桐鄉貢生。著《春橋草堂詩》《畫梅題記》《小長蘆漁唱》。見阮元《兩浙輶軒錄》卷三十二、王昶《湖海詩傳》卷十八。

《遊喬氏東園》《漁奄》《晴綺軒觀宋林酒仙像》

《蓮花溝弄月歌爲徐本淯作》

《新晴過夢公方丈》《同年夏檢討之蓉見過道舊以不朽之業重相敦勉感賦一律》《寄題晉陵鈕孝思牧村圖》

《送許祖京歸清溪》

按：許祖京，字依之，號春岩，德清人。乾隆己丑進士，官至山東布政使。見潘衍桐《兩浙輶軒續錄》卷十。

《題水東小圃》《晚過夢公丈室》《熙春臺月夜弄泉》《觀吳興趙氏一門眞蹟》《送邱永歸里》《苦雨用江醴陵贈鍊丹法和殷長史韻》《梅雨用初白集中雨後納涼韻》《用前韻酬五弟世瑞》《遣興再用前韻》《建隆寺東方丈連理栢聯句》《稼書堂七夕詠神仙感遇傳郭子儀事》《胡麻爲八穀之一前人無有專詠坡集中止一賦而已輒作一首》《問竹上人疾》《紅橋秋泛》《欲往建隆寺畏雨不果寄示住僧》《雨過夢公丈室》

《詩集》卷二十三《韓江集》下

《小酉別館瞻陳洪綬所寫坡公像用坡集中贈寫眞何秀才韻》

按：胡敬《崇雅堂詩鈔》卷九有《題杭董浦先生遺照即次道古堂集中小酉別館瞻陳洪綬所寫坡公像用坡集中贈寫眞何秀才詩韻》曰：「六丁取將駁雷電，文光逝如弦上箭。展觀遺掛猶儼然，想像來自三神山。公神早歸我生晚，未見

樹幟騷壇閒。知公寓物不留物，王宰丹青偶遺跡（圖爲婺源王友亮寫）。荷衣久已換朝衫，扱履扶筇意閒適。以詩書氣傳公容，光焰浮動大宅中。楊惲屬辭志景仰（圖爲計蓮如屬題，蓮如爲先生外孫），即今後起誰如公。」則董浦圖象爲計蓮如請王友亮所繪。又卷十《梅花卷子爲冬心先生畫董浦先生題》曰：「老筆紛披有如此，二老風流長不死，詩如其畫畫如詩。」知金農亦嘗繪董浦。

陳洪綬，字章侯，號老蓮，又號老遲，諸暨人。善山水人物，軀幹偉岸，衣紋清圓細勁。著《寶輪堂集》。見彭蘊璨《歷代畫史彙傳》卷十四。

《秋集徐本淯學圃》《題秋聲館》《中秋集遺安樓下聽小伶歌坡仙大江東去詞》

《錢塘詩人潘雪帆墓在蜀岡往尋不得》

按：阮元《兩浙輶軒錄》卷九《潘問奇》條曰：「潘問奇，字雲客，錢塘人。《碧溪詩話》：『雲客又號雪帆，晚年客遊邗江以終，天寧寺僧爲營葬於蜀岡之西，有碑題曰錢塘詩人潘雪帆墓。』杭太史董浦掌教安定時，嘗往尋其墓，不得，賦詩云：『詩骨經何處，分明在蜀岡。高秋思一拜，蔓草沒斜陽。蘇徑尋碑失，松根引路長。清詞聞鬼唱，嗚咽和寒螿。』」

《九日登南城樓次龔三秀才褆身韻》

按：龔褆身，字深甫，號吟耀，仁和人。敬身季弟。乾隆壬午舉人，授中書。有《吟朧山房詩》。見阮元《兩浙輶軒錄》卷三十一。

《程氏筠榭齋圖風圖》《立冬前一日雨中集街南書屋追悼馬員外曰琯》《對溫閣席上詠燭》《硯池雨泛聯句》《用坡公百步洪韻題張月梅煎茶圖即送之還橫山舊隱》《送李應烈之吳門》《題蓉江垂釣圖》《雨窗夜坐喜丁塏至自淮城效吳體》《送王某還關中》

《寒夜集汪棣護圖》

按：李斗《揚州畫舫錄》卷十曰：「汪棣，字韡懷，號對琴，又號碧溪。儀徵廩生。爲國子博士，官至刑部員外郎。工詩文，與公爲詩友，虹橋之會，凡業鹺者不得與，唯對琴與之。多蓄異書，性好賓客，樽酒不空，一時名下士如戴東原、惠定宇、沈學子、王蘭泉、錢辛楣、王西莊、吳竹嶼、趙損之、錢籜石、謝金圃諸公往來邗上，爲文酒之會。」

《五清山莊圖爲渤海高文定公作兼呈鹺使恒》《冬江》《冬至前二日集梓花軒催雪》《題畫》《江春宅分詠得防秋》

《小酉別館追送程舍人晉芳用昌黎會合聯句韻》《與項均言別》《遊法雲

寺同用溫飛卿法雲寺詠雙檜韻》
　　《和陶連雨獨酌》
　　按:《陶連雨獨酌》尚有其他和作,如查慎行《敬業堂詩集》卷二十六《春分後大雪和陶連雨獨飲韻》,文廷式《文道希先生遺詩》有《和陶連雨獨飲》,葉名澧《敦夙好齋詩全集》初編卷六《雨霽獨飲和陶連雨獨飲》,曾燠《賞雨茅屋詩集》卷十六《和陶連雨獨飲》等。
　　《吳均招集程氏園亭》《歲暮留別遺安樓同好》

【編年文】
　　《文集》卷十《馬半查南齋集序》
　　《文集》卷四十七《節孝趙母楊孺人厝志》
　　按:是文曰:「余與同里諸趙交故深,主事君松谷尤交久。君有才子曰秉恕,德配楊氏,是爲璞嚴公長女。自幼至性過人,年十九成婦禮……乾隆二十三年,敕封孺人。二十四年秋,疾卒,年五十有一……二十六年辛巳春,樹元扶服衰経,稽顙于門,請曰:『不孝有祖父之喪,咸未即窆矣,無敢渴也,謹筮三月二十五,將權厝吾母于八盤嶺之原,唯公知,敢乞銘』。」

乾隆二十七年壬午（1762）,六十七歲。

【時事】
　　正月,乾隆奉皇太后南巡,三月至杭州,五月還京師。十月,以明瑞為伊犁將軍,分烏梁海為三部,設官治理之。

【事蹟】
　　夏,劉謙招董浦、杜甲、程名世、釋輔誠至平山堂看月。
　　《韓江集》下《劉觀察謙招同杜太守甲程司馬名世泛舟至平山堂挈僧輔誠看月而歸》曰:「荷葉試香鷗夢熟,槳牙休遣動魚罾。」是夏日景象。

　　十月二十五日,翟之瑞卒。
　　《文集》卷四十三《封儒林郎衢州府學教授翟君墓誌銘》曰:「君姓翟氏,諱之瑞,字龍文,號濋舍。先世自汴來杭,居仁和縣臨江鄉……偶示微疾,遂不起……時乾隆壬午十月二十五日,距君之生康熙辛未四月二十一日,春秋七十有二。候選州同知,以次子灝進士,官衢州府教授,晉封儒林郎。」

是年，程晉芳有詩懷堇浦。

程晉芳《勉行堂詩集》卷十三《途次懷人詩十二首》之八《杭太史堇圃》曰：「總宜船載蜜梅黃，少別江橋返古杭。饒歲食單增小品，瘞人棋局過三商。漁師款戶輸新稅，書客談經列下堂。謾訝垢衣工笑罵，世間誰復得臣狂。」程集繫此詩於本年。

十二月十七日，自揚州返鄉。

沈大成撰《學福齋集》卷十九《竹西詩鈔》之《送堇浦杭太史歸錢塘》曰：「驪駒門外繫，風雪惱行人。去恰將辭臘，歸應已及春（太史於臘月十七日戒行，廿二立春計將抵家矣）。悔花孤嶼冷，柳色六橋新。舊雨如相問，緇衣半化塵。謂丁鈍丁、吳甌亭、大恒、讓山兩上人。」

本年，賦詩三首詠楊花，為汪棣、馬昆季題畫。

見編年詩。

【編年詩】

《詩集》卷二十三《韓江集》下

《野寺尋碑圖為杜太守甲作》《劉觀察謙招同杜太守甲程司馬名世泛舟至平山堂挈僧輔誠看月而歸》

按：杜甲，字補堂，號晚晴，江都人。乾隆十二年，由通州知州擢任浙江寧波府知府，十五年調任杭州。見《（光緒）順天府志》卷七十四。

《前題次杜太守韻》《題汪棣後談藝圖》《楊花三首》

《平安車歌為江晟作》

按：江晟，字聿亭，號平西。見李斗《揚州畫舫錄》卷十二。

《康山秋眺》《秋陰》《題馬氏昆季雲壑清吟圖》

乾隆二十八年癸未（1763），六十八歲。

【時事】

正月，命尚書阿桂在軍機處行走。四月，賜秦大成等一百八十人進士及第出身有差。五月，大學士史貽直卒。十一月，大學士梁詩正卒。

【事蹟】

於安定書院識汪中。

　　汪喜孫《容甫先生年譜》之乾隆二十八年癸未條云：「劉申甫云：『杭堇浦先生主講安定書院，論及《孟子》『往送之門』，以爲昏禮本無明文，姑從闕疑。容甫先生引《穀梁》『祭門』、『闈門』以證之，四坐皆驚，堇浦深爲折服，先生經學由是知名。」

五月晦日，同友人過十八峰草堂分韻賦詩。

　　沈大成《學福齋集》詩集卷二十《竹西詩鈔》之《五月晦日與堇浦太史杉亭舍人朱春橋張少華玉並對鷗筠榭對琴丁鶴洲諸同學過十八峰草堂以明月松間照清泉石上流分韻得松字》曰：「虛堂面積翠，奔濤起長松。白雲縈其間，勢若走群龍。炎曦匿林表，萬象昌且豐。娟娟隔江山，離立環芙蓉。詎知無邊景，盡收一枝筇。夷猶不能去，微風墮午鐘。」

秋，馬曰璐招集小玲瓏山館。

　　沈大成《學福齋集》詩集卷二十一《竹西詩鈔》之《馬半查招同堇浦太史玉井對鷗漁川斗初集小玲瓏山館》曰：「嘉會行庵忽十年，重逢高館各華顚。那堪聞笛秋風裏，且共銜杯逝景前。深竹小亭饒野意，法書名畫寄栝禪。當時舊雨無多在，拂壁吟詩一惘然。」

【編年文】

　　《文集》卷四十一《大學士贈太保文莊梁公墓誌銘代》

　　按：是文曰：「皇帝御宇之二十有八載，相國錢塘梁公以疾薨於位。上聞震悼，命皇五子詣靈奠醊，晉贈太保，諡文莊，予入賢良祠，賜內庫白金千兩治喪……葬有日矣，隧道之銘，孤子排纘行事，先期來請。余與公同備顧問，參密勿，朝夕繼見，垂三十載。知公特深，其忍不銘？按狀：公諱詩正，字養仲，號薌林……公生有異稟，五歲始能言。授以四五言詩，略上口即能誦。長擅文譽，與兄啓心有『二難』之目。年三十，始舉鄉試。又五年，成進士，時雍正八年庚戌也。殿試以一甲第三名及第，授職編修，旋充《一統志》纂修官。」

　　《文集》卷四十六《李母朱孺人墓誌銘》

　　按：是文曰：「竟以凌晨泊然長逝，時雍正甲辰六月十有三日也，距其生在歲之辛未，僅三十有四云……歷四十年，乃得改葬。……余即智公之所述，不漏不支，以慰孺人於泉路，猶孝子之志也。」雍正二年甲辰而後四十年，

恰爲本年。

乾隆二十九年甲申（1764），六十九歲。

【時事】

七月，體仁閣大學士楊廷璋罷，以楊應琚為東閣大學士，仍留陝甘總督任。十一月，協辦大學士戶部尚書兆惠卒；命修《大清一統志》。

【事蹟】

四月二十六日，同友人集榮木軒賦詩。

見編年詩。

沈大成《學福齋集》詩集卷二十三《竹西詩鈔》之《四月二十六日集榮木軒同董浦玉井對漚嘯齋漁川作》曰：「櫻筍它鄉此幾經，又攜雙屐到元亭。翻階殘薔猶含紫，繞屋新篁漸放青。桑落酒濃催客醉，子規聲怨耐人聽。女兒節近牽離緒，一片家山指畫屏。」

孟夏，馬曰璐、方士僎七十壽辰，董浦賦詩祝壽。

《韓江集》下《桃盃歌爲馬曰璐方士庬作》曰：「韓江耆碩方與馬，七十齊年當孟夏。庚甲無差月日同，兩家羊酒充門廈。」

八月十四日夜，同友人泛舟湖上；小玲瓏山館諸公有詩見懷，董浦有詩和之，而後又再過小玲瓏山館。

見編年詩。

沈大成《學福齋集》詩集卷二十三《竹西詩鈔》之《中秋前一夕依齋大參招同董浦太史筠楷別駕湖上泛舟》曰：「圓魄逼中秋，行空含萬象。挐舟入其中，意欲排雲上。紅橋溯蜀岡，十里波滉瀁。微風來清泠，暮色連莽蒼。我輩三四人，嘐古相抵掌。唐許與彭殤，陳跡成俯仰。酒酣更稱詩，眾山皆爲響。太史起揮毫，主人行棄杖。斫桂逢吳剛，求珠得象罔。婆娑涼影間，擺落塵世想。是日湖無船，亦無屐一緉。夜淨露腳飛，往往落魚網。沿緣菰蒲歸，瑟瑟送雙槳。」

秋，至淨香園觀荷。

見編年詩。

十二月二十九日，蘇軾生辰，釋方珍邀董浦等設祭於寒香館。

見編年詩。

本年，羅天尺有詩寄董浦，

羅天尺《癭暈山房詩刪》卷十三《送高錦川明府歸杭州因寄杭世駿沈廷芳兩太史》曰：「百粵聲華入望通，因君歸路託飛鴻。難忘元白雙才子，誰念屠沽一老翁。爲道久拋毛義檄時銓期已過，相期重館越王宮二太史舊爲粵秀掌教。聖湖夜月蘇堤雨，話舊懷人興不窮。」此詩繫於《寄哭何十夢瑤》後，何卒於本年。

【編年詩】

《詩集》卷二十三《韓江集》下

《桃盃歌爲馬曰璐方士庱作》《積雨初晴江昉招集淨香園即事》《重過休園即事》《首夏集張四科榮木軒》《夏五集玲瓏山館奉懷盧運使》《淨香園秋日觀荷》《送門人陳侍讀鴻寶還朝兼簡令叔銀臺兆崙四首》《陳乾招同潘泉壽譽達令叔皋草堂小集》

《陳乾安榴館觀亡友金農畫梅》

按：詩曰：「髯翁去作騎鯨客，祇剩冰魄與雪魄。」金農卒於乾隆二十八年，故繫此詩於本年。

《詩集》卷二十四《韓江續集》：

《奉酬南齋諸公中秋前一日山館對月有懷》《過小玲瓏山館復酬諸公》《再過山館》《汪棣招集青桂山房》《張幼芬善侍父疾繪采藥圖以見志書二絕句褒之》《藤花庵觀厲徵君手書詩集感賦》《竹帳》《題文待詔畫後赤壁賦》《孫北海庚子銷夏記東坡與欽之書云有後赤壁賦筆倦未能寫又云卷首損壞文衡山補之前意未盡再賦一首》《項均畫梅歌》《題小屋吟秋圖》《題徐氏翠交林》《藤花庵四詠》《敬題姜貞毅公遺像二首》

《和杜太守甲創修郝忠節公祠詩》

按：王安定《兩淮鹽法志》卷一百五十曰：「郝忠節公祠，祀明湖廣房縣知縣贈太僕少卿郝景春，在城西法海橋畔。景春，前明萬曆壬子舉人，知房縣事。流賊張獻忠陷城，景春及其子鳴鸞、僕陳宜同時殉難。諡忠節，建祠歲祭，以鳴鸞祔，事載《明史》。乾隆二十九年，如皋姜忠基重修，運使趙之璧捐廉助之。」杜甲及董浦和詩應均作於是年祠成時。

《十二月十九日東坡先生生辰釋方珍合竹西群彥設祭寒香館賦詩紀事》
《題陳玉几梅花雪蕉畫》

【編年文】

《文集》卷十八《蘭溪范氏重修香溪先生祠記》

按：是文曰：「乾隆二十有九年，裔孫宗灝偕其族人重新之，二月鳩工，九月而蕆事。礱石以待，請余文以紀歲月。余讀先生之遺文，仰先生之高蹈。早歲即知景慕，垂老獲以文字之役攀附前哲，以垂久遠，其榮多矣。遂詮次平日之所論斷者，以復於宗灝。」

《文集》卷四十三《封儒林郎衢州府學教授翟君墓誌銘》

按：是文曰：「以甲申十一月二十五日，葬君蓮花峰陽，君所自相也。來乞銘，濤、灝偕余交游久，知君潛德，中銘法。」故繫是文於此年。

《文集》卷四十六《封太恭人馬母陳氏墓誌銘》

按：是文曰：「乾隆二十有九年某月日，祁門馬曰璐將葬其母陳太恭人於廣陵某鄉之原。手南昌萬學士承蒼所為傳，述母行事甚悉，先期請為志，且乞銘……恭人之卒也，歲在甲子，月在乙亥，日在戊辰。」

乾隆三十年乙酉（1765），七十歲。

【時事】

正月，乾隆奉皇太后南巡，閏二月至杭州，此乾隆四度南巡也。烏什回人作亂。九月，將軍明瑞擊平之；定舉人大挑例。

【事蹟】

正月初八，同友人小集賦詩。

沈大成《學福齋集》詩集卷二十四《竹西詩鈔》之《谷日杭董浦太史汪石恬明府徐萩農雅宜小集以謝詩春心自相屬賦韻得春字》曰：「歲稔民乃粒，舊傳有靈辰。逆旅倚硯田，差免憂甌塵。及此風日美，埽榻敷重茵。采采澗中芹，可以薦嘉賓。杖者來詩老，素心得比鄰。譚萩僑陰何，論世友孟荀。萬鍾傲不睍，一杯歡相親。聞說蜀岡梅，撲鼻寒香新。玉妃來年別，曠若越與秦。何當攜短筇，去嬉前溪春。」

乾隆四次南巡，董浦迎駕，帝書「買賣破銅爛鐵」六大字賜之。

龔自珍《杭大宗逸事狀》：「乙酉歲，純皇帝南巡，大宗迎駕，召見，問：

『汝何以爲活？』對曰：『臣世駿開舊貨攤。』上曰：『何謂開舊貨攤？』對曰：『買破銅爛鐵，陳於地賣之。』上大笑，手書『買賣破銅爛鐵』六大字賜之。」

丁丙《松夢僚詩稿》卷三《大方伯里明應太室布政朝玉舊第也二百年來換易市塵垢衣敝器羅列門攤竟成陋巷余居近是里却後歸來因記以詩》曰：「方伯當年甲第荒，戶多破落傍門牆。同無屬禁諸投（宋時行市各有分地，惟諸投巷獨無屬禁。大方伯舊貨鋪，杭大宗編修曾業此。事見《龔定庵文集》，至今不起窺贓，永爲定例），猶有遺風雜賣場。」又《松吹書堂額詠序》曰：「讀書堂在大方伯里，其隔巷則南潯張孝廉，讀書談藝，爲太史畏友。太史以言事罷歸，奉母閒居。遇南巡，迎駕湖上，聖上問其作何生涯，太史謹對曰，買賣破銅爛鐵，上即書六字以賜之。蓋大方伯里半市破舊器物，太史以實對，聖上鑒其誠而恕其戀。」

馬曰璐同董秉純等協助萬三福謀刻全祖望文集，初得《經史問目》十卷。

董秉純《全謝山年譜》之乾隆二十年乙亥條曰：「乾隆乙酉，純在杭，萬三福謀刻先生文集，請吳丈鷗亭、馬丈半槎協力，純率同鄉後進助之，先得《經史問目》十卷。」

春日，同友人飯建隆方丈。

沈大成《學福齋集》詩集卷二十五《竹西詩鈔》有《雨後陪同杭董浦杜補堂兩先生程筠榭同學飯建隆方丈與夢公法侶唱誦華嚴字母歡喜讚歎而作是詩》。

上巳日，同友人坐雨安居褉飲賦詩。

沈大成《學福齋集》詩集卷二十五《竹西詩鈔》之《上巳後二日坐雨安居褉飲同董浦太史玉井對漚莪農杉亭碧溪松滋秋澄恬村筠榭以此地有崇山峻嶺茂林修竹分韻得修字》曰：「興至便宜飲，況遇良朋儔。元己未三日，積雨喜乍收。風光幸可藉，褉事許續修。相與踞奇石，何必臨長流。廣除罥新綠，屋頭來鳴鳩。俯仰忻自得，不覺窗景遒。王謝彼何人，吾將尋浮邱。」

四月既望，洪體公妻吳氏卒，董浦應其請而作《洪母吳宜人傳》。

《文集》卷三十六《洪母吳宜人傳》曰：「太歲在乙酉，夏四月既望，洪

君體公喪其賢偶，撰述闡行，踵余門而請曰：『願仁孤生弱植，關河踰越，辛苦備嘗，惟吾婦實左右之……吾子以微顯闡幽爲職業，文直事覈，詞不虛美，煒彤管而繼青史氏之記，則吾婦爲不死矣。』余視其狀，實徵之洪氏之戚黨，益信，乃據事而書之。」

九月十九日，同友人展重陽之會於揚州蜀岡。

沈大成《學福齋集》詩集卷二十五《竹西詩鈔》之《十九日陪同董浦北垞對漚橙里筠樹展重陽於蜀岡作》曰：「傑閣重登秋欲晚，蜀岡蟠互亦雄哉。江寒木落漁村出，風急天高雁語來。勝地何妨頻躡屐，客情不厭數銜杯。夕陽西下雷塘路，剩有黃花爛漫開。」

冬至後三日，馬曰璐招集董浦等集小玲瓏山館。

沈大成《學福齋集》詩集卷二十六《竹西詩鈔》之《寒夜馬半查招集小玲瓏山館同杭董浦閔玉井陳對漚方西疇張嘯齋漁川程筠樹作》曰：「長松立瘦鐵，北風挾之鳴。其下有草堂，奇石紛縱橫。主人服鄭流，卻埽研墳經。偶然及吟事，往往諧詔經。至日後三日，折簡來相迎。扶筇四三叟，歡笑傾淥醙。寒月出牆角，餘輝窺窗櫺。池冰堅以厚，黃梅僵古瓶。重簾聚燭影，高空墮鴻聲。拊此光景駛，感彼歲序更。故人不可作，愴焉懷脊令。」

本年，友人黃紹統來訪。

劉彬華輯《嶺南群雅》引黃紹統《維揚謁杭太史大宗先生時先生主講定安書院》曰：「暌違十一載，相晤大江南。名士老彌憨，高人放愈憨。茂先稱博物，靖節解投簪。鹿洞留餘韻，遺經盡日談。」乾隆十九年，董浦辭粵秀書院教習還鄉，至本年恰爲十一載。按：是書曰：「黃紹統，字燕勳，一字翼堂，香山人。乾隆己卯舉人，官終瓊州府教授，著有《仰山堂詩鈔》。」

【編年文】

《文集》卷三十三《馮景傳》

按：是文曰：「（馮景）以康熙五十四年六月卒，年六十有四，學者私諡文介先生……自景死，吾杭遂無有以古文名者，距今又五十年，後年晚進不知景之文，不知景之學也。」

《文集》卷三十五《洪母吳宜人傳》

乾隆三十一年丙戌（1766），七十一歲。

【時事】

三月，緬甸入寇九龍江，雲貴總督劉藻敗績自刎，詔以大學士楊應琚代之。七月，皇后那拉氏崩，詔以妃禮葬之。十二月，《大清會典》成。

【事蹟】

六月七日，友人林元卒。

《文集》卷四十七《林阮林墓碣》曰：「海寧林元，字阮林……病十四日而遂卒，乾隆歲在丙戌六月七日也，年僅五十有八。」

秋，董浦又至揚州。

沈大成《學福齋集》詩集卷二十八《竹西詩鈔》之《喜杭董浦太史至》曰：「江干分手忽經年，喜兒帆收到岸船。永日相思還夢裏，一時快聚又尊前。夜深寒峭霜淒樹，冬近風多雁滿天。且共平原留客飲，與君話舊復論禪。」

董浦講揚州安定書院，課諸生肄「四通」。

龔自珍《杭大宗逸事狀》：「大宗自丙戌自庚寅，主講揚州安定書院，課諸生肄『四通』。杜氏《通典》、馬氏《文獻通考》、鄭氏《通志》，世稱『三通』，大宗加司馬光《通鑒》云。」

十月十日，作《墨梅圖卷》。

《中國古代書畫圖目》第一冊，第 103 頁，影印杭世駿《梅萼圖並題》，落款云：「丙戌小春十日，秦亭山民杭世駿畫詩書。」此圖卷現藏首都博物館。

初冬，集青桂山房。

沈大成《學福齋集》詩集卷二十八《竹西詩鈔》之《初冬集青桂山房同杭董浦翰編汪碧溪博士家礪齋宮贊閔玉井江松泉易松滋諸同學作》曰：「初冬木葉脫，納此嵐氣陰。老桂青連蜷，不畏微霜侵。纓弁偶來集，杖履閒相尋。感時拊急節，即事多賞心。獨步園中池，遙揖城北岑。寒雲晚漸稠，弦月出猶沈。駕言拏歸舟，林巢喧棲禽。」

【編年文】

《文集》卷十七《汪母江孺人壽序》

按：是文曰：「乾隆丙戌秋九月十二日，女夫汪靜甫之母江孺人七十壽辰。先數月，靜甫自閩貽書，乞余一言侑觴。余自維揚歸，凡戚友祝嘏之詞，概謝弗爲。然余交汪氏三世矣，稔孺人闓德之賢莫余若，其奚敢辭？」

乾隆三十二年丁亥（1767），七十二歲。

【時事】

三月，逮大學士雲貴總督楊應琚入京，以伊犁將軍明瑞補授雲貴總督。十一月，殺浙人齊周華，並革原任禮部侍郎齊召南職。十二月，將軍明瑞率師征緬甸，大破之。

【事蹟】

上元日，馬振仲弱冠禮，董浦賦詩並贈玉輪，馬氏有詩答謝。

見編年詩。

阮元《淮海英靈集》乙集卷三載馬振仲《董浦先生以玉輪見貽詩以謝之》曰：「斫玉爲輪宋制精，丈人相贈有高情。周行久已承明示，薄質終須待曲成。顧我駑駘慚伏櫪，感公推挽策兼程。佩來爭忍輕拋擲，弱冠應知急令名。」阮元解題曰：「馬振仲，字御張，一字經畬，半查第三子，爲伯父橘堂後。好讀書，從容和雅，沉默寡言，年二十五卒，著有《經畬堂小稿》一卷，詞一卷。

二月十六日，董浦將還鄉，友人張世進招集梅花下餞別。馬曰璐、易承基、閔華、沙維杓、易諧、吳均、張馨亦嘗置酒賦詩送別董浦。

見編年詩。

《韓江續集》之《二月既望張世進招集梅花下餞別》曰：「人道還鄉好，吾衰意轉慵。追歡常過分，話別不嫌重。詩格同梅瘦，離懷比酒濃。三春剛去半，圓魄又相逢。」

三月，世駿自揚州歸，辭安定書院教習。

汪沆《韓江集序》：「董浦先生掌教於安定書院，擅斫輪之巨手，樹騷壇之大幟，一時名彥咸從之遊。今老而倦歸，觸詠流連，倦懷莫釋。睹遺墨而

制淚，展畫梅以寄慨。深情一往，敦古處而挽頹風，夫豈邂逅適願，尋常之酬唱歌詠，所可同日而語哉？今春三月，董浦歸自揚州，手出《韓江》一集見示，大半得於推襟送抱、琴歌酒坐之餘。其氣磅礡而磊落，其旨纏綿而悱惻，漢上題襟之詠，河梁落日之篇，希蹤曩哲，殆庶幾焉。」

三月下旬，汪沆為世駿《韓江集》作序。

汪沆《韓江集序》文末云：「乾隆丁亥三月下浣，同里汪沆。」

五月四日，江立招董浦、汪沆、汪憲、陸飛集枯樹灣寓舍。

見編年詩。

閏七夕，同友人集雲根園。

見編年詩。

八月六日，龔褆身招遊皐園，歸飲健柏草堂賦詩。

《送老集》上《八月六日龔孝廉褆身招遊皐園歸飲健栢草堂》曰：「嗟余筋力衰，雖老尚未悖。曠懷無俗牽，周覽有余嘖。」

九月九日，龍翔寺住持嶺雲大師卒，董浦為其作塔銘。

《文集》卷四十八《住持秀溪龍翔寺嶺雲大師塔銘》曰：「三十二年重九日，作辭世偈……即於是日入滅……世壽六十三，僧臘四十六……某年月日，將返葬於南屏，孫心舟先來告期，且請銘。」

本年，葉謨卒，董浦有詩挽之。

見編年詩。

【編年詩】

《詩集》卷二十四《韓江續集》

《馬生振仲約身以禮能以詩紹其家學乾隆歲在丁亥上元吉日當冠胙之年以玉輪一枚奉獻玉取其孚尹旁達席珍以待聘也輪取其運行不息夙夜強學以待問也先以小詩以代三加之祝云》《題寇白門小像四首》《馬徵君招集七峰草亭送別》

《易承基宅用宋樓攻媿送王仲言倅海陵韻留別閔崋沙維杓易諧吳均》

按：沙維杓，字斗初，長洲人，布衣，有《耕道堂集》。見《（同治）蘇州府志》卷八十九。

《詠詩南軒賦春山得襟字》

《二月既望張世進招集梅花下餞別》

按：張世進，字軼青，臨潼人，官阜陽縣訓導，著有《老書堂詞》，見李斗《揚州畫舫錄》卷十五。

《張給諫馨招集三松堂餞別》

按：張馨，字秋芷，臨潼籍，江都人。乾隆甲子本省解元，乙丑進士，官編修，改御史。占籍江都，工詩文，惜詩稿散佚。見《（乾隆）西安府志》《淮海英靈續集》等。

《題張觀察棟楓林晚坐圖》《歙縣唐四城沒二十年矣共子鐸抱遺像來乞詩有諾責者又三年於其歸用柳州法華寺石門韻題之》

《詩集》卷二十五《送老集》上

《五月四日江立招同汪徵士沆汪員外憲陸解元飛小集枯樹灣寓舍》《嚴濬移居二首》《題吳惠金洗竹圖》《分詠西湖名賢居止得僧省常白蓮堂》《題欽羲寶鼎樓印組》《閏七夕小集雲根園》《秋草四首和梁孝廉夢善》《八月六日龔孝廉禔身招遊皋園歸飲健栢草堂》《葉明經謨挽詩》《何節母壽詩》《次蔡石屏安橋幽居》《溧陽烈女王二姑挽詩》

【編年文】

《文集》卷十八《常山邵氏重建康節先生祠堂記》

按：是文曰：「乾隆三十二年，二十五世嫡孫湯溪教諭志謙復于舊址重建祠宇……志謙與余厚，祠成，乞記其本末。余學淺陋，無以窺先儒之微旨，姑以夙所聞於諸大儒之評議者而一引伸之，慨然於繼述之難，而歎邵氏之有賢子孫也。」

《文集》卷三十六《孫新婦方氏傳》

按：是文曰：「方君同溪與孫孝廉栗忱同學友善，夙有昏姻之約。栗忱遽以疾卒，同溪不忍背也，卒以女歸栗忱之仲子。仲子傳曾，字誦紛，讀書能文章，溫克而好仁。母范夫人急欲見新婦，以乾隆龍集丁亥某月下浣迎于女氏之黨，昏二十日而疹發，醫匠誤投他藥，竟至不起，時方逾月也，年才十有九云。誦紛踵余門而告曰：「亡婦德性夙成，跡其所言，有孫曾滿前，白首稱孺人者所不能道，年雖不永，而其言足以不朽。夫子以鴻筆提獎幽隱，盍

記之？則吾婦爲不死，而以附于吾家之譜牒，使宗人知閨襜之中有賢孝如吾亡婦者，斯亦小子傳曾不幸中之幸也。」

《文集》卷四十七《林阮林墓碣》

按：是文曰：「明年某月日，葬君於臨平山之鮑家渡，來乞銘。」林氏卒於乾隆三十一年丙戌，故繫文於本年。

乾隆三十三年戊子（1768），七十三歲。

【時事】

正月，《御批歷代通鑒輯覽》成。二月，將軍明瑞陷敵死，詔以大學士傅恒爲經略，代領其軍。九月，嚴禁偷剪髮辮。十二月，臺灣民黃教作亂。

【事蹟】

正月初七日，赴吳城之邀。

見編年詩。

五月二十三日，齊召南卒，其子以墓誌相請。

《文集》卷四十一《資政大夫禮部右侍郎齊公墓誌銘》：「公易直子良，朴誠自矢，爲主上所深知，橫遭宵小之玷……內鬱外勞，抵家甫匝月，疾作，遂不可爲，時乾隆三十三年五月二十三日也。貧無以殮，孤子鬻其餘田以給喪事，某年月日葬於先人之阡。苴杖麻絰，遠走千里，踵余門而乞銘。余與公同試詞科，同官翰苑，性情嗜好無一不合，不獨文章學問之益也，其忍不銘？」

伏日，孫傳曾招集南華堂。

見編年詩。

七月二十二日，門人邱永卒。

《文集》卷四十四《國子監學正邱星河墓誌銘》曰：「吾黨多魁奇英跱之士，而邱生星河寬中篤厚，愼言語，謹步趨，終身無子弟之過，從余遊二十年，學不泛濫，而文清樸無儒響，見其進，未見其止，不謂其竟止於是也。生名永，星河其字，又字雲涇……從余學爲無韻之文……時屆鄉試，君晝則趨堂課士，夜則局戶校書，積勞成疾，遂以不起，時乾隆戊子七月二十二日

也，年僅四十有六。」

九月十六日，友人任應烈卒，菫浦為其作墓誌銘。

《文集》卷四十《南陽府知府前翰林院編修任君墓誌銘》曰：「君姓任氏，諱應烈，字武承，一字處泉，家世山陰……歲己酉舉於鄉，明年成進士，改庶常散館，授編修，充《一統志》纂修官。書成，晉一級。兩掌院，以人才薦，出守河南之懷慶……近得痰飲之症，兩月中處分未了之事，手書寄余，願以一言傳其身後。飾巾待期，神明湛定，竟以九月十六日不起，時乾隆太歲在戊子也。生於康熙癸酉九月二十二日，壽七十有六……臘月六日庚申，諸孤將穿杜恭人墓合葬，復理遺命，前來乞銘。」

同年劉綸過揚州，訪菫浦。

洪亮吉《更生齋集》之《文甲集》卷四《書杭檢討遺事》曰：「最不喜讀邸報，里居二十年，同歲生或積官至大學士、尚書、總督，先生不知也。歲戊子，劉文定綸適服闋待旨，以吏部尚書、協辦大學士內召過揚州，訪先生，先生見其冠服，詫曰：『汝今何官？』曰：『不敢欺，參預閣務者已數年矣。』先生謔之曰：『汝吳下少年耳，亦入閣辦事耶？』闔堂笑，乃別。」

本年，嘗修褉於蓮花庵，送汪沆之吳門，又詠竹於艮園，賦詩於就園，為俞葆寅、王誥、汪沆題畫。

見編年詩。

【編年詩】

《詩集》卷二十五《送老集》上：

《人日赴吳城之招》《修褉於蓮居庵用梅宛陵和楊直講夾竹花圖韻》《詠白杜鵑花》《吳城送青皮蔗》《漫與疊韻二首》《艮園詠新竹得影字》《送汪沆之吳門用漫與韻二首同吳城作》

《林上舍大綸招同陳太僕兆崙邵侍御樹本集寧德堂二子侍飲》

按：邵樹本，號簣村，錢塘人。乾隆戊辰進士，由翰林擢御史。見阮元《兩浙輶軒錄補遺》卷五。

《就園文宴詩為孫廷錫作》

《伏日孫上舍傳曾招集南華堂》

按：潘衍桐《兩浙輶軒續錄》卷十一《夏夜陪陳句山師杭菫浦太史集南

華堂分韻》曰：「欒櫨攜來款竹扉，華堂軒敞晚涼微。月移松影當階覆，螢墮樓陰貼水飛。林下風流人已渺謂趙丈意林，樽前老宿坐相依。新詩題罷爭傳寫，杖履追隨興不違。」潘氏解題曰：「孫傳曾，字誦芬，號燭溪，仁和人。乾隆甲午舉人，官內閣中書，著《碧山棲稿》。吳振棫《傳略》：燭溪登賢書後，一與計偕不再赴，得官中書舍人，亦不就職，生平猶及交董浦太史而師事句山太僕，詩文宗旨故有淵源。碧山棲者，其家園亭最勝處也。焚香掃地，不與塵埃相接，故其詩隨意抒寫，多嘽緩和樂之音。」

《題俞葆寅荷溪泛月圖》

按：俞葆寅，字蒼石，仁和諸生，著《可儀堂詩偶存》。見阮元《兩浙輶軒錄》卷三十五。

《許郡伯承基招集亦園即席有贈》

按：袁枚《隨園詩話》卷五曰：「杭州宴會，俗尚盲女彈詞，予雅不喜，以為女之首重者，目也，清眸不盼，神采先無。有王三姑者，雅好文墨，對答名流，人人如其意之所出…杭董浦贈詩云：『曉妝梳掠逐時新，巧笑生春又善謳。道客勝常知客姓，目中莫謂竟無人。』『檀槽圓股曉生寒，也學曹剛左手彈。眾裏自嫌衰太甚，幸無老態被卿看。』」

《題王廣文誥仙都小憩圖》《新安貞女汪桂芳挽詩》

《蕭山汪氏雙節旌門詩并序》

序曰：「蕭山汪楷官淇縣典史，遠遊嶺表，歿於羊城客舍。繼室王、妾徐養孀姑，撫孤子輝祖成立，大吏為請於朝，獲旌其門。徐已前死，王尚在堂，輝祖以乾隆戊子舉於鄉，介予女夫汪彭壽來乞一言，《古詩》十一言為暢，即仿其體為之。」

《謝太傅祠》《汪徵君沆招集苔花老屋主客六人合四百一歲各記以詩客為沈廉使廷芳陳州牧鏐吳上舍城王秀才虔》《題汪徵君沆嗜酒愛修竹圖》

【編年文】

《文集》卷十六《許月波壽序》

按：是文曰：「今天子紀號之三十有三載，四海乂安，緬酋竄伏，協氣翔洽，充滿宇宙，野老扶丈而觀德化之成，群黎鼓腹而食太平之福，生斯世者，斯亦千載一時之嘉會也。丙月十有三日，吾友月波許先生行年蓋七十矣。」

《文集》卷四十《南陽府知府前翰林院編修任君墓誌銘》

《文集》卷四十一《資政大夫禮部右侍郎齊公墓誌銘》

《文集》卷四十三《余乃承墓誌銘》

按：是文曰：「歲在戊子某月日，翁年八十考終。服闋，昂霄試爲令於河南，攝河內林慮縣事，有聲。假歸，將葬翁於某原。以處士吳穎芳所撰狀來，乞余埋幽之辭。余視其狀，翁之德皆庸德也，而於爲汪氏計會一事在隱微幽獨之間，人不及窺，翁又不自表襮。君子表微，宜有以觀其深也。狀曰：翁名坤，乃承其字，仁和人。」

《文集》卷四十六《邵母應孺人墓誌銘》

按：是文曰：「文學復庵邵君既棄養，孤寶階、寶勤卜兆於普福嶺之東，乞銘於天台齊少宗伯，猶未窆也。越八年而德配應孺人又卒，時乾隆戊子八月二十二日也，壽六十有八。寶階等將以臘月二十二日合葬於是嶺之原，麻衣竹杖，面深墨，踵余門而涕告曰：『齊公誌吾父行事詳矣，而未一言及母也。孝慈恭儉，吾母之庸行，悉數之，更僕弗能終也，姑舉其要，惟子一言，吾母爲不死矣。』」

《文集》卷四十八《賜紫住持南屏淨慈禪寺琗虛大師塔銘》

按：是文曰：「師諱演中，字大恒，後改明中，又字琗虛，桐鄉施氏子。生而茹素，七歲出家……三十二年，患嗽上氣之疾，命法嗣實蔭代理淨慈禪院事，養疴乾峰，病劇，諸門人迎回淨慈。次年二月一日示寂，僧臘五十一世，壽五十八……建塔慧日峰下，八月二十二日丁丑入塔，方外之交獨余未死，則銘不得辭也。」

乾隆三十四年己丑（1769），七十四歲。

【時事】

四月，賜陳初哲等一百五十一人進士及第出身有差。六月，毀錢謙益所著書。十一月，協辦大學士尚書果毅公阿里衮卒於軍。十二月，與緬甸人訂和約罷兵。

【事蹟】

春日，集吳城瓶花齋。

見編年詩。

三月二十九日，集雲根園迎夏聯句。

見編年詩。

六月三日，翟灝《四書考異》寫就，堇浦為之序。

《文集》卷四載《四書考異序》，文末無年月。乾隆刻本翟灝《四書考異》卷首有堇浦是序，文末曰：「乾隆三十有四六月三日，秦亭老民杭世駿。」

九月五日，友人吳震生卒，次日，堇浦往哭之。

《文集》卷四十五《朝議大夫刑部貴州司主事吳君墓表》曰：「比部吳君葬其元配程恭人於資口，復於其左築生壙，自為誌銘，述其生平之志與其曠遠之懷，以及姻連氏族甚悉。乾隆歲在己丑，君年七十五矣，末疾不慎，遂至不起，屬其子封英曰：『表吾墓者，宜莫如杭君』。嗚呼！余文之不異於人，人審矣，君臨沒墜言，鄭重諈諉，何哉？……君諱震生，字長公，可堂其號也，姓吳氏……君卒以九月五日，越日，余往哭之，肅然風開帷堂，英爽猶顯顯在吾胸臆間，唏噓乎哉！」

本年，江昉、鄭王臣來訪；堇浦為余昂霄、姚思勤題畫；又寄詩吳穎芳，飲於春草園。

見編年詩。

本年，馬曰璐卒。

方盛良《馬曰琯馬曰璐年譜》之乾隆三十四年條曰：「馬曰璐或卒於是年。馬曰璐卒年不見載籍，但上年陳章、張世進等仍出沒於小玲瓏山館，而其詩文中不見馬曰璐謝世之消息。自此年起，杭世駿、陳章、張世進等詩文創作漸次消歇，也鮮見馬曰璐的消息。」

【編年詩】

《詩集》卷二十五《送老集》上：

《瓶花齋春宴》

《題李觀察琬四時行樂》

按：李琬，字暉東，號蓮塘，山東壽光人。生平詳見《（光緒）永嘉縣志》卷十。

《三月二十九日集雲根園迎夏聯句》

《江昉至自新安江立招集土橋寓舍飯後散步東郊徧遊蓮居報國諸蘭若即事》《湖莊送江昉還廣陵再用前韻》

按：江昉，字橙里，江都人。善寫生，於秋葵為最工，尤善詞，著《練

溪漁唱》。見李斗《揚州畫舫錄》卷十、彭蘊璨《歷代畫史彙傳》卷三。

《題余林縣昂霄雙松圖》

《莆田鄭蘭州王臣以弟憂乞歸道過江干停舟過訪不相見者三十年矣情話移時老懷歡暢輒成四絕即題其歸來草後》

按：袁枚《隨園詩話》卷六曰：「福建鄭王臣爲蘭州太守，年未六十，以弟喪乞病歸，留別寅好，云『畏聞使過頻，移疾懶答人』，言但託聾。《關情》云：『最憐待月湘簾下，銀燭煙多怕點燈』，俱暗用故事，使人不覺。杭董浦題其歸來草云：『東京風俗由來厚，每爲期功便去官。陳寔譙元吾目汝，蓴鱸人錯比張翰。』『東皋舒嘯復西疇，人較柴桑更遠遊。《七錄》異時標別集，竟應題作鄭蘭州。』」

《飲春草園桂樹下次陳太僕》

《題姚思勤石湖泛月圖》

按：姚思勤，字汝修，一字春漪，號桂隱，仁和人。乾隆己酉舉人，著《桂堂遺稿》。見阮元《兩浙輶軒錄》卷三十五。

《詩集》卷二十六《送老集》下：

《寄索吳處士穎芳太平御覽并簡汪比部憲》

按：吳穎芳，字西林，號臨江鄉人，仁和人，著《臨江鄉人詩集》。生平見錢林《文獻徵存錄》卷五本傳。

《向披初學集狂詆本朝輒焉髮指新奉諭旨錢謙益詩文概行焚毀不勝歡躍敬紀一律》《題陳明府錣我與我周旋圖》

【編年文】

《文集》卷十六《沈賡堂壽序》

按：是文曰：「賡堂有才子四人，薄宦三十年，無成都八百之桑，亦無武陵千頭之橘，減衣縮食，悉以買書……吾逾指使之年，賡堂今且七十矣。」又《（同治）清江縣志》卷五《職官志》曰：「沈廷標，號賡堂，浙江仁和人。乾隆四年進士，二十一年由萍鄉知縣調繁清江，耿介不阿，嚴於馭役，寬以臨民。」沈廷標乾隆四年進士後開始爲官，至本年爲三十載。董浦今年七十有四，亦「逾指使之年」。

《文集》卷四十四《國子監學正邱星河墓誌銘》

按：是文曰：「歲己丑十月十有一日，合葬於棲眞嶺之原。祝予之慟，非夫人而誰爲？」

《文集》卷四十七《明經王澹和墓碣》

按：是文曰：「王君澹和，淳懿溫茂，生有賢喆之資。從余同年友勖闇王先生遊，學不泛涉，能以經術經世務。作為歌詩，不煩繩削，自合規矩。不幸死矣，年僅四十有九，時乾隆歲在戊子六月二十四日也……明年仲春望後，諸孤柱等葬君於楓樹嶺之新阡，來乞銘。」

乾隆三十五年庚寅（1770），七十五歲。

【時事】

正月，蠲免應徵錢糧。六月，前大學士陳宏謀卒。七月，大學士忠勇公傅恒卒。八月，署兵部尚書豐升額軍機處行走。

【事蹟】

正月初七日，集汪沆小眠齋，賦詩送吳玉墀北上。

見編年詩。

六月七日，友許堯堂卒，董浦為其作墓誌。

《文集》卷四十三《封文林郎許君墓誌銘》曰：「樂亭與吾偕遊黌序，有聲名。未三十即棄諸生服，出參人幕。余嘗哂其急於謀食，不知掇科第，取青紫，無顯揚之志。既而其子鉞舉於鄉，又三十載而其孫學范復舉京兆試。余固謂讀書不食報，不於身必於子孫……君名堯堂，字樂亭……三世皆隱而不耀，至君子孫始以科第顯……歲在庚寅六月七日，考終鹽茶官署……鉞自平涼返杭，將以某年月日穿張宜人之窆而合葬焉。求如九靈山人銘其墓而不得其人也，以屬余，是中銘法，宜為銘。」

夏，於安定書院作《全韻梅花詩》。

《集外詩》之《全韻梅花詩》序曰：「寅夏，主講邗上安定書塾，公暇偶詠，得《全韻梅詩》，雖不能為名花寫照，而頗有層見疊出之致，因錄存之。」

夏秋大旱，生計艱難。

《送老集》下《龔斌招集半翁居逭暑同汪沆江立用王集秋熱韻》曰：「經月亢旱心肝摧，舉炊無計將析骸。蓑衣枯死活蘚槁，庭柯豈得滋條枚。」

八月二十六日，姚思勤招集鶴巢賦詩。

見編年詩。

十二月六日，姜震卒，董浦為其作墓誌銘。

《文集》卷四十二《施南府通判姜君墓誌銘》曰：「君諱震，字念劬，號野鶴，姓姜氏，世家萊陽……餼其米廩，循例入太學。應京兆試，俛得復失，以能書錄入《一統志》館。書成，議敍州同，非本志也。筮仕廣西太平府之思州……是時君年已七十餘矣，移疾請告，大府雅相器重，固留不得，遂歸。亡何長嗣不祿，次子晟官比部，迎養京師，惓惓先人祠墓，不數月即旋里。越明年，飾巾待期，考終牖下，春秋八十有二，時乾隆三十五年十二月六日也……晟將以某年月日祔葬君夫婦於長洲縣九都制字圩祖塋之次，來杭乞銘。」

本年周景桂、江立來訪。至瓶花齋看牡丹，三集奚氏翠玲瓏館，同友人泛舟五里塘。

見編年詩。

【編年詩】

《詩集》卷二十六《送老集》下：

《人日集汪徵君小眠齋送吳六秀才玉墀北上》《周學士景桂以年至乞歸出守蒲州時湖舫紀勝卷索題感舊抒情書一詩送之》《瓶花齋牡丹今年特盛復同主人步過雲根園看花竟日》《湘江歸櫂圖四首為黃易作》《海螄追和亡友汪明經惟憲韻應陳寅請》

《閏月初伏喜江立自韓江至集奚氏翠玲瓏館適有以宋槧李雁湖王荊公詩注殘本求售即效王體用其集中贈彭器資韻》《翌日復集用王集同杜使君飲城南韻》《六月朔鮑廷博載酒過翠玲瓏館用王集到郡與同官會飲韻》《立秋後一日汪徵君載酒過翠玲瓏館奉餞江立用王集飲裴侯家韻》

《龔斌招集半翁居逭暑同汪沆江立用王集秋熱韻》

按：龔斌，字典瑞，號研北，晚號半翁，仁和諸生。見阮元《兩浙輶軒錄》卷二十二。

《伏後一日重過翠玲瓏館送江立用王集飲裴家韻同魏之琇》

按：魏之琇，字玉橫，號柳洲，錢塘人。著《嶺云詩鈔》《柳洲遺詩》。

見阮元《兩浙輶軒錄》卷二十四。

《邱嚴夫婦合昏詩二首次邑侯高明府元韻并序》《八月二十六日姚秀才思勤招集鶴巢周覽園亭之勝各紀二律》《九日集半翁居喜趙二邑丞煒自越中適至遂同遊報國禪院以佳辰愛重九五字爲韻余得九字》《題女史蘇畹蘭香嚴課讀圖》《吳城飴越中毛芋》《翟教授灝過出鄜製觀》

《宋永招同顧太守光姚秀才思勤汎舟五里塘》

按：顧光，字彥青，號野翁，又號涷園，仁和人。乾隆戊午舉人，官廣州知府，重赴鹿鳴，著《橘頌堂集》。見阮元《兩浙輶軒錄》卷二十四。

《集外詩》之《全韻梅花詩》

【編年文】

《文集》卷十六《孫瑤圃壽序》

按：是文曰：「歲在上章攝提格，孟陬望後四日，則君攬揆之辰也。」阮元《兩浙輶軒錄》卷二十二曰：「孫庭蘭，字瑤圃，仁和監生。行狀略曰：府君援例應京兆試薦，不售，歸里學詩於屬樊榭，先生以子貴，累封中憲大夫、湖南嶽常澧道。」

《文集》卷四十二《施南府通判姜君墓誌銘》

《文集》卷四十三《封文林郎許君墓誌銘》

《文集》卷四十五《朝議大夫刑部貴州司主事吳君墓表》

按：是文曰：「卜以乾隆三十五年某月日反葬於休寧，余未及臨其穴也。」

乾隆三十六年辛卯（1771），七十六歲。

【時事】

二月，乾隆奉皇太后東巡。四月，大學士尹繼善卒，土爾扈特部率眾來歸。十月，金川復叛，革四川總督阿爾泰職，以侍郎桂林代之，命大學士溫福率師進討。

【事蹟】

正月二十六日，陳兆崙卒。

陳玉繩《陳句山先生年譜》之乾隆三十六年條云：「越四日，病益劇，遂卒，乾隆三十六年正月二十六日寅時也。」

正月二十八日，徐以烜卒，董浦為其作墓誌銘。

《文集》卷四十二《資政大夫內閣學士兼禮部侍郎徐公墓誌銘》曰：「公
諱以烜，字養資，號潤亭，世家錢塘……舉康熙庚子京兆鄉試。雍正庚戌成
進士，改庶常，習國書，散館，授編修，旋充武英殿纂修官，入直南薰殿……
歲在辛卯，正月二十八日，薨於里第，春秋七十，距其生辰甫半月而不及待……
某年月日，孤紹堂等將於東山衛之原，穿王、俞二夫人之窆而合葬焉，撰次
行狀，先來乞銘。」

三月三日，項豐招集萊園修禊。

見編年詩。

七夕，集汪沆宅賦詩。

見編年詩。

十一月二十日，杭州府學修成，董浦作文記之。

《文集》卷十八《新修杭州府儒學記》曰：「我國家崇儒重道，較隆前載，
順治間凡再修，康熙間凡四修，雍正五年復大修之。式廓既增，美富兼備，
迄今四十又四年矣……是役也，經始於五月庚申，落成於十一月丙辰。」

汪舸、趙殿升、楊楷南、溫廷鈞卒，董浦均有詩挽之。

見編年詩。

【編年詩】

《詩集》卷二十五《送老集》上：

《哭汪舸》

按：袁枚《小蒼山房外集》卷六《客吟先生墓誌銘》曰：「三十五年除夕
前一日自邗江襆被而至，曰：『舸大不適，將遊武昌。』余留先生，畢正臘乃
行，偶然不可。適楚飛湛盧之劍，風雲亦驚；彈琴去張翰之舟，家人不覺。
瓊花之夢千里，湘妃之簀一床。以九月九日卒於武昌，年六十有九。」

汪舸（1703～1771），字可舟，安徽婺源人。

《詩集》卷二十六《送老集》下：

《三月三日項孝廉豐招集萊園脩禊》

按：項豐，字文波，號水村，仁和人，乾隆壬午舉人。見阮元《兩浙輶

軒錄》見三十二。

《同年趙學正殿昇挽詩》

《項墉招集沈道士房》

按：項墉，字金門，號秋子，錢塘貢生，候選同知，著《春及草堂詩集》。見潘衍桐《兩浙輶軒續錄》卷十六。

《答汪秀才泰》《送宋永之蘇州》《七夕汪徵君招集苕花老屋用白香山早秋晚望兼呈韋侍御韻》《同里楊秀才楷南與余同受知大理汪公衷然爲諸生首選歷遊大幕歸而病不及相見而死其子來乞詩作此挽之》《姚比部遠翩招遊靈隱三首》《哭溫明經廷鈞》

《仲冬旬有二日集近雲山舍》

阮元《兩浙輶軒錄》卷三十八載陸祖授《冬至前二日杭菫浦太史世駿偕西林先生柳洲竹村苕塘秋子集近雲山舍分得雲字》。

《題黃棠遺畫二首》

《艮山野望同何琪倪一擎黃謨吳錫麒姚思勤黃基作》

按：潘衍桐《兩浙輶軒續錄》卷十六載孫錫《艮山野望同杭丈菫浦翟丈晴江倪丈嘉樹何春渚黃書厓吳穀人姚春漪黃玉階倪小迂分韻》曰：「皋亭落葉繁，清候澹襟抱。沙灣散晨市，喧豗淨如掃。於野招同人，艮背縱幽討。斷碑羃寒煙，尖風殺柔草。彎腰入冬瘦，荄甲受霜老。塵眸遠無力，林翳頗相惱。駢肩促歸節，翦手脫吟稿。撰杖欣我偕，日薄翔古道。」又「孫錫，字備衷，號雪帷，仁和人。乾隆癸丑進士，官雲南寧州知州，著《韻竹山房集》四卷。」吳麟錫《有正味齋集》卷三《艮山野望同杭菫浦先生世駿倪丈嘉樹一擎何春渚琪黃相圃姚春漪黃玉階倪小迂孫竹虛錫分韻》曰：「背郭山影低，蒼蒼凍雲臥。梯苔徑可覓，踏葉寒乍破。社宇有神棲，樵歌無鳥和。疏林抱沙河，一支瀉其左。煙荒岸草歇，日落水風大。幾家閒閉門，公事了漁課。觀逝感歲遷，翫物惜羽過。肅然聞松聲，蒼鼠竄幾個。」

《潘阜陽世仁惠贈何學士讀書記侑以湖綿輒成二律奉報》《題奚元璿歲寒圖》

【編年文】

《文集》卷十《席寶箴遺詩序》

按是文曰：「寶箴歿既十年，兄子彥龍遊宦吾浙，將刊其遺詩，而以余爲能知寶箴者，輒來督序。四十年來，海內知交零替殆盡，余獨蹉跎不死，慨

慷而原良友之心跡，或亦九原之所心許。生死交期，千秋不易，余亦可藉手以塞彥龍之請矣乎？」

席鏊（1699～1761），字寶箋，號景溪，雍正二年舉人，榜姓吳，官內閣中書舍人。

《文集》卷七《張芑堂金石契》

按：是文曰：「師龍泓丁敬，既歿而猶守其說，不敢倍」，則此時丁敬已逝，又「適逢今上皇帝甲子甫周」，丁敬卒於 1765 年，文中所言「皇帝」為乾隆，乾隆生於 1711 年，至本年恰為六十周歲。

《文集》卷十八《新修杭州府儒學記》

《文集》卷四十二《資政大夫內閣學士兼禮部侍郎徐公墓誌銘》

《文集》卷四十五《通奉大夫例晉資政大夫宗人府府丞徐公墓表》

按：是文曰：「乾隆歲在乙酉四月十有三日，宗人府府丞徐公以疾卒於錢塘里第……閱六年，歲在辛卯，乃克葬公於衡山之周家塅而以誥封二品夫人孫氏暨側室誥贈恭人周氏祔，埋幽之辭闕焉……升煦踵余門而請曰：『昔者歐陽修葬父瀧岡，自為《阡表》，煦蒙稺無以為也。惟子一言，先大夫可不朽矣。』嗚呼！五十年來，凡習於公者零替殆盡，知公之深者莫余若，誼不得辭也。公為冢宰文敬公之子，相國文穆公之弟，諱杞，字集功，號靜谷。十世祖自河南遷錢唐。」

乾隆三十七年壬辰（1772），七十七歲。

【時事】

正月，飭購訪著作遺書。二月，以阿桂豐申額為四川軍營參贊大臣。五月，四川總督桂林攻小金川敗績，革其職，以參贊阿桂代之。

【事蹟】

春，飲雲根園梅花下賦詩。

《送老集》下《積雨新霽飲雲根園梅花下》曰：「春寒思命酒，有約亟宜稟」，知為春日。

四月初八日，雨後集祇園庵賦詩。

見編年詩。

夏，送何琪入閩。

《送老集》下《送何琪入閩兼柬錢方伯琦》曰：「冒暑辭家亦等閒，閩行無數好溪山」，知為夏日。

七月，卒於家，年七十七。

應澧《杭大宗墓誌銘》曰：「以乾隆三十七年七月庚辰考終里舍。壽七十有八。」

汪師韓、查禮有詩挽堇浦。

汪師韓《上湖詩文編·詩紀續編》之《挽堇浦先生先生昔覽余詩嘗惜稿中無與先生酬贈之作而余羈遊日久此願終辜今聞溘逝追感其意以述哀》曰：「詞場早自束脩初，橋路東西若比閭。五十年來塵外賞，三千里外袖中書。猶龍我顧風雲上，畫虎人求炳蔚如。大德有閒何論細，多才潦倒不虀疏。」此詩明確繫於壬辰六十卷內，亦足證堇浦卒於本年。

查禮《銅鼓書堂遺稿》卷十七《哭杭大宗編修》曰：「歎息西湖老，蒼顏十載違。著書隱几臥，理釣倚帆歸。紅樹秋雲冷，荒山夕雨飛。死生今異地，相見夢依稀。」查氏此詩亦繫於本年。

【編年詩】

《詩集》卷二十六《送老集》下：

《積雨新霽飲雲根園梅花下》《浴佛日雨後集祇園庵》

《送何琪入閩兼柬錢方伯琦》

按：何琪，字東甫，號春渚，錢塘布衣，著《小山居詩稿》四卷。見潘衍桐《兩浙輶軒續錄》卷十三。錢琦，字相人，號璵沙，仁和人。乾隆二年進士，官至福建布政使，有《澄碧齋集》。生平見盛楓《嘉禾徵獻錄》卷十七。

【編年文】

《文集》卷四十三《湖南永順縣知縣趙君墓誌銘》

按：是文曰：「趙君淺山歿既二十年矣，歲在壬辰，孤輯寧將葬君於積慶山之陽，而以前配葉孺人祔。」又曰：「君諱賢，字端人。吳山之麓有淺山，所居近，因以為號。本姓勞，贈公幼撫於趙，遂冒其姓。雍正己酉舉於鄉，與余同修《浙志》，修潔無支離之言。余被放歸田，越五年，淺山始成進士。榜下即授縣令，謁選得湖南之瀏陽……竟以勞瘁死官下，歲在癸酉八月廿四

日也,年僅五十。」

乾隆三十八年癸巳（1773），卒後一年。

世駿子賓仁以《道古堂集》審定之任託諸汪沆,汪沆邀世駿友人翟晴江、顧湅園、梁山舟共贊其事,而翟晴江董其成。

汪沆《道古堂全集序》云:「先生捐館之逾歲,嗣君賓仁奉其手訂《道古堂集》屬予審定。予辱交先生五十餘年,竊窺先生之學,大抵以六經爲之根,貫穿群史,出入百家,以掇擷其精腴,而高朗卓鑠,衷於性情,胸之所蘊,筆舌間皆克傾瀉之。故其節亮,其氣華,其辭宏肆而奧博,一時群雄莫與抗者。予學識暗昧,老病目昏,雖披讀一再過,而集中所徵引,勿獲細爲稽討,陶陰、焉馬之訛懼所不免,爰商之先生舊交翟教授晴江、顧廣州湅園、梁侍講山舟,互相校讎。三君子欣然襄事,而以教授君董其成。」

乾隆四十年乙未（1775），卒後三年。

二月,杭賓仁開雕《道古堂全集》。

汪沆《道古堂全集序》:「是集始開雕於先生之嗣君,一時朋好,並門下著錄之士,未睹全集者,爭釀錢以爲鏤辦之助。始工於乾隆乙未春二月,迄工於丙申冬十月,文集四十八卷,詩集二十六卷。嗚呼!先生足以不朽矣。」

二月十九日,朱文藻跋《榕城詩話》。

《詩話》附朱文藻《榕城詩話跋》曰:「吾友鮑君以文留意鄉先輩論著,亟取余所錄刻入叢書。詩話自《榕城》而外尚有《桂堂詩話》,家居所作,當更校錄以成以文之美舉也。乾隆乙未中月九日同里後學朱文藻跋。」

乾隆四十一年丙申（1776），卒後四年。

冬十月,《道古堂全集》刻訖。

見汪沆《道古堂全集序》。

冬，小雪後五日，汪沆作《道古堂全集序》。

汪沆《道古堂全集序》文末云：「乾隆四十一年歲次丙申小雪後五日，槐塘汪沆。」

乾隆四十三年戊戌（1778），卒後六年。

春三月，沈叔埏代袁鑒作《道古堂全集序》。

袁鑒《道古堂全集序》文末曰：「乾隆戊戌年春三月受業袁鑒謹序。」按：此文為沈叔埏代筆，故又收入沈氏《頤綵堂文集》卷六，題為《杭菫浦道古堂集序代》。

九月二十二日，世駿妻蔣夫人卒。

應澧《杭大宗墓誌銘》云：「配蔣夫人，後六年卒，壽八十有一，實九月戊申也。生丈夫子十人，安仁某某。女子四人，適丁健、汪彭壽、胡一陽、應澧。孫三人某某。」

乾隆四十八年癸卯（1782），卒後十年。

葬蔣夫人於大馬山世駿墓側，與世駿妾張氏、姜氏合窆。

應澧《杭大宗墓誌銘》云：「以乾隆四十八年某月日卜吉於留下之大馬山，奉寧先生之體魄，夫人暨簉室張氏、姜氏合窆焉。」

《（民國）杭州府志》卷三十九曰：「翰林院編修杭世駿墓在留下大馬山，應澧撰墓誌銘。」

參考文獻

杭世駿著作

1. 《續禮記集說》，續修四庫全書本，第 101～102 冊。
2. 《續方言》，道光十七年思賢講舍刊本。
3. 《烏程縣志》，續修四庫全書本，第 704 冊。
4. 《浙江山川古蹟記》，清抄本，現藏南京圖書館。
5. 《理安寺志》，清光緒四年刻本。
6. 《石經考異》，清光緒十六年四川尊經書局刊本。
7. 《制義宗經》，清乾隆三十年刻本。
8. 《烏程縣志經籍》，清乾隆十一年刻本。
9. 《浙江四大家史論合編》，清光緒二十年刻本。
10. 《史記考證》，續修四庫全書本，第 263 冊。
11. 《漢書蒙拾》，清光緒七年刊本。
12. 《後漢書蒙拾》，清光緒七年刊本。
13. 《三國志補注》，清光緒元年南海伍氏刊本。
14. 《晉書補傳贊》，清乾隆中羊城杭賓仁刊本。
15. 《金史補》，清抄本。現藏南京圖書館。
16. 《補史亭剩稿》，清抄本，現藏南京圖書館。
17. 《訂訛類編·續補》，中華書局 1997 年版。
18. 《杭大宗叢書》，清乾隆間羊城杭賓仁刻本。
19. 《禁林集》，清乾隆刻本。
20. 《取斯集詩》，清抄本，現藏南京圖書館。

21. 《道古堂全集》,清光緒十四年汪曾唯增修本。

22. 《嶺南集》八卷《校記》一卷,清光緒七年學海堂刻本。

23. 《過春稿》,清吳城抄本,現藏南京圖書館。

24. 《榕城詩話》,續修四庫全書本,第 1701 冊。

25. 《文選課虛》,清乾隆中杭氏刊本。

26. (清)王鳴盛撰,《尚書後案》,清乾隆四十五年禮堂刻本。

27. (宋)衛湜撰,《禮記集說》,清通志堂經解本。

28. (元)陳澔,《雲莊禮記集說》,清文淵閣四庫全書本。

29. (清)翟灝撰,《四書考異》,清乾隆刻本。

30. (清)江藩撰,漆永祥箋釋,《國朝漢學師記承箋釋》,上海古籍出版社 2006 年版。

31. (清)趙爾巽等撰,《清史稿》,中華書局 1977 年版。

32. 王鍾翰點校,《清史列傳》,中華書局 1987 年版。

33. (清)印鸞章編,《清鑒》,中國書店 1985 年版。

34. (清)錢大昕撰,《疑年錄》,清嘉慶刻本。

35. (清)李桓編,《國朝耆獻類徵初編》,臺北明文書局 1985 年版。

36. (清)李元度撰,《國朝先正事略》,續修四庫全書本,第 538~539 冊。

37. (清)唐鑒撰,《學案小識》,清道光二十六年四硯齋刻本。

38. (清)錢林撰,《文獻徵存錄》,清咸豐八年有嘉樹軒刻本。

39. (清)張廷玉編,《澄懷主人自訂年譜》,北京圖書館藏珍本年譜叢刊本。

40. (清)朱文藻編,繆荃孫重訂,《厲樊榭先生年譜》,北京圖書館藏珍本年譜叢刊本。

41. (清)陳玉繩編,《陳句山先生年譜》,北京圖書館藏珍本年譜叢刊本。

42. (清)董秉鈍編,《全謝山先生年譜》,北京圖書館藏珍本年譜叢刊本。

43. (清)汪喜孫編,《容甫先生年譜》,北京圖書館藏珍本年譜叢刊本。

44. (清)吳長元輯,《宸垣識略》,清乾隆池北草堂刻本。

45. (清)趙世安修,顧豹文、邵遠平撰,《康熙仁和縣志》,中國地方志集成本。

46. (清)嵇曾筠撰,《(雍正)浙江通志》,清文淵閣四庫全書本。

47. (清)郭澐修,邵晉涵纂,《(乾隆)杭州府志》,續修四庫全書本,第 701~703 冊。

48. (清)穆彰阿撰,《(嘉慶)大清一統志》,四部叢刊續編本。

49. (清)李書吉等纂修,《(嘉慶)澄海縣志》,清嘉慶二十年刻本。

50. （清）陳昌齊撰，《（道光）廣東通志》，清道光二年刻本。

51. （清）何紹基撰，《（光緒）重修安徽通志》，清光緒四年刻本。

52. （清）史澄撰，《（光緒）廣州府志》，清光緒五年刊本。

53. （清）阿克當阿修，姚文田等纂，《重修揚州府志》，廣陵書社 2006 年版。

54. （清）方濬頤修，晏端書纂，《續纂揚州府志》，同治十三年刻本。

55. （清）陳璚修，王棻纂，《（民國）杭州府志》，中國地方志集成本。

56. （清）梁詩正撰，《西湖志纂》，清乾隆刻本。

57. （清）趙一清撰，《水經注釋》，清乾隆五十九年刻本。

58. （清）厲鶚撰，《增修雲林寺志》，清光緒刻本。

59. （清）李斗撰，《揚州畫舫錄》，中華書局 1997 年版。

60. （清）周中孚撰，《鄭堂讀書記》，民國十年刻吳興叢書本。

61. （清）黃虞稷撰，《千頃堂書目》，上海古籍出版社 1990 年版。

62. （清）永瑢等撰，《四庫全書總目》，中華書局 1965 年版。

63. （清）丁丙撰，《善本書室藏書志》，清光緒刻本。

64. （清）丁敬撰，《武林金石記》，民國五年西泠印社活字印本。

65. （清）馮金伯、吳晉撰，《國朝畫識》，道光辛卯增補雲間文萃堂刊。

66. （清）馮金伯撰，《墨香居畫識》，南匯馮氏家刻本。

67. （清）汪啓淑撰，《續印人傳》，清道光二十年海虞顧氏刻本。

68. （清）汪鋆輯，《揚州畫苑錄》，續修四庫全書本。

69. （清）震鈞撰，《國朝書人輯略》，清光緒戊申金陵刻本。

70. （清）寶鋆撰，《國朝書畫家筆錄》，清宣統三年文學山房印。

71. （清）葛嗣浵撰，《愛日吟廬書畫續錄》，影印民國葛氏刻本。

72. （清）倪濤撰，《六藝之一錄》，清文淵閣四庫全書本。

73. （清）吳振棫撰，《養吉齋叢錄》，清光緒刻本。

74. （清）嚴元照撰，《蕙櫋雜記》，清勞權鈔本。

75. （清）張培仁撰，《敬娛亭筆記》，清刻本。

76. （清）陳康祺撰，《郎潛紀聞二筆》，清光緒刻本。

77. （清）吳慶坻撰，《蕉廊脞錄》，民國求恕齋叢書本。

78. （清）陸以湉撰，《冷廬雜識》，中華書局 1984 年版。

79. （清）阮元輯，《兩浙輶軒錄》，續修四庫全書本，第 1683～1684 冊。

80. （清）阮元、楊秉初等輯，《兩浙輶軒錄補遺》，續修四庫全書本，第 1684 冊。

81. （清）張維屏撰，《國朝詩人徵略》，續修四庫全書本，第 1712～1713 冊。

82. （清）吳顥編，《國朝杭郡詩輯》，江蘇古籍刻印社 1988 年版。

83. （清）曾燠輯，《江西詩徵》，清嘉慶九年刻本。

84. （清）林蘇門編，《邗江三百吟》，清嘉慶十三年刻本。

85. （清）劉彬華輯，《嶺南群雅》，清嘉慶十八年玉壺山房刻本。

86. （清）蔡殿齊撰，《國朝閨閣詩鈔》，清道光娜嬛別館刻本。

87. （清）潘衍桐撰，《兩浙輶軒續錄》，清光緒刻本。

88. （清）方苞撰，《方望溪遺集》，黃山書社 1990 年版。

89. （清）方楘如撰，《集虛齋學古文》，清乾隆十九年刻本。

90. （清）施璪撰，《隨村先生遺集》，清乾隆四年刻本。

91. （清）沈德潛撰，《歸愚詩鈔餘集》，清乾隆刻本。

92. （清）周京撰，《無悔齋詩集》，清乾隆十六年刻本。

93. （清）朱樟撰，《觀樹堂詩集》，清乾隆刻本。

94. （清）馬榮祖撰，《力本文集》，清乾隆十七年石蓮堂刻本。

95. （清）羅天尺撰，《癭暈山房詩刪》，清乾隆二十五年刻三十一年羅天俊增修本。

96. （清）諸錦撰，《絳跗閣詩稿》，清乾隆二十七年刻本。

97. （清）馬曰琯撰，《林屋唱酬錄》，清乾隆刻本。

98. （清）馬曰琯撰，《韓江雅集》，清乾隆刻本。

99. （清）馬曰琯撰，《焦山記遊集》，清乾隆十三年刻本。

100. （清）馬曰琯撰，《沙河逸老小稿》六卷《嶰谷詞》一卷，清乾隆二十三年馬曰璐刻本。

101. （清）馬曰琯撰，《攝山遊草》，清乾隆二十一年刻本。

102. （清）金農撰，《冬心先生集》，影印清雍正十一年廣陵般若庵刻本。

103. （清）金農撰，《冬心先生續集》、《補遺》、《續補遺》、《三體詩》、《甲戌近詩》，影印清雍正十一年廣陵般若庵刻本。

104. （清）符曾撰，《春鳧小稿》，清嘉慶刻本。

105. （清）趙昱撰，《春草園小記》，錢塘丁氏正修堂鏤版。

106. （清）趙昱撰，《愛日堂吟稿》，清乾隆刻本。

107. （清）厲鶚輯，《秋林琴雅》，清康熙十一年刻本。

108. （清）厲鶚撰，《樊榭山房集》，上海古籍出版社 1992 年版。

109. （清）汪由敦撰，《松泉集》，清文淵閣四庫全書本。

110. （清）黃師憲撰，《夢澤堂文集》、《詩集》、《濱江唱酬詩》，四庫未收叢書第 7 輯 19 冊。

111. （清）馬曰璐撰，《南齋集》，清乾隆二十六年刻本。

112. （清）桑調元撰，《弢圃詩文集》，清乾隆刻本。

113. （清）丁敬撰，《硯林詩集》，清同治十年錢塘丁氏正修堂重刊。

114. （清）梁啓心撰，《南香草堂詩集》，清乾隆刻本。

115. （清）胡天游撰，《石笥山房集》，清咸豐二年刻本。

116. （清）周長發撰，《賜書堂詩鈔》，清乾隆刻本。

117. （清）魯曾煜撰，《秋塍詩文鈔》，清乾隆刻本。

118. （清）夏之蓉撰，《半舫齋古文》，清乾隆等刻本。

119. （清）夏之蓉撰，《半舫齋編年詩》，清乾隆夏味堂等刻本。

120. （清）劉大櫆撰，《劉大櫆集》，上海古籍出版社1990年版。

121. （清）王曾祥撰，《靜便齋集》，清乾隆二十八年刻本。

122. （清）沈大成撰，《學福齋集》，清乾隆三十九年刻本。

123. （清）陳兆崙撰，《紫竹山房文集》、《詩集》、《附錄》，四庫未收叢書第9輯25冊。

124. （清）趙信撰，《同林唱和》，清乾隆刻本。

125. （清）彭啓豐撰，《芝庭詩文稿》，清乾隆刻增修本。

126. （清）金蛙撰，《靜廉齋詩集》，清嘉慶二十五年姚祖恩刻本。

127. （清）施安撰，《舊雨齋集》，清乾隆十八年刻本。

128. （清）沈廷芳撰，《隱拙齋集》、《續集》，四庫全書存目補輯叢書，第10冊。

129. （清）姚世鈺撰，《孱守齋遺稿》，清乾隆十八年刻本。

130. （清）齊召南撰，《寶綸堂文鈔》、《詩鈔》，續修四庫全書本，第1428冊。

131. （清）汪沆撰，《槐塘文集》，清乾隆刻本。

132. （清）汪沆撰，《槐塘詩稿》，清乾隆刻本。

133. （清）全祖望撰，《鮚埼亭集》，續修四庫全書本，第1428～1429冊。

134. （清）全祖望撰，《鮚埼亭集外編》，續修四庫全書本，第1429～1430冊。

135. （清）全祖望撰，《鮚埼亭詩集》，續修四庫全書本，第1429冊。

136. （清）全祖望撰，《全祖望集彙校集注》，上海古籍出版社2000年版。

137. （清）張燿撰，《南漪先生遺集》，清乾隆刻本。

138. （清）符之恒撰，《秋聲館吟稿》，乾隆四年刻本。

139. （清）汪師韓撰，《上湖詩文編》，清光緒十二年刻本。

140. （清）翟灝撰，《無不宜齋未定稿》，續修四庫全書本，第1441冊。

141. （清）查禮撰，《銅鼓書堂遺稿》，清乾隆查淳刻本。

142.（清）袁枚撰,《小倉山房詩文集》,上海古籍出版社 1988 年版。

143.（清）袁枚撰,《袁枚全集》,江蘇古籍出版社 1993 年版。

144.（清）樓錡撰,《于湘遺稿》,清乾隆二十年陳章刻本。

145.（清）程晉芳撰,《勉行堂詩集》,清嘉慶二十三年鄧廷楨刻本。

146.（清）王昶撰,《春融堂集》,清嘉慶十二年刻本。

147.（清）方芳佩撰,《在璞堂吟稿》,清乾隆刻本。

148.（清）陶元藻撰,《泊鷗山房集》,清刻本。

149.（清）汪啟淑撰,《訒葊詩存》,清乾隆刻本。

150.（清）嚴長明撰,《嚴東有詩集》,民國元年郋園刻本。

151.（清）彭紹升撰,《二林居集》,清嘉慶四年味初堂刻本。

152.（清）陳昌圖撰,《南屏山房集》,清乾隆五十六年陳寶元刻本。

153.（清）秦瀛撰,《小峴山人集》,清嘉慶刻增修本。

154.（清）汪中撰,《述學》,續修四庫全書本,第 1465 冊。

155.（清）汪中撰,《容甫先生遺詩》,清光緒十一年維揚述古齋活字印本。

156.（清）洪亮吉撰,《更生齋集》,清光緒三年洪氏授經堂刻洪北江全集增修本。

157.（清）洪亮吉撰,《卷施閣集》,清光緒三年洪氏授經堂刻洪北江全集增修本。

158.（清）洪亮吉撰,《洪亮吉集》,中華書局 2001 年版。

159.（清）許宗彥撰,《鑒止水齋集》,清嘉慶二十四年德清許氏家刻本。

160.（清）胡敬撰,《崇雅堂詩鈔》,清道光二十六年刻本。

161.（清）錢儀吉撰,《衎石齋記事稿》,清道光刻本。

162.（清）龔自珍撰,《龔自珍編年詩注》,浙江古籍出版社 1995 年版。

163.（清）龔自珍撰,《龔自珍全集》,中華書局 1959 年排印本

164.（清）陳文述撰,《頤道堂集》,清嘉慶十二年刻本。

165.（清）翁心存撰,《知止齋詩集》,清光緒三年常熟毛文彬刻本。

166.（清）林昌彝撰,《衣讔山房詩集》,清同治二年廣州刻本。

167.（清）徐時棟撰,《烟嶼樓文集》,續修四庫全書本,第 1542 冊。

168.（清）丁丙撰,《松夢寮詩稿》,清光緒二十五年丁立中刻本。

169.（清）王蘊章撰,《然脂餘韻》,民國鉛印本。

170.（清）彭端淑撰,《國朝詩話補》,清乾隆四十二年刻本。

171.（清）王昶撰,《蒲褐山房詩話》,清稿本。

172.（清）陶元藻撰,《全浙詩話》,清嘉慶元年怡雲閣刻本。

173. （清）周春撰，《耄餘詩話》，清抄本。

174. （清）黃培芳撰，《香石詩話》，清嘉慶十五年刻本。

175. （清）張雲璈撰，《簡松草堂詩文集》，清道光刻三景閣叢書本。

176. （清）方濬頤撰，《夢園書畫錄》，清光緒刻本。

177. （清）李慈銘撰，《越縵堂詩話》，民國鉛印本。

178. （清）翁同龢撰，《瓶廬詩稿》，民國八年刻本。

179. （民國）徐世昌撰，《晚晴簃詩彙》，民國退耕堂刻本。

180. （民國）楊鍾義撰，《雪橋詩話》，民國求恕齋叢書本。

181. （民國）楊鍾義撰，《雪橋詩話三集》，民國求恕齋叢書本。

182. （清）沈炳震撰，《蠶桑樂府》，清抄本。

183. 蕭一山著，《清代通史》，商務印書館 1928 年版。

184. 中國人民大學清史研究所編，《清史編年》，中國人民大學出版社 1988 年版。

185. 南炳文、白新良主編，《清史紀事本末》，上海大學出版社 2006 年版。

186. 支偉成著，《清代樸學大師列傳》，上海泰東圖書局 1928 年版。

187. 蔡冠洛著，《清代七百名人傳》，世界書局 1937 年版。

188. 楊炳、洪昌文主編，《兩浙軼事》，上海書店 1992 年版。

189. 蔣天樞編，《全謝山先生年譜》，商務印書館 1930 年版。

190. 卞孝萱著，《劉禹錫年譜》，中華書局 1963 年版。

191. 卞孝萱著，《元稹年譜》，齊魯出版社 1980 年版。

192. 陸謙祉編，《屬樊榭年譜》，臺灣商務印書館 1985 年版。

193. 嚴傑著，《歐陽修年譜》，南京出版社 1993 年版。

194. 程章燦著，《劉克莊年譜》，貴州人民出版社 1993 年版。

195. 錢實甫撰，《清代職官年表》，中華書局 1980 年版。

196. 秦國經主編，《清代官員履歷檔案全編》，華東師範大學出版社 1997 年版。

197. 楊廷福、楊同甫編，《清人室名別稱字號索引》，上海古籍出版社 2001 年版。

198. 江慶柏編，《清代人物生卒年表》，人民文學出版社 2005 年版。

199. 陳乃乾編，《清代碑傳文通檢》，中華書局 1959 年版。

200. 張舜徽著，《清人文集別錄》，中華書局 1963 年版。

201. 朱保炯、謝沛霖編，《明清進士題名錄索引》，文海出版社 1991 年版。

202. 商衍鎏著，《清代科舉考試述錄》，三聯書店 1958 年版。

203. 艾永明著，《清朝文官制度》，商務印書館 2003 年版。

204. 尚小明編著,《清代士人遊幕表》,中華書局 2005 年版。

205. 趙所生、薛正興編,《中國歷代書院志》,江蘇教育出版社 1995 年版。

206. 徐雁平著,《清代東南書院與學術及文學》,安徽教育出版社 2007 年版。

207. 梁啓超著,《中國歷史研究法》,東方出版社 1996 年版。

208. 孟森編,《明清史論著集刊》,中華書局 1959 年版。

209. 中國社會科學院清史研究室編,《清史論叢》,中華書局出版。

210. 鄭天挺著,《清史探微》,北京大學出版社 1997 年版。

211. 梁啓超著,《清代學者整理舊學之總成績》,商務印書館 1999 年版。

212. 錢穆著,《中國近三百年學術史》,商務印書館 2005 年版。

213. 凌廷堪著,《以禮代理——凌廷堪與清中葉儒學思想之轉變》,河北教育出版社 2001 年版。

214. 葛兆光著,《中國思想史》,復旦大學出版社 2007 年版。

215. 曹虹著,《陽湖文派研究》,中華書局 1996 年版。

216. 張宏生著,《清代詞學的建構》,江蘇古籍出版社 1999 年版。

217. 張仲謀著,《清代文化與浙派詩》,東方出版社 1997 年版。

218. 郭紹虞編,《清詩話續編》,上海古籍出版社 1983 年版。

219. 錢仲聯主編,《清詩紀事》,江蘇古籍出版社 1987 至 1989 年版。

220. 杜松柏主編,《清詩話訪佚初編》,臺灣新豐出版公司 1987 年版。

221. 蔣寅著,《清詩話考》,中華書局 2005 年版。

222. 柳詒徵著,《劬堂讀書錄（杭世駿〈續禮記集說〉）》,《文瀾學報》,第 1 卷第 1 期,1935 年 1 月。

223. 劉文典著,《杭世駿屬鶚博學鴻詞科試卷跋》,《文獻論叢》1936 年 10 月。

224. 征鴻著,《杭世駿文章惹禍》,《大華晚報》第 9 版,1974 年 6 月 30 日。

225. 孫克寬著,《屬樊榭學侶杭世駿》,《大陸雜誌》第 59 卷第 6 期,頁 34－37,1979 年 12 月。

226. 含江、丁山著,《杭世駿詩別陶然亭》,《史苑》,第 2 輯,北京藝術出版社 1983 年版。

227. 王俊義著,《杭世駿的〈道古堂文集〉》,《清史研究通訊》,1984 年第 4 期（總第 10 期）。

228. 武新立著,《杭世駿的〈金史補〉有抄本傳世》,《清史研究通訊》,1985 年第 3 期（總第 13 期）。

229. 馮英子著,《想起杭世駿先生》,《人民日報海外版》,1987 年 10 月 21 日第 2 版。

230. 郜宴君著,《杭世駿〈烏程縣志〉初探》,《浙江方志》,1997 年第 1 期。

231. 徐豐梅著，《杭世駿生卒年碻考》，《商丘職業技術學院學報》，2003 年第 5 期。

232. 方盛良著，《馬曰琯、馬曰璐年譜》，《徽學》，2004 年第 3 卷。

233. 徐豐梅著，《袁枚杭世駿交遊考論》，《浙江樹人大學學報》，2004 年第 4 期。

234. 林香娥著，《盛世下的呻吟──論杭世駿》，《浙江社會科學》，2004 年第 4 期。

235. 方盛良著，《小玲瓏山館詩群考論》，《安慶師範學院學報》，2005 年第 1 期。

236. 田曉春著，《文史關照下的杭世駿建言得罪事考論》，《西北師大學報》，2005 年第 6 期。

237. 張亞權著，《博學鴻詞研究的回顧與展望》，《江海學刊》，2006 年第 6 期。

238. 鄭幸著，《南屏詩社考》，《廈門教育學院學報》，2007 年第 2 期。